Educação Emocional dos Filhos

Educação Emocional dos Filhos:
um novo conceito para criar filhos emocionalmente saudáveis

SILVANIA VALLE

A Gabi, Fefê e Mary,

Há mais de duas décadas, vocês têm sido minhas professoras na arte da parentalidade. Através de risos, lágrimas, e incontáveis lições aprendidas, vocês me ensinaram o verdadeiro significado de amor incondicional e da paciência infinita. Cada dia ao lado de vocês é uma nova página na minha vida, repleta de aprendizados e descobertas. Esta obra é um reflexo do amor e da sabedoria que vocês me inspiraram.

Aos meus pais, Luiz e Silvania,

Vocês me guiaram com mãos firmes e corações abertos, mostrando-me o caminho através de seus exemplos, mesmo quando a estrada era incerta. Nas vezes em que erraram, encontraram maneiras de acertar, ensinando-me que a perfeição está na humanidade de nossos erros e na coragem de corrigi-los. Vocês são as raízes da minha existência e a bússola que me orienta todos os dias.

Aos meus avós, Nair, Jonathas e Aparecida,

Vocês plantaram as sementes da sabedoria e da força que florescem em mim até hoje. Seus ensinamentos são o legado que continuo a passar adiante, enriquecendo o solo do qual minhas filhas e as futuras gerações irão brotar.

A todos os pais, mães e cuidadores,

Que enfrentam diariamente o desafio e o privilégio da parentalidade, esta obra é dedicada a vocês. Que possam encontrar nestas páginas inspiração, conforto e a certeza de que não estão sozinhos nesta jornada. Juntos, continuamos a aprender, a crescer e a nos reinventar, guiados pelo amor e pela determinação de criar filhos emocionalmente saudáveis.

SUMÁRIO

Introdução

Em cada um de nós, há uma jornada de herói ou heroína que molda nossa vida e define quem nos tornamos. Essa é a história de uma jornada pessoal de transformação, marcada por desafios, superações e uma busca incessante por autoconhecimento. Esse livro é fruto dessa jornada e da convicção de que é possível romper padrões negativos, construir relacionamentos saudáveis e criar uma nova geração com laços emocionais seguros.

Minha infância e adolescência, apesar de extremamente feliz, foi marcada por um estilo de educação bem rígido, que minha mãe replicou do estilo de educação rígido e autoritário que recebeu. Então, desde bem nova, aprendi a reprimir emoções, a evitar conflitos a qualquer custo e a não expressar certos sentimentos, o que me levou a desenvolver um estilo de apego inseguro-evitativo, marcado pela dificuldade de confiar e de me abrir emocionalmente com as pessoas.

Como consequência, acabei me relacionando com pessoas de diferentes estilos de apegos parentais, em busca de suprir as minhas necessidades e expectativas que, quando não eram correspondidas, me geravam imensa ansiedade, repercutindo na formação dos estilos de apego das minhas filhas, com alguns pontos negativos, e outros positivos.

No entanto, foi através dessas experiências desafiadoras que minha jornada de autoconhecimento e amadurecimento emocional teve início. Busquei compreender a mim mesma, minhas emoções e os padrões que permeavam meus relacionamentos. Abandonei minha carreira como advogada e embarquei em uma jornada de aprendizado. Adquiri conhecimentos em áreas como *coaching*, traumas, neurociências, comportamento, educação parental e neurodesenvolvimento infantil e, durante minha jornada, testemunhei os efeitos de diferentes estilos de parentalidade e suas consequências na saúde emocional dos filhos.

Especializei-me em entender como o cérebro se desenvolve na infância e como as experiências emocionais podem moldar a personalidade e o comportamento das crianças. Percebi como os padrões de apego, as experiências e os traumas são perpetuados de geração em geração. Desse processo, surgiu a consciência da importância da educação emocional na formação das crianças e a determinação de quebrar esse ciclo de falta de informação por parte de nós, pais, mães e educadores.

Ao longo desse livro, eu vou explorar os diferentes aspectos da educação emocional e seu impacto na vida das crianças. Vou analisar como os padrões negativos de educação podem ser alterados para romper ciclos de violência física ou verbal, autoritarismo ou seu oposto, a permissividade extrema.

Irei mergulhar em diversos temas relacionados à educação emocional, desde a importância do vínculo afetivo e da comunicação empática até a promoção da resiliência, da autonomia, do autodesenvolvimento e do autocuidado.

Além disso, vou explorar a influência dos traumas e das crenças limitantes na formação emocional das crianças, oferecendo ferramentas para auxiliar na cura emocional e no fortalecimento dos laços familiares. Vou abordar, também, estratégias para lidar com as nossas próprias emoções e a dos nossos filhos, para promover a resolução de conflitos, a comunicação aberta, o estabelecimento de limites saudáveis, de forma a proporcionar segurança e a ensiná-los a desenvolver confiança e a nutrir o amor próprio.

Esse livro é uma síntese de minha jornada de transformação, combinando experiência pessoal, estudos em neurociências e conhecimentos sobre desenvolvimento infantil. É um convite a todos os pais e mães que, assim como eu, desejam romper padrões negativos e construir relacionamentos saudáveis com seus filhos. Ao compartilhar minha história e o conhecimento adquirido ao longo do caminho, pretendo oferecer *insights*, reflexões e estratégias práticas para criar um ambiente familiar baseado no amor, na compreensão e na conexão emocional.

Minha intenção é que você se sinta inspirado e capacitado a criar um ambiente familiar onde a expressão emocional seja valorizada, onde o amor e o respeito sejam pilares fundamentais e onde seus filhos possam florescer em seu potencial emocional.

A educação emocional não é um caminho fácil, mas é um investimento valioso para o bem estar e o sucesso de nossos filhos. Juntos, podemos construir uma nova geração de indivíduos emocionalmente inteligentes, compassivos e capazes de enfrentar os desafios da vida com equilíbrio e confiança. Que este seja o primeiro passo de uma jornada incrível e significativa rumo a uma parentalidade consciente e emocionalmente enriquecedora.

Vamos começar essa jornada transformadora. Seu papel como pai ou mãe é fundamental e seu amor é o combustível que impulsionará o crescimento emocional de seus filhos. Estou aqui para apoiá-los e inspirá-los a cada página. Agradeço imensamente por me receber dentro da sua casa e por confiar em mim para compartilhar o que venho aprendendo ao longo dos anos.

Vamos em frente construir um futuro emocionalmente rico e significativo para nossos filhos!!

Carta aos Pais

Queridos pais,

Ao iniciar esse livro, dedicado às mães, sinto uma necessidade urgente de reconhecer o papel vital que cada um de vocês desempenha na educação emocional de seus filhos. Embora eu me dirija principalmente às mães ao longo dessas páginas, quero deixar claro que esse livro também é para vocês, pais amorosos e dedicados.

Entendo perfeitamente que os pais têm um impacto profundo na vida de seus filhos. Reconheço a importância de sua presença, apoio e amor incondicional para o desenvolvimento emocional saudável de uma criança. Sei que muitos pais estão igualmente empenhados em serem guias, protetores e modelos exemplares para seus filhos.

No entanto, ao escrever esse livro, decidi me dirigir diretamente às mães. Quero compartilhar com elas meu conhecimento, experiência e orientação parental, pois são elas que mais me procuram em busca de ajuda e orientação nesse campo. No meu trabalho, tenho testemunhado a força e a dedicação das mães em suas relações diretas com os filhos, especialmente nos primeiros anos de vida, o que me levou a optar por me comunicar diretamente com elas.

Entretanto, deixe-me enfatizar que isso não significa, nem de longe, que eu diminuo ou ignoro a importância de todos os pais maravilhosos aí fora. Reconheço e admiro a imensurável contribuição de milhares de homens ativos na parentalidade, assim como meu próprio marido e muitos outros pais que tive a oportunidade de conhecer. Sei que muitos pais estão presentes, se envolvem ativamente e desempenham um papel crucial na educação emocional de seus filhos.

Por isso, peço desculpas se, ao utilizar a palavra "mãe" ao longo desse livro, pareça que estou excluindo vocês, pais. De forma alguma é minha intenção fazê-lo. Quero que cada pai que ler estas palavras se sinta abraçado por mim, reconhecido e valorizado. Saiba que, ao falar diretamente com as mães, estou me referindo a vocês também.

A intenção desse livro é proporcionar uma orientação abrangente para os desafios da parentalidade, em particular aqueles relacionados à educação emocional dos filhos. Ao longo desta jornada, convido todos os pais, independentemente do gênero, a se envolverem ativamente, a se inspirarem e a compartilharem suas experiências.

Estamos todos unidos em um objetivo comum: criar filhos emocionalmente saudáveis, bons, felizes e bem-sucedidos. Portanto, peço que me acompanhem, mães e pais, enquanto exploramos juntos os caminhos para uma parentalidade mais consciente e amorosa.

Com gratidão e afeto,
Silvania.

1. A importância da educação emocional na formação dos filhos

1.1 O que é Inteligência Emocional e sua importância na infância

Olá, querida mãe! Muito bom saber que você decidiu iniciar essa jornada do conhecimento sobre educação emocional. Tenho certeza que você não vai se arrepender. Se você deu esse primeiro passo foi porque você, assim como eu, percebeu a importância de educarmos nossos filhos para se tornarem não só adultos bem-sucedidos, mas acima de tudo, pessoas felizes, éticas, empáticas, motivadas e respeitosas. Adultos que saibam se cuidar emocionalmente, identificando suas emoções, controlando suas reações diante delas e que consigam desenvolver bons relacionamentos e adquirir habilidades sociais, tanto de comunicação quanto de cooperação. E é por isso que eu comecei por aqui: pela importância de se adquirir inteligência emocional, de preferência, o mais cedo possível.

E você? Sabe me dizer o que é Inteligência Emocional?

Bom, é basicamente a capacidade da gente perceber, entender e lidar com nossos próprios sentimentos e emoções. Mas não para por aí. Também é sobre como reagimos às emoções e reações das pessoas ao nosso redor.

É sobre como construir relacionamentos saudáveis, tanto no trabalho, quanto com amigos, cônjuge e filhos. É sobre como se auto motivar, mesmo quando tudo parece difícil. É sobre como ser resiliente, mesmo diante dos maiores desafios. Imagina como isso é cada dia mais importante hoje em dia, né? Se desde cedo, nossas crianças aprenderem a lidar com esses sentimentos e emoções, vai ser um grande passo para enfrentar de peito aberto os desafios da vida, desenvolver bons relacionamentos, diminuir conflitos, saber respeitar e impor limites.

Mas por que esse livro é destinado a você e não aos seus filhos?

Porque essas habilidades podem ser treinadas desde que o bebê nasce. Aliás, desde antes dele nascer. Sim, porque se nós começarmos a treinar essas habilidades em nós mesmos, desde antes do nascimento deles, quando eles nascerem, nós já estaremos hábeis em controlar nossas próprias emoções, nossos estresses diários, nossas frustrações.

E por que que é importante aprendermos antes de ensinar?

Porque a primeira forma como o bebê começa se comunicar conosco é através dos neurônios-espelho. Esses neurônios são células do nosso cérebro que são ativadas tanto quando fazemos uma ação, quanto quando observamos alguém fazendo a mesma ação. Eles são como espelhos, refletindo o que vemos nos outros. Esses neurônios ficam em várias áreas do nosso cérebro, mas especialmente no córtex pré-frontal e no lobo parietal inferior. O córtex pré-frontal, que fica na frente do cérebro, tem um papel super importante em coisas como tomada de decisões e comportamento social. Já o lobo parietal inferior, que fica um pouco mais atrás e acima das nossas orelhas, é responsável por coisas como percepção espacial e entendimento de linguagem.

Mas você pode se perguntar: por que isso é tão importante para os bebês?

Bom, imagine que seu bebê está te observando sorrir. Os neurônios-espelho dele são ativados e isso ajuda ele a entender o que é um sorriso. Isso é crucial para o desenvolvimento da empatia e da compreensão social. Através dos neurônios-espelho, os bebês aprendem a imitar o que veem, e isso os ajuda a aprender sobre o mundo ao redor. Então, sabe aquele ditado que diz *"as crianças aprendem pelo exemplo"*? Ele tem base científica, viu!

Então, o exemplo que damos aos nossos filhos, as expressões faciais que mostramos, as ações que fazemos, tudo isso é super importante, porque os neurônios-espelho dos nossos pequerruchos estão sempre observando e aprendendo conosco. E por falar em ditados, lá vai mais um: *"Fruta não cai longe do pé"*, que significa que nossos filhos vão sair a nós, já que nossos comportamentos os moldam, em parte, pelos neurônios-espelho.

Bom, chega de papo furado e vamos para o assunto principal, né? Então vamos juntas nessa jornada para proporcionar uma base emocional firme para nossos filhos? Eles vão nos agradecer um dia!

A **inteligência emocional** é um conceito fundamental que se baseia em cinco pilares importantes.

O primeiro é a **autoconsciência**, que nos permite reconhecer e compreender nossos próprios sentimentos e emoções. Isso significa ter uma percepção clara de como nossas emoções influenciam nossos pensamentos, decisões e comportamentos, bem como as nossas interações com os outros.

O próximo pilar é a **autorregulação**, que está relacionada à nossa habilidade de gerenciar nossas emoções de maneira eficaz. Isso envolve se adaptar a situações que são emocionalmente desafiadoras, controlar nossos impulsos e lidar com o estresse de uma maneira saudável.

Depois vem a **automotivação**. Essa habilidade é fundamental para nos impulsionar a agir e a alcançar nossos objetivos. A automotivação envolve a capacidade de utilizar nossas emoções para persistir diante de obstáculos, manter uma atitude positiva mesmo em face de adversidades e sempre manter nosso foco no cumprimento de nossos objetivos.

Em seguida, temos a **empatia**. Essa é a habilidade de se colocar no lugar do outro, de entender e compartilhar os sentimentos dos outros. A empatia nos permite entender as emoções e perspectivas dos outros, o que é essencial para construir conexões fortes e significativas.

Por fim, as **habilidades sociais**, que são essenciais para uma boa inteligência emocional. Essas habilidades nos permitem construir e manter relacionamentos saudáveis, pois incluem a capacidade de se comunicar de maneira eficaz, resolver conflitos e colaborar com os outros.

Ao compreender e trabalhar esses cinco pilares, podemos melhorar nossa inteligência emocional e, consequentemente, melhorar a qualidade de nossas vidas e de nossos relacionamentos.

Vou dar aqui só um exemplo para você entender a importância da inteligência emocional no dia a dia. Esse **exemplo** retrata uma situação bem cotidiana que ilustra os cinco pilares da inteligência emocional: **uma reunião de pais e professores na escola do seu filho.**

Antes da reunião, você percebe que está se sentindo nervosa e preocupada, talvez por medo de receber notícias negativas sobre o comportamento ou o desempenho acadêmico do seu filho. Reconhecer e aceitar essas emoções é um exemplo de **autoconsciência.**

Durante a reunião, o professor comunica que seu filho tem tido dificuldades em uma matéria específica. Inicialmente, você pode sentir uma onda de emoções negativas - frustração, culpa, preocupação. No entanto, você respira fundo e consegue controlar essas emoções, evitando reagir de forma impulsiva ou defensiva. Isso é **autorregulação**.

Apesar da notícia desanimadora, você decide ver a situação como uma oportunidade de ajudar seu filho a melhorar, ao invés de um fracasso. Você estabelece um plano para ajudar seu filho com seus estudos e sente determinação para colocá-lo em prática. Isso é **automotivação**.

Você conversa com seu filho sobre o que ouviu na reunião. Em vez de repreendê-lo, você tenta entender o ponto de vista dele. Você escuta atentamente, reconhece suas dificuldades e expressa compreensão. Isso é **empatia**.

Depois da reunião, você se aproxima de outros pais que também têm filhos lutando com a mesma matéria. Você compartilha suas preocupações e seu plano, oferece ajuda e sugere a criação de um grupo de estudo. Isso é um exemplo de **habilidades sociais**.

Ao longo de uma única situação, a gente conseguiu aplicar todos os cinco pilares da inteligência emocional. E isso é algo que todos nós podemos fazer em nossas vidas diárias.

Ao contrário, uma pessoa **sem nenhuma dessas habilidades**, poderia encarar essa situação de maneira diferente. Vamos ao **mesmo exemplo**: uma reunião de pais e professores na escola do seu filho.

Sem a habilidade da autoconsciência, talvez a pessoa não percebesse que estava nervosa ou preocupada antes da reunião. Em vez disso, ela poderia se sentir confusa ou **irritada** sem entender o porquê, o que poderia acabar afetando negativamente o humor e comportamento dela durante a reunião.

Se a pessoa **não tivesse a habilidade de autorregulação**, ao ouvir a notícia das dificuldades acadêmicas do filho, ela poderia reagir **impulsivamente**. Isso poderia se manifestar como raiva direcionada ao professor, negação do problema ou até mesmo a culpa sendo atribuída indevidamente ao seu filho.

Se a **automotivação não estivesse presente**, ela poderia se sentir desanimada ou **derrotada** após ouvir sobre as dificuldades do filho. A falta de determinação para resolver o problema poderia levar à inação e a situação poderia não melhorar.

Sem empatia, ao conversar com o filho sobre a situação, ela poderia ser muito dura ou **insensível**, não compreendendo as dificuldades ou sentimentos dele. Isso poderia prejudicar a relação entre eles e fazer com que o filho se sentisse ainda mais desmotivado.

Sem habilidades sociais adequadas, ela poderia se sentir isolada com o problema e não buscar ajuda ou apoio. A falta de comunicação com outros pais poderia impedir a formação de um grupo de estudo útil e ela perderia a chance de encontrar uma solução colaborativa para o problema.

Como se percebe, cada um dos pilares da inteligência emocional desempenha um papel vital no manejo eficaz das situações do dia a dia e na manutenção de relacionamentos saudáveis e produtivos. Aprender essas habilidades, entre outras, é fundamental para ter uma vida feliz e produtiva.

1.2   Benefícios de desenvolver a Inteligência Emocional nos filhos

E aí, super mãe! Gostando até agora? Agora eu queria te contar como é importante a gente ajudar nossas crianças a desenvolver a inteligência emocional desde cedo. Isso vai fazer uma enorme diferença na vida deles, tanto na saúde emocional, nos relacionamentos com as pessoas e até no sucesso que eles podem ter na vida.

Já viu como as crianças que conseguem lidar melhor com suas emoções, que sabem controlá-las de um jeito adequado, têm uma vida mais tranquila? Isso acontece porque elas conseguem gerenciar bem sentimentos difíceis, são mais calmas e lidam melhor com o estresse do dia a dia.

E tem mais: essas crianças também desenvolvem um jeito mais empático e compassivo de se relacionar com os outros. Eles conseguem entender melhor o que os coleguinhas estão sentindo, se interessam de verdade pelo que eles estão passando e dão aquela força quando é preciso. É lindo ver!

E você já pensou no quão maravilhoso é quando eles conseguem se expressar direitinho, falar sobre os sentimentos deles de uma forma clara e respeitosa, resolver os problemas sem grandes conflitos e ainda por cima fazer amigos pra vida toda? Isso tudo é fruto da inteligência emocional.

Eu não sei o que minha mãe e as mães das minhas amigas fizeram, mas alguma coisa elas fizeram muito certo. Apesar de algumas delas terem sido muito bravas e autoritárias, todas nós aprendemos a desenvolver respeito, empatia, compaixão, positividade, fidelidade e confiança umas nas outras. E olha que somos amigas desde o primário, algumas desde o berço, ou seja, há mais de 50 anos, sem nenhuma briga, sem nenhuma rusga. E somos tão unidas e tão parecidas que a gente nem precisa falar pra saber quando uma ou outra está com algum problema. E eu posso dizer de coração aberto que elas são uma das partes mais importantes da minha vida. E outra coisa que eu posso afirmar é que todas nós não somos assim só umas com as outras. Seríamos assim também com outras pessoas. Mas outras pessoas nem sempre são assim com a gente.

E, por isso mesmo que, pessoas que não são como a gente, acabam se afastando, seja porque não conseguimos manter uma proximidade delas pelas diferenças de empatia, confiança e outras características, seja porque elas próprias se afastam pelas diferenças. Então até nisso uma boa inteligência emocional é positiva. Em sabermos escolher bem nossos amigos, afinal *"somos a média das cinco pessoas com as quais mais convivemos[1]"*.

E você já pensou que maravilha seus filhos saberem escolher bem os amigos, mantendo por perto os que possuem características semelhantes às deles? Além disso, com essas habilidades, eles se tornam feras na hora de solucionar problemas e conflitos. Sabem analisar os sentimentos que estão por trás de cada situação, o que ajuda a encontrar as melhores soluções, lidar com os desafios, se adaptar às mudanças e tomar decisões acertadas. Eles se tornam pessoas resilientes, que não se deixam abater por pressões e, quando caem, não desistem, porque aprendem a se levantar mais rápido. E isso é ouro!

A inteligência emocional também ajuda os nossos filhos a se entenderem melhor. Eles passam a saber como as emoções influenciam o jeito de pensar e agir e a se aceitarem do jeito que são. Isso dá um *"up"* na autoestima e na confiança deles.

E sabia que essa tal de inteligência emocional tem tudo a ver com sucesso nos estudos e no trabalho? É que ela desenvolve habilidades

---

[1] Frase atribuída a Jim Rohn, renomado empresário e autor de desenvolvimento pessoal.

superimportantes, como a concentração, a capacidade de lidar com o estresse e de manter bons relacionamentos. Isso é fundamental para quem quer se dar bem na vida.

Então, ao incentivar nossos filhos a desenvolverem a inteligência emocional, estamos dando a eles ferramentas valiosas para lidar com as emoções, criar laços profundos e enfrentar os desafios da vida. E o melhor de tudo: essas habilidades vão acompanhar nossos filhos durante toda a vida, ajudando a construir uma história cheia de felicidade e sucesso em todas as áreas. Demais, né?

1.3   O papel dos pais na educação emocional dos filhos

Agora vamos para o ponto alto do nosso papo, porque vou te mostrar, com base no que diz a neurociência e o estudo do desenvolvimento infantil, o motivo pelo qual nós, pais, somos peças-chave na formação emocional dos nossos filhos.

Olha só, é o nosso contato direto, próximo e constante com as crianças, mais todo o carinho que essa relação envolve, que fazem toda a diferença para eles aprenderem a lidar com as emoções.

Mais do que isso, nós, pais, servimos de exemplo na hora de transmitir valores e ensinar como lidar com emoções - nosso comportamento é a escola deles.

Sabe aquela história de que o cérebro das crianças é como uma esponja? Pois é, durante os primeiros anos de vida, o cérebro deles está a mil por hora, se desenvolvendo e absorvendo tudo. Então, o jeito como a gente lida com nossos sentimentos e emoções com eles tem um impacto enorme na formação dessas conexões neurais relacionadas às emoções e à regulação emocional.

E a gente tem um papel especial naquilo que os especialistas chamam de "corregulação emocional'. Explicando de maneira simples, como o cérebro das crianças ainda é imaturo e não consegue regular totalmente as próprias emoções, a gente entra em cena para dar uma forcinha. Quando a gente acolhe as crianças e valida os seus sentimentos, estamos as ajudando a regular suas emoções. E isso vai construindo um terreno seguro para que, com o tempo, elas aprendam a controlar suas próprias emoções.

E o mais legal é que, conforme elas crescem e vão adquirindo novas habilidades emocionais e cognitivas, a gente vai se adaptando e moldando nossa maneira de ensinar. O truque é entender as particularidades de cada fase do desenvolvimento delas. Assim, com paciência e, ensinando estratégias apropriadas para a maturidade emocional de cada um, a gente vai fazendo a diferença para promover um crescimento emocional saudável em cada etapa da vida delas.

Resumindo, nossa influência no desenvolvimento emocional dos nossos filhos é gigantesca. A base que a gente constrói agora, vai refletir lá na frente, no bem-estar emocional, nos relacionamentos que eles vão estabelecer e no sucesso que vão alcançar quando adultos. Já sentiu sua responsabilidade, né?

2.   Educação Ideal versus Educação Tradicional

Nesse papo de agora, vamos dar uma olhada naqueles conceitos antigos de educação, sabe? Aqueles bem rígidos, autoritários e, do outro lado, os permissivos e até negligentes. A ideia é comparar essas velhas formas, que ainda têm gente usando, com as maneiras mais modernas de educar nossos pequenos. É super importante a gente entender bem essa diferença e pensar bem sobre como estamos criando nossos filhos. Afinal, como a gente educa lá em casa faz toda a diferença no desenvolvimento emocional deles. E entender as consequências de cada abordagem no futuro das crianças é essencial para a gente conseguir um equilíbrio saudável na vida adulta deles.

Durante muito tempo, o modelo tradicional de educação era baseado em um enfoque bem autoritário e rígido. Pais e professores tinham uma autoridade gigantesca sobre as crianças. O que valia era a obediência cega, com punições severas e um ambiente onde as crianças não tinham voz, muito menos autonomia. Só que a neurociência e várias pesquisas mostraram que esse jeito de educar pode trazer efeitos negativos para o bem-estar emocional das crianças e até atrapalhar o aprendizado e crescimento delas. A gente vai falar mais sobre isso no próximo capítulo.

Em resposta a essa perspectiva autoritária, surgiu a educação permissiva, geralmente adotada pelos filhos daqueles que foram criados de forma rígida. Esse modelo era bem o oposto do tradicional, dava total liberdade para as crianças, com poucos limites. Os pais, nesse caso, evitavam regras e disciplina, achando que isso podia prejudicar a autoestima e a independência dos filhos.

Só que a neurociência mostrou que a falta de estrutura e orientação pode levar a comportamentos inadequados, falta de responsabilidade e dificuldades no desenvolvimento de habilidades importantes para a vida. Além disso, demonstrou que a permissividade ainda conseguiu se sair pior do que a educação rígida e autoritária, uma vez que esta última, pelo menos, foi capaz de criar uma geração mais esforçada e mais positiva do que a geração criada por uma abordagem completamente permissiva.

Uma característica central desse estilo educacional autoritário e rígido era a falta de diálogo e de uma comunicação aberta entre pais, professores e crianças. Esperava-se que as crianças apenas acatassem as ordens, sem espaço para expressar suas opiniões, sentimentos ou dúvidas. Essa falta de voz e participação ativa no processo educacional, muitas vezes, resultava em sentimento de frustração, baixa autoestima e falta de confiança nas próprias habilidades.

Por conta desses extremos, nos últimos anos, surgiram novas formas de educar, baseadas na neurociência e apoiadas em pesquisas sobre os efeitos negativos das abordagens antigas. Essa educação mais atual busca um equilíbrio entre limites e liberdade, em uma abordagem mais respeitosa e democrática. Ela valoriza o desenvolvimento emocional e a autonomia das crianças, estabelece limites claros, mas também incentiva a participação ativa delas nas decisões e responsabilidades.

Neste capítulo, a gente vai entrar mais a fundo nas características e nos efeitos desses diferentes estilos de educação. Entender a diferença entre a educação atual, a autoritária, a permissiva, a superprotetora e a negligente é fundamental para a gente conseguir descobrir uma maneira equilibrada e eficaz de educar emocionalmente nossos filhos.

2.1   O antigo conceito tradicional de educação autoritária e rígida

Oi, mãe! Se prepara, que agora vamos bater um papo recheado de ciência e um pouco de nostalgia, ok?

Lembra dos tempos da vovó e do vovô? Naqueles tempos, a educação era baseada na famosa frase *"manda quem pode, obedece quem tem juízo"*. Os adultos estavam sempre com a razão e as crianças tinham que obedecer, sem pestanejar. Isso é o que chamamos de abordagem autoritária e rígida. As regras eram claras. Não havia espaço para conversa ou choramingo.

Só que a ciência já mostrou que essa forma de educar não é a melhor pra saúde emocional da criançada. Dá pra acreditar que isso pode até afetar a formação da personalidade deles? Pois é, pode causar vários transtornos de personalidade, tipo obsessivo-compulsivo, esquizoide, esquiva e até autoritário. Calma! Eu vou explicar um pouco sobre cada um.

O transtorno obsessivo-compulsivo pode aparecer quando a criança vive em um ambiente onde a obediência cega e a busca pela perfeição são muito valorizadas. Este transtorno pode incluir uma necessidade excessiva de controle, rigidez em relação às regras e padrões, perfeccionismo e dificuldade em se adaptar às mudanças ou incertezas.

Já o **transtorno de personalidade esquiva** pode ser resultado de um ambiente extremamente severo, onde a crítica e as repreensões são muito frequentes. Este ambiente pode acabar afetando negativamente a autoestima e a confiança das crianças e contribuindo para o desenvolvimento de características associadas a este transtorno, como uma extrema sensibilidade à crítica, a evitação de situações sociais e sentimentos de inadequação ou inferioridade.

O **transtorno de personalidade esquizoide** pode ser visto em crianças que cresceram em um ambiente onde não havia espaço pra expressar suas emoções. Isso pode incluir um distanciamento emocional das interações sociais, dificuldade em estabelecer relacionamentos próximos e um estilo de vida solitário e introspectivo.

Em alguns casos, a ênfase excessiva no poder e no controle dos pais pode influenciar o desenvolvimento de traços associados ao **transtorno de personalidade autoritária**, como rigidez, inflexibilidade, crença na superioridade pessoal e tendência a dominar e controlar outras pessoas, repetindo, em seus filhos, o mesmo padrão de educação recebida, perpetuando a violência de geração em geração.

Mas lembra... cada caso é um caso. Nem todo mundo que cresce em um ambiente assim vai desenvolver esses transtornos, tá? Afinal, a causa destes transtornos de personalidade tem origem multifatorial e envolve a interação complexa de fatores genéticos, ambientais e sociais. O estilo educacional é apenas um dos muitos fatores que pode influenciar o desenvolvimento da personalidade.

E aí, o que que aconteceu em seguida? Em resposta a esse tipo de educação, os filhos criados por pais extremamente autoritários, acabaram indo para o extremo oposto: a educação permissiva!! Nesse tipo de educação, a criança é quem manda. Parece bom, mas não é não, viu? A neurociência já demostrou que esta falta de limites pode resultar em comportamentos problemáticos e até transtornos de personalidade, que afetam não só a criança, mas todo mundo que está ao redor dela.

Após anos de observação e estudos, a ciência constatou que esse estilo de educação é tão deletério, que até o estilo autoritário conseguiu apresentar melhores resultados em relação a este estilo permissivo. Pra você ver como isso é danoso para os nossos filhos. A gente acha que amar é dar liberdade, mas não é bem assim.

Então, como é que a gente faz?

Bem, a ciência já nos deu a resposta: **tem que buscar o equilíbrio**. Nem tanto ao céu, nem tanto à terra. Precisamos ensinar limites às nossas crianças, mas sempre com amor e respeito, entendendo que eles também têm suas necessidades e sentimentos.

Esta é a melhor forma de garantir que nossos filhotes cresçam felizes, emocionalmente equilibrados e prontos pra enfrentar o mundo lá fora. E aí, preparada para esse desafio? No próximo tópico, a gente vai falar mais sobre essa tal de educação permissiva. Te espero lá!

2.2 Os perigos da educação permissiva e seus impactos emocionais

E aí? Você já deve ter ouvido falar na tal da educação permissiva, né? Ela veio para contrapor aquele modelo antigo de educação, sabe? Aquele bem rígido, cheio de *"não pode isso, não pode aquilo"*. No estilo permissivo, os pais dão uma relaxada, não ficam no pé das crianças o tempo todo, deixando-as mais livres. Parece legal, né? E a ideia seria exatamente essa: promover a autonomia e a autoestima dos pequenos.

Só que não é bem assim que a banda toca. Deixar as crianças sem muitas regras e limites também pode trazer algumas consequências não tão legais. Sem uma estrutura clara, a criançada pode começar a desafiar e a desrespeitar os adultos. Pensa só! Sem um norte, elas podem ter dificuldade em desenvolver habilidades como responsabilidade, controle emocional e respeito ao próximo.

Outro problema desta educação permissiva é que as crianças podem começar a achar que não tem consequências para seus atos. Sem regras e limites bem definidos, elas podem acreditar que podem fazer o que quiserem sem se preocupar com as consequências. Daí, a responsabilidade e a capacidade de lidar com frustrações e dificuldades vai para o espaço.

E tem mais, viu? Sem limites, a maioria das crianças se sente insegura. O tiro acaba saindo pela culatra. E sabe por que? Porque as crianças nascem com cérebro muito imaturo, então elas precisam de uma estrutura clara para se sentirem seguras e protegidas. Se não têm uma orientação direta, aí bate uma ansiedade e confusão danada, porque elas não sabem o que é esperado delas e não sabem até onde podem ir.

Além disso, essa liberdade toda pode dificultar o desenvolvimento de habilidades sociais e de relacionamento. Sem a devida orientação, elas podem ter problemas em entender o espaço dos outros e expressar as próprias necessidades de maneira respeitosa. Isso pode dar uma baita dor de cabeça mais pra frente, causando conflitos e dificuldades de comunicação.

Agora, uma coisa bem séria: essa falta de limites da educação permissiva também pode causar uns efeitos bem negativos na personalidade das crianças, assim como acontece na educação autoritária e rígida. Essa bagunça toda pode até contribuir para o surgimento de transtornos de personalidade, como o Antissocial, o Borderline, o Narcisista e o Dependente.

Para você entender melhor, vou te dar uns exemplos. No **Transtorno de Personalidade Antissocial**, a falta de limites pode reforçar comportamentos desrespeitosos e irresponsáveis e isso acaba levando a uma falta de empatia, desprezo pelas regras sociais e uma tendência a comportamentos impulsivos e manipuladores.

No **Transtorno de Personalidade Borderline**, essa falta de estrutura pode dificultar o controle emocional e a tolerância à frustração. Resultado: instabilidade emocional, medo de abandono, impulsividade e relacionamentos complicados.

No **Transtorno de Personalidade Narcisista**, a educação permissiva pode alimentar traços narcisistas. Isso pode levar ao desenvolvimento de características como falta de empatia, busca constante de atenção e uma sensação inflada de importância pessoal.

E no **Transtorno de Personalidade Dependente**, a falta de limites claros podem dificultar a autonomia e a capacidade de tomar decisões sozinhas, criando uma dependência muito grande em relação aos outros, falta de confiança em si mesma e dificuldade em lidar com situações desafiadoras.

Mas calma aí! Não é só a educação que influencia nisso, tá? Antes de você sair correndo e fechar o livro, saiba que o desenvolvimento desses transtornos é uma mistura de fatores genéticos, ambientais e sociais. A maneira como educamos é só uma das peças deste quebra-cabeça.

Por isso, o segredo é buscar um equilíbrio na educação das crianças, valorizando o respeito, a autonomia, a boa comunicação e o bem-estar emocional. Assim, a gente minimiza os riscos de surgirem esses transtornos.

No próximo assunto, vou te falar de uma abordagem ideal de educação, que busca equilibrar limites e liberdade, incentivando o desenvolvimento emocional saudável e a autonomia das nossas pequenas criaturinhas. Fique ligada!

2.3   A educação ideal: equilíbrio entre limites e liberdade

Agora eu vou falar sobre um jeito melhor de educar a criançada, que não seja nem muito mandão, nem muito largado. Eu estou falando de um meio termo entre dar liberdade, sem se esquecer dos limites. O que a gente quer é que as crianças se sintam seguras, mas que também saibam se virar, né?

É tipo assim: a gente precisa colocar regras e limites que as crianças entendam e que sejam justos, sabe? Isso vai ajudar a criar um ambiente seguro, onde elas possam aprender a ter responsabilidade, a respeitar o outro e a controlar suas emoções. E não é só botar limite não, é importante explicar para a criança o porquê daquilo, assim ela vai entendendo o que ela pode ou o que ela não pode fazer e por quê.

Mas também não pode esquecer que a criançada tem que ter, pelo menos, um pouco de voz ativa. Elas precisam aprender a falar o que sentem, o que querem, a tomar decisões e a entender que à toda ação existe uma consequência. Isso aí ajuda a criança a ter mais confiança, a entender o que é certo e errado e a desenvolver o pensamento crítico.

Um ponto chave nessa história toda é a comunicação com elas. A gente precisa conversar com a criança, entender o que ela está sentindo e o que ela precisa. A comunicação não-violenta e a escuta empática são as ferramentas mais importantes para estabelecer uma base sólida para a resolução de conflitos e para criar uma relação forte e saudável.

E olha! Errar faz parte. A gente tem que deixar a criança aprender com os erros, para ela aprender a buscar soluções e assumir responsabilidade pelas coisas que faz. Os erros são as melhores oportunidades de crescimento e aprendizado. Este processo gera resiliência e confiança em suas próprias habilidades, deixando-as mais fortes para enfrentar as dificuldades que aparecem na vida.

E o mais importante de tudo: cada criança é única. Cada uma tem seu próprio tempo, suas necessidades e seus interesses. A gente tem que adaptar nossa maneira de educar para cada uma delas, para que elas se sintam apoiadas e incentivadas a ser o melhor que elas puderem ser.

No próximo capítulo, a gente vai falar mais sobre o papel dos pais na educação emocional das crianças e as maneiras de ajudá-las a crescer de forma saudável. Continua me acompanhando! Não vai nem ao banheiro...

3.   Estilos Parentais e seus impactos

Neste capítulo, nós vamos mergulhar a fundo no universo dos estilos parentais e como eles mexem com o desenvolvimento das nossas crianças. A gente sabe que cada mãe e cada pai têm seu jeitão de criar os filhos, né? E é disso que a gente vai falar agora.

Então, temos vários estilos parentais por aí. Tem o mandão, o que deixa fazer tudo, o superprotetor, o que larga mão e o que é considerado, hoje, o ideal. A gente vai olhar de pertinho como cada um desses estilos pode influenciar a criança em vários aspectos, tipo comportamento, personalidade, como se dar bem (ou não) com os outros e até como o tipo de educação influencia a saúde emocional.

No capítulo anterior, a gente conversou sobre a educação ideal, né? Agora, vamos detalhar mais esses estilos parentais, para entender como cada um deles pode moldar a maneira como a criança se vê, se relaciona com as pessoas e encara os perrengues da vida.

Mesmo que você já tenha seu estilo de criar seus filhos, a ideia aqui é te dar uns toques para você entender melhor como fazer isso, ver o que pode melhorar e construir uma relação mais leve e mais saudável com eles, cheia de amor, de apoio e de conexão.

Mas olha, a gente não está aqui para colocar rótulo em ninguém, viu? E muito menos para dizer que tal coisa é culpa de um pai ou de uma mãe. A gente sabe que o comportamento da criança tem a ver com vários outros fatores, como os pais, os irmãos, a genética, os traumas e até o ambiente onde se vive. Então, é importante levar tudo isso em conta antes de tirar qualquer conclusão.

O que a gente quer com esse papo é que você adquira conhecimento para evitar negligenciar os seus filhos, ou para evitar que você os crie com um estilo de parentalidade muito extremo, tanto para um lado, o autoritário, quanto para o outro lado, o muito permissivo para, assim, evitar prejudicar a saúde emocional deles, ainda mais quando eles não têm outra pessoa para minimizar os impactos da educação, como uma avó, um professor ou uma figura de autoridade em quem eles possam confiar. Lembrando sempre que cada criança é única e tem seu tempo, ok? Então, vamos nessa!

3.1 Estilos "Autoritários"

E aí, mãe? Tudo ok até agora? Aperta os cintos e vamos continuar. Agora, vamos falar sobre o estilo autoritário de criar os filhos. Esse é aquele estilo bem rígido, sabe? Onde a mãe ou o pai são os donos da razão e tudo tem que ser do jeito deles, sem muito espaço para conversa. Aqui, a criança tem que obedecer, sem perguntas. Muito *"porque eu estou dizendo"* e pouco *"vamos entender juntos"*.

E como diria um pai "autoritário": *"cala essa boca agora, chega de preguiça e vai tratar de ler esse capítulo AGORAAA"*.

Esse jeito de criar os filhos pode ser bem difícil para a criança. Muitas vezes, ela pode se sentir pressionada, com medo de errar e pode ter dificuldade de tomar decisões por conta própria quando crescer. Além disso, pode ter problemas de autoestima, já que a opinião dela raramente é valorizada. Ela também pode ter dificuldades de socialização, pois aprende que o mundo é um lugar onde só vale o que uma pessoa manda e não um lugar onde todo mundo pode contribuir.

Agora, não estamos dizendo que quem cria os filhos assim é um monstro, nada disso! Muitas vezes, a gente replica o jeito que nossos pais nos criaram, ou simplesmente acreditamos que é assim que se educa uma criança para ser uma "pessoa do bem". Mas a gente está aqui para te ajudar a refletir e a achar um jeitinho melhor de fazer isso.

Uma sugestão é tentar ouvir mais o seu filho. Sabe quando ele pergunta *"por que?"*. Em vez de dizer *"porque eu estou falando"*, que tal tentar explicar o motivo? Outra ideia é dar espaço para que a criança possa tomar algumas decisões, claro, adequadas à idade dela. Isso ajuda a criança a se sentir mais confiante e a aprender a tomar decisões.

E, por último, lembre-se de mostrar que você também erra e que isso é normal. Afinal, errar é humano, e a gente aprende muito com os nossos erros, né? Isso pode ajudar a criança a entender que não precisa ser perfeita e que errar faz parte do processo de aprender.

Lembre-se, mãe, a gente tá aqui para aprender junto, ok? E cada dia é um novo dia para fazer melhor.

3.1.1 Características dos Pais Autoritários

O estilo de pais autoritários tem aquela abordagem mais 'mão de ferro', sabe? Onde tudo tem que ser do jeitinho que o pai ou a mãe mandam, sem muito espaço para conversa. Onde há muito castigo, ameaças, exigência de obediência estrita e nenhum questionamento.

Aí você pode pensar: "*Ué, mas não é assim que se cria um filho?*" Olha, depende. Vamos entender melhor.

A neurociência já mostrou que esse tipo de abordagem, onde as regras são muito rígidas e estritas, pode acabar criando um estresse excessivo na criança. Isso acontece porque ela se sente pressionada a obedecer, sem ter espaço para entender o porquê das coisas. E isso pode refletir lá na frente, na vida adulta, onde ela pode acabar se tornando aquela pessoa que obedece cegamente ao chefe, ao parceiro ou está sempre resolvendo os problemas dos amigos, sem pensar em si mesma.

Além disso, você já viu como a criança reage quando é punida sem entender o motivo? Ela pode ficar bem confusa, né? Isso é normal. Ela está aprendendo sobre o mundo e, quando a gente só pune sem explicar, ela pode ficar insegura, sem saber direito o que é permitido ou não. Isso pode fazer com que ela cresça com medo de tomar a iniciativa ou mesmo com a autoestima lá embaixo.

Outra coisa que pode acontecer é a criança ter dificuldade em expressar os próprios sentimentos e pensamentos. Afinal, ela aprendeu que não adianta conversar, já que as decisões são sempre dos adultos, certo? Isso pode dificultar a comunicação e os relacionamentos dela no futuro.

E sabe aquela história de *'criança tem que obedecer e pronto'*? Pois é, isso pode fazer a criança crescer sempre buscando aprovação dos outros e dependendo das opiniões alheias para tomar decisões. Ela pode ter dificuldade de descobrir quem ela é de verdade e o que ela quer, porque aprendeu que o importante é fazer o que os outros esperam.

Por fim, aquela pressão para ser perfeito em tudo também pode ser bem pesada para a criança. Ela pode crescer com medo de errar, com ansiedade e muito estresse. Pode sentir que nunca é boa o suficiente, mesmo que esteja fazendo o melhor que pode.

Mas olha, não estou dizendo que todo mundo que cria os filhos assim vai causar todos esses problemas, tá? Cada criança é única, e cada família também. O que eu quero é que você pense a respeito, para tentar criar um ambiente mais saudável e equilibrado para o seu filho crescer feliz e seguro. Afinal, a gente tá junto nessa, né?

3.1.2   Impacto sobre o Comportamento e Personalidade dos Filhos

Imagina que a neurociência é como uma bússola, nos dando dicas de como nosso cérebro reage a diferentes experiências. E ela tem uma coisa bem importante para nos contar sobre como a criamos nossos filhos.

Vou te dar um exemplo. Imagine um pai ou uma mãe bem autoritários, daqueles bem rígidos, sabe? Eles mandam e os filhos obedecem, sem muita conversa. Não dá para negar que essa estratégia traz ordem à casa, né? Mas os cientistas perceberam que esse estilo de criação pode causar alguns probleminhas lá na frente.

Por exemplo, essas crianças podem ter mais chances de desenvolver alguns problemas como ansiedade e depressão. Elas podem ter mais dificuldade em lidar com suas emoções e expressá-las de forma adequada. Além disso, como essas crianças têm que seguir regras bem rígidas, elas podem se tornar mais dependentes de outras pessoas para tomar decisões e menos capazes de pensar de forma criativa e independente.

Ainda falando nesse ponto, o foco excessivo em obedecer às regras, sem entender o porquê delas, pode até influenciar a personalidade da criança. Não é sempre, tá? Mas pode acontecer de algumas crianças desenvolverem o que a gente chama de "transtornos de personalidade". Isso inclui uma dependência emocional maior dos outros, um perfeccionismo excessivo ou até uma tendência a evitar relacionamentos íntimos e se isolar.

Agora uma coisa muito importante: isso não quer dizer que todo filho de pais autoritários irá ter esses problemas, viu? Tem um monte de coisa que influencia no que a gente se torna, como nossa genética, nossa personalidade individual e outras experiências que a gente tem na vida. Além disso, lembra que criar filhos é uma jornada, né? A gente está sempre aprendendo e mudando. Então, se você está percebendo que seu estilo de criar os filhos tem sido muito autoritário e tem percebido que seu filho está apresentando alguns sinais fora do normal, saiba que você pode aprender novas formas de se relacionar com eles e isso pode fazer toda a diferença.

Não precisa entrar em pânico nem se sentir culpada, tá? Toda essa conversa aqui é só para te ajudar a entender os efeitos que diferentes estilos de criação podem ter nos nossos filhos. E lembre-se, mesmo que até agora você tenha sido uma mãe ou um pai bastante autoritário, é sempre possível mudar e melhorar a relação com seus filhos. E isso pode fazer toda a diferença no futuro deles.

3.1.3   Melhorias para o Estilo Autoritário

Eu sei que a gente falou sobre algumas coisas meio pesadas, mas a boa notícia é que dá para melhorar, e muito, o jeito como a gente se relaciona com nossos filhos. E olha, a neurociência pode nos ajudar com isso também!

A primeira coisa é tentar ser mais aberta com eles. Eles têm opiniões, sentimentos e necessidades que merecem ser ouvidos, né? Conversar com eles, de verdade, pode ajudar a criar uma conexão mais forte e a construir uma confiança mútua.

Também é interessante deixar com que eles tomem algumas decisões sozinhos, sempre de acordo com a idade deles, é claro. Isso ajuda a criança a desenvolver habilidades de resolução problemas e também a se sentir mais confiante e responsável.

Outra coisa que pode fazer uma super diferença é tentar focar mais em ensinar do que em punir. Em vez de só dizer "*não pode*", é bom explicar o motivo da proibição. Isso ajuda a criança a entender as regras e a se comportar melhor por vontade própria, não só por medo de ser punida.

E é fundamental criar um ambiente seguro e acolhedor para as crianças. Imagina que gostoso se sentir aceito e valorizado, mesmo quando a gente erra ou não consegue fazer algo? Mostrar empatia e dar apoio emocional para nossos filhos é um presente incrível que a gente pode dar para eles.

E não se esqueça que você não precisa fazer isso sozinho. Existem programas de orientação para pais, grupos de apoio e até profissionais especializados que podem te ajudar nesse processo.

Então, mesmo que até agora você tenha sido uma mãe ou um pai mais autoritário, não se preocupe. Com algumas mudanças, é possível criar um lar mais tranquilo e amoroso, onde seus filhos se sintam valorizados, seguros e emocionalmente conectados. E isso pode fazer toda a diferença para o futuro deles.

3.1.4 Filmes que retratam aspectos dos estilos parentais autoritários

Eu escolhi alguns filmes que abordam essas características e, embora nem todos abordem unicamente essas características, eles podem fornecer *insights* sobre os efeitos negativos do estilo autoritário.

Aqui estão alguns exemplos:

- **Matilda** (1996): Este filme é baseado no livro de Roald Dahl e retrata a história de uma menina superdotada chamada Matilda, cujos pais são extremamente autoritários e negligentes. Eles impõem regras rígidas e não valorizam a educação e o desenvolvimento de sua filha. O filme destaca a importância da empatia, do respeito e do apoio emocional na vida de uma criança. Como Matilda é uma menina inteligente e curiosa, mas seus pais são negligentes, autoritários e não valorizam a educação, ela se vê forçada a desenvolver uma grande dose de independência, uma vez que seus pais não fornecem o apoio emocional e intelectual de que ela precisa. Ela aprende a cuidar de si mesma e a buscar conhecimento através da leitura e do estudo. O que ela mais quer é amor, atenção e reconhecimento dos seus pais, mas eles estão mais interessados em assistir televisão e ignorá-la. Isso a leva a buscar conexão e aprovação em outros lugares, como na escola e nos relacionamentos com adultos, como sua professora Miss Honey. Apesar da falta de apoio dos pais, a história de Matilda é uma história de superação em que ela, apesar das adversidades, mantém uma autoconfiança e uma determinação notáveis. Seu comportamento reflete o impacto do estilo de parentalidade autoritário em sua vida, demonstrado pela busca de conexão, afirmação e apoio emocional fora de sua família, ao mesmo tempo em que consegue desenvolver habilidades de independência e resiliência.

- **Sociedade dos Poetas Mortos** (1989): Neste filme, um professor inspirador desafia a abordagem autoritária da escola e estimula seus alunos a pensar de forma independente, expressar suas opiniões e seguir seus próprios sonhos. Ele encoraja a criatividade, a autoexpressão e a autonomia, contrastando com o ambiente autoritário e restritivo da instituição de ensino. Neste filme bem conhecido, o suicídio de um dos alunos, o personagem Neil Perry, é influenciado por uma série de fatores, incluindo pressões familiares, expectativas sociais e conflitos internos.

Embora a abordagem autoritária da escola e o comportamento do professor não sejam diretamente responsáveis pelo suicídio, eles desempenham um papel importante na história. O professor John Keating, interpretado por Robin Williams, é um personagem inspirador que encoraja seus alunos a pensar de forma independente, a expressar suas opiniões e a buscar seus próprios sonhos. Ele desafia as convenções da escola e estimula a criatividade e a autoexpressão. No entanto, as atitudes progressistas e não conformistas de Keating são vistas como uma ameaça pela administração autoritária da escola. A pressão exercida pela escola e pelos pais para que os alunos sigam um caminho tradicional e atendam às expectativas sociais é um fator de estresse para Neil. Ele enfrenta conflitos internos entre seus próprios desejos e a necessidade de agradar seus pais e seguir o caminho traçado para ele. A liberdade e a inspiração oferecidas por Keating desencadeiam uma busca por sua própria identidade, mas também aumentam a tensão entre Neil e seu pai autoritário. Embora o comportamento do professor Keating não seja diretamente responsável pelo suicídio de Neil, ele desempenha um papel na medida em que influencia o jovem a questionar as expectativas e as regras impostas por seu ambiente familiar e pela escola. O suicídio de Neil é resultado de uma complexa interação de fatores emocionais, sociais e familiares, incluindo a pressão e a falta de apoio emocional em seu ambiente. Esse filme explora a complexidade das experiências humanas e as diversas influências que podem contribuir para um desfecho trágico. Ele nos convida a refletir sobre a importância de um ambiente emocionalmente seguro, do apoio emocional e da liberdade para expressar nossa individualidade.

3.2   Estilos "Permissivos"

Neste tópico, a gente vai entender o estilo permissivo de parentalidade, suas características, os impactos sobre os filhos e as possíveis melhorias para esse estilo parental.

3.2.1   Características dos Pais Permissivos

Sabe aquelas mães e pais que não conseguem impor limites, que têm medo de dizer "não" e que parecem mais ser o melhor amigo do filho do que pais de verdade? Não que a gente não possa ser amigo dos filhos. Eu tenho o maior orgulho de ser muito amiga das minhas filhas e da minha enteada e delas confiarem em mim para tudo. Mas se eu fosse só amiga, sem ser mãe, eu nunca iria conseguir ensinar nada, não é mesmo? Afinal a maioria dos amigos não quer desagradar ao outro, né? E como pais, não dá para ser assim, porque somos nós que temos que impor os limites, senão quem?

Pois bem, esses pais que não sabem impor limites, que querem só se mostrar bonzinhos, que cedem em tudo, são o que a gente chama de pais permissivos. Vamos falar um pouquinho mais sobre eles.

Pais permissivos têm muita dificuldade em estabelecer limites para os filhos. Eles evitam regras e consequências e deixam os filhos fazerem o que quiserem, sem muita orientação.

Esses pais costumam ser super tolerantes e não gostam de confrontos ou conflitos. Têm um jeito mais tranquilo, relaxado e raramente interferem nas decisões ou nos comportamentos dos filhos. Eles acham que, no final, tudo vai dar certo.

Eles também tendem a assumir as responsabilidades dos filhos. Isso pode parecer bom, mas a verdade é que impede os filhos de aprenderem a enfrentar desafios e a assumirem responsabilidades adequadas para a idade deles.

Além disso, pais permissivos buscam muito a aprovação dos filhos. Parece estranho, né? Mas é isso mesmo. Eles querem ser vistos como amigos, têm medo de desapontar os filhos e preferem ser aceitos a curto prazo, mesmo que isso signifique não dar uma orientação adequada.

E por fim, eles têm muita dificuldade em estabelecer consequências para os comportamentos inadequados dos filhos. Mesmo quando tentam impor limites, costumam ser inconsistentes ou desistem no meio do caminho.

3.2.2 Impacto sobre o Comportamento e Personalidade dos Filhos

Os pais que são super liberais, que têm medo de impor limites e se parecem mais com amigos do que com pais, podem acabar criando problemas para os filhos. Por mais que pareça legal ter toda essa liberdade, a verdade é que isso pode ter consequências sérias para o comportamento e a personalidade das crianças. Vamos entender melhor.

Uma das consequências é a falta de autodisciplina. Quando os filhos nunca têm que respeitar limites ou assumir responsabilidades, eles têm dificuldade em se organizar, cumprir prazos e lidar com as exigências do dia a dia.

Outro problema é a falta de controle emocional. Sem limites claros, as crianças podem ter dificuldade em controlar suas emoções e lidar com a frustração. Isso pode levar a comportamentos desafiadores, dificuldade em seguir regras e aceitar autoridade, causando conflitos em casa, na escola e em outros lugares.

As crianças também podem desenvolver baixa responsabilidade e independência. Quando tudo é permitido e não se exigem responsabilidades, elas podem se tornar dependentes dos pais para tomar decisões e lidar com as tarefas do dia a dia.

Além disso, elas podem ter dificuldade em enfrentar desafios e adversidades. Como nunca tiveram que lidar com as consequências dos próprios comportamentos, podem ter dificuldades em desenvolver resiliência e habilidades para lidar com problemas. Isso pode atrapalhar em situações como cumprir prazos no trabalho, evitar a procrastinação e manter uma rotina profissional estruturada.

A falta de experiência em lidar com limites também pode levar a uma baixa tolerância à frustração, podendo desencadear reações desproporcionais de raiva, ansiedade ou desespero diante de obstáculos emocionais.

E tem ainda as dificuldades sociais. As crianças podem ter problemas para compartilhar, cooperar e estabelecer relacionamentos saudáveis, já que não estão acostumadas a respeitar os limites dos outros.

Outro problema é a baixa autoestima. A falta de limites e orientação parental adequada pode fazer com que as crianças se sintam inseguras, sem direção e com pouca confiança em suas próprias habilidades.

Elas também podem acabar buscando aprovação externa o tempo todo. Como sempre foram incentivadas a buscar aprovação imediata, podem se tornar dependentes da validação dos outros, o que acaba afetando a confiança em suas próprias habilidades.

A falta de experiência em seguir limites claros pode fazer com que as crianças tenham dificuldade em estabelecer limites para si mesmas e para os outros, o que pode afetar seus relacionamentos e habilidades de negociação.

E tem ainda o impacto nos estudos. A falta de estrutura e incentivo para o estudo pode levar a resultados acadêmicos mais baixos, procrastinação, falta de motivação e falta de responsabilidade em relação aos estudos e, mais tarde, em relação ao trabalho.

Mas atenção, os efeitos negativos desse tipo de criação podem variar de uma criança para outra, dependendo de vários fatores, incluindo a personalidade da criança, o ambiente familiar e a presença de outros fatores de proteção.

Além de tudo isso, os filhos de pais super liberais podem correr um risco maior de desenvolver certos traços ou transtornos de personalidade, como serem dependentes, imaturos, impulsivos, desorganizados ou narcisistas.

Mas não se desespere. Isso não significa que todas as crianças criadas por pais liberais vão desenvolver esses problemas. E mesmo que desenvolvam, isso pode ser revertido com experiências positivas em outros ambientes, relacionamentos saudáveis, apoio emocional e intervenções terapêuticas adequadas.

3.2.3 Melhorias para o Estilo Permissivo

Neste momento, os pais que são extremamente liberais e permissivos e estão lendo isso, podem estar começando a se preocupar ao perceber o efeito que esse tipo de educação pode ter sobre seus filhos. Mas calma!! Há boas notícias: existem estratégias que podem ser adotadas para mudar esse padrão de comportamento. Aqui estão algumas ideias:

Estabeleça limites claros e consistentes: Identifique as regras que são inegociáveis e comunique-as de forma clara e firme. Quando as regras forem quebradas, aplique consequências apropriadas. Isso não significa gritar, ameaçar ou bater. Em vez disso, pense em consequências lógicas e coerentes que podem ser aplicadas de forma consistente.

Incentive a responsabilidade: Delegue tarefas e permita que os filhos assumam responsabilidades adequadas à idade e capacidade deles. Isso ajudará a desenvolver a autonomia e habilidades práticas.

Promova a comunicação aberta e honesta: Encoraje a expressão de sentimentos, ouça atentamente e crie um ambiente seguro para discutir problemas e preocupações.

Busque o equilíbrio: Apoie emocionalmente os filhos, mas também os oriente. Mostre compreensão e empatia pelos desejos e necessidades deles.

Essas medidas podem promover um ambiente mais saudável e equilibrado para o desenvolvimento das crianças. Quando a gente passa a estabelecer limites adequados, a fornecer orientação e responsabilidades apropriadas à idade e a promover o desenvolvimento de habilidades sociais e emocionais, a gente consegue prevenir ou amenizar as possíveis consequências negativas associadas a um estilo de parentalidade super liberal. Fica calma que o último capítulo desse livro vai ser todinho destinado a explicar estratégias para a boa educação emocional dos filhos, o que deve ser feito e com bastante exemplos.

3.3   Estilos "Superprotetores"

Oi, querida mãe! Vamos bater um papo sobre a superproteção? Pois é, eu sei que o seu maior desejo é manter a sua criança segura e feliz e, por isso, você está sempre em alerta para evitar qualquer tipo de risco ou problema que ela possa enfrentar. Mas você já parou para pensar que essa superproteção pode acabar atrapalhando o desenvolvimento dela? Deixa-me te explicar.

Quando a gente superprotege, nosso filho pode acabar desenvolvendo uma dependência muito grande da gente para resolver tudo. Isso pode limitar a autonomia dele e até a autoconfiança, pois ele pode começar a duvidar das próprias capacidades. Não é fácil, eu sei, mas a gente precisa aprender a soltar as rédeas um pouco, permitir que eles aprendam a se virar, e aí eles vão crescendo confiantes e independentes.

E tem outro detalhe importante: nossas preocupações e medos podem acabar sendo absorvidos por eles. Isso pode fazer com que nossos filhos também desenvolvam ansiedade, medos e até mesmo fobias. E não é isso que a gente quer, não é mesmo?

No mundo da neurociência, existem estudos que mostram que as crianças aprendem muito com as experiências, inclusive as negativas.

Quando a gente evita que elas passem por qualquer dificuldade, estamos tirando a chance de elas aprenderem a lidar com os desafios da vida.

Agora, uma coisa importante que eu quero que você se lembre: a gente está falando aqui de tendências, de possíveis comportamentos. Cada criança é única e pode reagir de formas diferentes a um mesmo estilo de criação. E mais, se você acha que seu filho já está apresentando algum desses comportamentos, não se desespere! A gente sempre pode mudar, buscar apoio e melhorar. Afinal, a maternidade é uma eterna aprendizagem, não é mesmo?

3.3.1   Filme que retrata aspecto do estilo parental superprotetor

- **"The Perks of Being a Wallflower"** (As Vantagens de Ser Invisível) (2012). Embora o filme aborde vários temas, incluindo transtornos mentais e relacionamentos interpessoais, também apresenta elementos relacionados ao estilo parental superprotetor. No filme, o personagem principal, Charlie, é criado por uma mãe superprotetora que o mantém em uma bolha de proteção, temendo que ele enfrente dificuldades emocionais e sociais. Como resultado, Charlie tem dificuldade em se envolver em interações sociais normais, expressar-se emocionalmente e enfrentar desafios da vida cotidiana. Ele demonstra ansiedade, baixa autoestima e falta de confiança em suas próprias habilidades. A história retrata as consequências dessa superproteção na vida de Charlie, bem como sua jornada de autodescoberta e crescimento, conforme ele tenta superar as dificuldades e encontrar seu lugar no mundo. O filme ilustra de maneira emocional e realista como o estilo parental superprotetor pode afetar o desenvolvimento e o bem-estar emocional dos filhos.

3.3.2   Melhorias para o Estilo Superprotetor

Agora vamos falar um pouquinho sobre como podemos suavizar essa superproteção, sem deixar de lado o cuidado e o amor que temos pelos nossos filhos? Primeiro, é essencial buscar um equilíbrio. Sim, queremos proteger nossas crianças, mas também precisamos permitir que elas voem sozinhas. O segredo está em ir soltando as rédeas aos poucos e de acordo com a idade delas.

Já pensou em dar mais independência ao seu filho? Isso mesmo, deixar que ele encare desafios e tome decisões sozinho. Claro, sempre de olho para garantir que não se machuquem, mas permitindo que aprendam com as próprias experiências.

Outra dica é incentivar a resiliência. Sabemos que a vida não é fácil e que vão surgir obstáculos no caminho. Ao invés de evitarmos esses desafios, podemos ajudá-los a encará-los e a lidar com as dificuldades. Assim, eles vão crescendo mais fortes e capazes.

Ah, e um ponto muito importante: sempre mantenha a porta aberta para o diálogo. Permita que seu filho compartilhe os medos, as preocupações e as dúvidas dele. Dessa forma, ele vai se sentir seguro para enfrentar qualquer desafio que apareça.

Acredite, implementando essas pequenas mudanças, você vai ajudar seu filho a ser mais autônomo, resiliente e confiante. Afinal, nosso objetivo é prepará-los para o mundo, não é mesmo? E lembre-se, você está fazendo um ótimo trabalho! A maternidade é um aprendizado constante e você não está sozinha nessa.

3.4   Estilos "Negligentes"

Oi, querida mãe! Hoje a gente vai ter que conversar um pouco sobre um assunto meio delicado, que é o estilo de parentalidade negligente. Sabe, algumas vezes os pais, por diversos motivos, não estão tão presentes ou envolvidos na vida dos filhos, seja emocionalmente ou mesmo no atendimento das necessidades básicas deles, como alimentação, higiene, sono e educação. Isso pode acontecer por diversas razões, muitas vezes complexas, e não é meu papel julgar, mas sim compreender e buscar melhorias.

Esse tipo de comportamento dos pais, infelizmente, pode ter consequências negativas no desenvolvimento das crianças. E não sou eu quem estou dizendo isso. Todos os estudos consultados estão dispostos na bibliografia deste livro. De acordo com a neurociência, quando falta esse carinho, esse cuidado, essa presença na vida das crianças, elas podem crescer se sentindo menos importantes, menos amadas, com a autoestima lá embaixo, sabe? E isso não é nada bom para o desenvolvimento emocional e cognitivo delas.

Além disso, sem a supervisão e orientação adequadas dos pais, as crianças podem desenvolver comportamentos mais desafiadores, ter dificuldades em seguir regras, demonstrar falta de responsabilidade e até ter problemas para lidar com as próprias emoções.

E tem mais: a falta de um vínculo emocional seguro com os pais pode fazer com que essas crianças tenham dificuldade em confiar nas pessoas e formar relações saudáveis no futuro. E isso, acredite, pode levar a transtornos de apego, como o Transtorno de Apego Inseguro e o Transtorno de Apego Reativo, que é quando a criança tem dificuldade em estabelecer vínculos afetivos duradouros. É um transtorno raro, mas que tem uma incidência maior em crianças que sofreram negligência.

Agora, é importante ressaltar que cada criança é única e pode responder de maneiras diferentes à negligência parental. Outros fatores também influenciam, como o ambiente escolar e o suporte familiar ou social. E é sempre bom lembrar que existe ajuda profissional disponível, como terapia, para ajudar a superar os impactos da negligência.

Então, querida mãe, se você conhece alguma criança que possa estar passando por isso ou, se você mesma sente que está tendo dificuldades, procure ajuda. Não tenha vergonha. A maternidade é uma jornada lotada de desafios e nós estamos aqui para aprender e melhorar sempre.

3.4.1 Mudanças sugeridas no Estilo Negligente

Olha, se a gente percebe que está agindo de maneira negligente com nossos filhos, a primeira coisa a fazer é buscar ajuda, ok? Se estiver ocorrendo algum tipo de abuso físico ou emocional, é fundamental procurar apoio profissional. Isso pode ser um médico, um assistente social ou até um psicólogo.

Agora, é importante lembrar que ser um bom pai ou uma boa mãe é algo que a gente aprende, sabe? Por isso, uma ótima maneira de melhorar é desenvolver novas habilidades parentais. Como? Conversando com outros pais, lendo sobre o assunto, fazendo cursos, assistindo palestras, participando de grupos de apoio, enfim, buscando informação.

E o amor e a comunicação são a chave para tudo! Amar seu filho e aprender a se comunicar de maneira eficaz com ele é fundamental. Isso inclui saber ouvir, entender e respeitar os sentimentos dele, além de expressar os nossos de maneira respeitosa. E junto com a comunicação, vem o estabelecimento de limites saudáveis. As crianças precisam de regras e orientações para se sentirem seguras e saberem o que é esperado delas.

Outra coisa que pode ajudar muito é a supervisão adequada. Isso não significa ser superprotetor, mas sim, garantir que as crianças estejam seguras e bem cuidadas. E, é claro, oferecer todo o apoio emocional que elas precisam para se desenvolverem de maneira saudável. Lembre-se: nosso papel como mães é criar um ambiente seguro e acolhedor para nossos filhos.

Por fim, e muito importante, a gente precisa estar sempre atenta para garantir que todas as necessidades dos nossos filhos estejam sendo atendidas. Isso inclui alimentação, higiene, sono, educação e carinho. Afinal, estas são coisas básicas, mas que fazem toda a diferença para o crescimento e desenvolvimento deles.

Então, se por acaso, você se identificou com algum desses pontos, não se sinta mal. A maternidade é um aprendizado constante e a gente está aqui para melhorar a cada dia. E lembre-se que procurar ajuda é um ato de amor, tanto por você mesma, quanto pelos seus filhos.

3.4.2 Filmes que retratam aspectos da criação negligente

- **"Precious"**: Preciosa - Uma História de Esperança (2009). O filme aborda a história de uma adolescente chamada Preciosa, que enfrenta uma infância marcada por negligência e abuso. A negligência e o descaso dos pais de Preciosa têm um impacto profundo em sua vida. Ela cresce sem o apoio emocional, supervisão adequada e cuidados básicos necessários para seu desenvolvimento saudável. Como resultado, Preciosa enfrenta dificuldades emocionais, baixa autoestima e falta de habilidades sociais.

- **"The Glass Castle"**: O Castelo de Vidro (2017). Baseado em uma história real, o filme conta a história de uma família em que os pais são completamente permissivos e negligentes, focados em suas próprias necessidades e sonhos, enquanto negligenciam as necessidades emocionais e físicas de seus filhos. As consequências dessa negligência são visíveis na vida dos filhos, que lutam para lidar com a falta de estabilidade, segurança e apoio parental. Vale a pena assistir.

Esses filmes retratam de forma realista as consequências do estilo negligente de parentalidade, evidenciando como a ausência de cuidado e atenção dos pais pode afetar significativamente o comportamento e a personalidade das crianças.

3.5   Estilo "Democrático"

Ei, vamos conversar um pouco sobre a tal da educação democrática? Você sabia que esse estilo pode começar a ser aplicado desde quando nossos filhos são bem pequenininhos? Ainda que eles não entendam completamente a ideia de democracia, a gente já pode introduzir princípios importantes como respeito, participação e tomada de decisões compartilhadas.

Desde bebê, a gente pode permitir que eles expressem suas preferências. Claro, de um jeitinho bem simples, como escolher a roupinha que vão vestir ou o brinquedo com que querem brincar.

Aí, conforme eles crescem e vão ficando mais espertinhos, a gente pode envolvê-los ainda mais na tomada de decisões, trazendo-os para nossas conversas familiares e discutindo assuntos um pouquinho mais complexos. Mas olha, é sempre importante lembrar de respeitar a idade e o desenvolvimento de cada um, equilibrando a autonomia deles com a nossa orientação.

E sabe o que é bacana? Educação democrática não significa deixar as crianças sem limites, entendeu? A gente precisa estabelecer regras bem claras, para garantir que nossa casa seja um ambiente seguro e cheio de respeito.

Agora, quero te contar quais são as características dos pais que seguem esse estilo democrático. Primeiro, eles valorizam muito a comunicação. Eles ouvem o que os filhos têm a dizer, criando um ambiente em que as crianças se sentem valorizadas.

Segundo, eles colocam limites bem claros. Mesmo incentivando a autonomia dos pequenos, eles deixam claro quais são as regras e o que esperam deles. Isso ajuda a dar uma estrutura e uma orientação para o desenvolvimento dos filhos.

Por último, eles incentivam a tomada de decisões. Querem que os filhos participem ativamente das decisões da família, sempre respeitando a idade e a capacidade deles. Isso ajuda a desenvolver o pensamento crítico e a autodeterminação nas crianças. Vamos ver lá na frente como fazer isso, ok?

E sabe o que acontece quando a gente educa nossos filhos de forma democrática? Eles crescem mais confiantes e responsáveis. Aprendem a tomar decisões, a assumir responsabilidades e a enfrentar desafios. Além disso, eles desenvolvem habilidades de comunicação eficazes, aprendendo a expressar suas emoções de forma saudável. E o mais bacana é que eles se sentem valorizados e capazes de correr atrás dos seus sonhos. Por isso, se você puder, invista nesse estilo de educação, vale a pena!

3.5.1 Melhorias para o Estilo Democrático

Que bom que estamos falando sobre como aperfeiçoar a educação democrática, afinal, todos nós, pais, podemos aprender e melhorar a cada dia, né? Então vamos lá!

Primeiramente, é importante encontrar um equilíbrio entre estabelecer limites e permitir flexibilidade. Não é porque estamos sendo democráticos que devemos ser permissivos demais ou inflexíveis. Cada situação pode exigir uma abordagem diferente.

Em segundo lugar, temos que lembrar de ser consistentes. Uma vez que estabelecemos as regras, devemos segui-las. Isso ajuda nossos filhos a entenderem o que é esperado deles e a se sentirem seguros.

E, claro, não podemos esquecer da empatia. Precisamos validar os sentimentos dos nossos filhos. Seja uma emoção positiva ou negativa, eles precisam saber que têm um ambiente seguro para expressá-las e que nós valorizamos o que estão sentindo.

Acredite, se a gente se esforçar para manter esses pontos em mente, o nosso relacionamento com nossos filhos só vai melhorar. Estaremos construindo um ambiente de confiança, suporte e o melhor de tudo, ajudando-os a desenvolver habilidades sociais e emocionais de forma saudável. Então, bora colocar isso em prática?

3.6 Educação Emocional dos Filhos

É realmente importante e valioso discutir a Educação Emocional no âmbito da parentalidade. Ela se caracteriza por uma abordagem equilibrada e saudável que prioriza o bem-estar e o desenvolvimento integral das crianças.

Este estilo de parentalidade é construído sobre princípios fundamentais como amor, apoio, respeito mútuo, comunicação aberta, colaboração e estabelecimento de limites claros. A Educação Emocional abrange várias estratégias e filosofias, incluindo a Comunicação Não-Violenta, a Educação Respeitosa, a Educação Positiva, a Educação Democrática, a Educação Consciente e a Educação baseada na Inteligência Emocional.

Na Educação Emocional, os pais são orientados a ajustar suas estratégias de acordo com a idade da criança, levando em consideração o desenvolvimento neurobiológico delas. Cada estágio de desenvolvimento tem suas próprias necessidades e habilidades únicas, e a educação emocional procura respeitar essas diferenças.

Os pais que adotam a Educação Emocional buscam promover um ambiente familiar positivo e estimulante, onde as crianças são incentivadas a expressar suas emoções, compreender as emoções dos outros e desenvolver habilidades de regulação emocional.

Eles também se esforçam para modelar comportamentos emocionalmente saudáveis e estratégias eficazes de enfrentamento, reconhecendo que são modelos importantes para seus filhos. Os pais que praticam a Educação Emocional reconhecem a importância do equilíbrio entre o apoio emocional e o estabelecimento de limites, proporcionando um ambiente onde as crianças podem se sentir seguras e apoiadas, enquanto também aprendem a respeitar regras e limites.

3.6.1 Características de cada abordagem

A educação emocional é fundamentada em abordagens respeitosas e empáticas, visando a construção de um relacionamento saudável entre pais e filhos. Algumas características essenciais desse estilo incluem:

Comunicação não-violenta: A comunicação não-violenta, desenvolvida por Marshall Rosenberg, é uma abordagem que enfatiza a expressão honesta e compassiva dos sentimentos e necessidades, promovendo o diálogo aberto e a resolução pacífica de conflitos, sem gritos, sem ameaças e com respeito.

Educação respeitosa: A educação respeitosa, inspirada no trabalho de autores como Janusz Korczak e Rudolf Dreikurs, envolve o respeito à autonomia e individualidade da criança, levando em consideração suas perspectivas e permitindo sua participação ativa no processo educacional.

Educação positiva: A educação positiva, também conhecida como disciplina positiva, foi desenvolvida por Jane Nelsen. Ela enfatiza a conexão emocional com a criança, o estabelecimento de limites firmes, mas amorosos, e o ensino de habilidades sociais e emocionais através de estratégias não punitivas.

Educação democrática: A educação democrática, proposta por autores como John Dewey e Rudolf Steiner, busca envolver as crianças em processos de tomada de decisão, encorajando a participação ativa e o respeito mútuo, a fim de desenvolver cidadãos responsáveis e autônomos.

Educação consciente: A educação consciente, popularizada pela dra. Shefali Tsabary, foca no desenvolvimento da consciência dos pais, incentivando-os a se tornarem presentes, conectados emocionalmente e responsáveis por suas próprias emoções para melhor se relacionarem com seus filhos.

Inteligência emocional: O conceito de "Inteligência Emocional" foi popularizado, na década de 1990, por dois psicólogos: Peter Salovey e John D. Mayer. Eles definiram a inteligência emocional como *"a capacidade de perceber emoções, de acessar e gerar emoções para ajudar o pensamento, de entender as emoções e o conhecimento emocional, e de refletir regulamentos emocionais de modo a promover o crescimento emocional e intelectual"*. No entanto, foi o jornalista e autor Daniel Goleman quem realmente tornou esse conceito acessível a todos com seu best-seller de 1995, "Inteligência Emocional: Porque pode ser mais importante que o QI". Goleman expandiu o conceito para incluir uma série de habilidades e competências emocionais e sociais, como a capacidade de reconhecer, entender e gerenciar as emoções, tanto em si mesmo, quanto nos outros, além de habilidades como autorregulação emocional, empatia, automotivação e habilidades sociais, fundamentais para o desenvolvimento emocional saudável das crianças.

Eu acredito fortemente que este estilo de parentalidade pode ser uma ferramenta poderosa para promover o desenvolvimento emocional saudável das crianças, contribuindo para seu bem-estar e sucesso a longo prazo.

3.6.2 Implicações no Desenvolvimento Cerebral

O desenvolvimento cerebral é afetado por uma série de fatores, incluindo a nutrição, a saúde física, a exposição a toxinas ambientais, a genética e o ambiente social e emocional. A ciência moderna revelou que nossos cérebros estão constantemente mudando em resposta a nossas experiências e interações com o ambiente.

Pesquisas mostram que a comunicação não-violenta e a educação respeitosa promovem ambientes emocionalmente seguros, reduzindo o estresse e estimulando o desenvolvimento de circuitos cerebrais relacionados à regulação emocional. A educação positiva e a educação democrática incentivam a motivação intrínseca e a capacidade de resolução de problemas, promovendo a formação de conexões cerebrais relacionadas à aprendizagem e ao desenvolvimento cognitivo. A inteligência emocional contribui para o desenvolvimento de uma arquitetura cerebral saudável, facilitando a autorregulação emocional, a tomada de decisões conscientes e a capacidade de estabelecer relacionamentos saudáveis e significativos.

Por outro lado, ambientes de alto estresse, abuso ou negligência podem ter o efeito oposto, prejudicando o desenvolvimento cerebral e levando a uma série de problemas de saúde física e mental mais tarde na vida.

Os princípios da educação emocional, portanto, têm implicações importantes para o desenvolvimento do cérebro e para a saúde física e mental das crianças. Eles oferecem ferramentas para criar um ambiente de apoio que promova o desenvolvimento saudável do cérebro e prepare as crianças para uma vida de sucesso e bem-estar emocional.

No entanto, é importante lembrar que a adoção desses princípios não garante o sucesso ou a ausência de problemas. Cada criança é única e pode responder de maneira diferente ao mesmo ambiente. Além disso, existem muitos fatores fora do controle dos pais que também podem afetar o desenvolvimento do cérebro de uma criança. No entanto, ao adotar princípios de educação emocional, os pais podem aumentar as chances de que seus filhos tenham um desenvolvimento cerebral saudável.

As abordagens mencionadas neste capítulo serão exploradas com mais detalhes no último capítulo, aprofundando-se em suas características e estratégias específicas para uma parentalidade eficaz e saudável, baseada em sólidos conhecimentos científicos e práticas comprovadas.

3.7 Considerações sobre um Estilo Ideal

Por mais que a gente tente encontrar uma receita de bolo com a educação ideal, a gente sabe que isso é impossível, né? Por mais que duas pessoas façam a mesma receita dada pela vizinha, cada bolo terá um toque diferente, uma consistência diferente. Um vai ser mais doce, outro mais fofo. Então desista de ter uma fórmula pronta. Criar filhos não é uma ciência exata.

Cada família tem um estilo único, suas regras, suas próprias brincadeiras, sua própria linguagem, seus valores e tudo depende do jeito de ser dos pais e dos filhos, além das condições de vida de cada um. Mas os estudiosos têm falado bastante sobre os benefícios de se adotar um estilo de educação na base do diálogo e do respeito, onde as crianças têm voz ativa e participam das decisões de acordo com a idade deles. É aquele esquema de ouvir o que a criança tem a dizer, negociar, conversar, tudo dentro dos limites que os pais colocam.

Mas olha, isso não quer dizer que esse estilo é o certo para todas as famílias. Tem pais que são mais firmes, outros que deixam a criança mais livre para escolher, cada um sabe o que é melhor para a sua família, de acordo com o que cada criança precisa em diferentes fases da vida.

O importante mesmo é os pais estarem ligados nos seus próprios valores, entenderem o que os filhos precisam e buscarem um equilíbrio saudável entre dar liberdade e orientação. O legal é ter um ambiente onde a criança se sinta amada, segura e capaz de crescer e se desenvolver.

As maneiras de educar mudaram muito com o tempo e, muitas vezes, os pais repetem o estilo que receberam dos seus pais, mas a gente já sabe que ir para os extremos não é legal. Por exemplo, deixar a criança fazer tudo o que ela quer pode levar à falta de disciplina, à procrastinação e até à baixa autoestima.

A verdadeira beleza da educação reside em nossa capacidade de criar seres humanos únicos e não robôs. Ao aplicar o seu próprio "tempero" na educação dos filhos, você contribui para a diversidade e a riqueza do mundo. Embora as famílias de hoje assumam muitas formas, todas compartilham um desejo comum: que seus filhos se tornem pessoas boas, esforçadas e felizes.

A ideia de uma educação "ideal" pode não existir, pois cada família é única e terá sua própria abordagem. Mas todos estamos na mesma jornada, buscando alcançar um resultado comum: a felicidade e o sucesso dos filhos. Então, mesmo que cada família escolha uma estrada diferente, todas as estradas levam ao mesmo destino. E é nesse ponto que encontramos o verdadeiro sentido da educação - guiar nossos filhos em direção a uma vida plena e feliz.

3.8 Considerações Finais

Então, você mergulhou no mundo da educação dos filhos, né? Sabe, essa coisa toda de estilos de parentalidade não é algo como uma receita de bolo, que todo mundo segue à risca. Cada pai, mãe ou responsável vai ter um jeito único de educar. Afinal, cada família é um universo à parte, né?

E mais, não precisa ficar preso a uma só forma de educar. Pode ser que em um dia você seja mais durão e, noutro, mais maleável. E está tudo bem, viu? A gente vai aprendendo no dia a dia como é ser pai e mãe. A graça está em tentar encontrar um equilíbrio que faça sentido para você e sua família.

E aí vem a parte legal: você pode pensar na educação dos seus filhos como um veleiro navegando pelos mares da vida. Assim como um veleiro, a educação requer uma estrutura sólida e resistente para enfrentar as adversidades e desafios que surgem ao longo do caminho.

Assim como ajustamos as velas do veleiro para aproveitar o vento a nosso favor, na educação, precisamos encontrar um equilíbrio entre dar espaço para que as crianças cresçam e se desenvolvam, e estabelecer limites e orientações para mantê-las seguras e direcionadas.

Há momentos em que precisamos dar corda solta, permitindo que as crianças explorem e descubram por si mesmas, pois é através dessa liberdade que elas desenvolvem autonomia e criatividade. No entanto, também é importante intervir quando necessário, reorientando a rota quando percebemos que elas estão se afastando de valores importantes ou correndo perigo.

Encontrar o equilíbrio entre leveza e dureza é essencial na educação. A rigidez excessiva pode sufocar o crescimento e a individualidade das crianças, enquanto a falta de limites pode deixá-las inseguras e desorientadas.

Assim como o velejador experiente ajusta as velas para navegar em diferentes mares e em diferentes direções, os pais também precisam adaptar sua abordagem, respondendo às necessidades e circunstâncias individuais de cada criança.

Assim como cada veleiro tem suas características próprias e enfrenta condições climáticas distintas, cada criança é única e requer uma abordagem personalizada. A educação, assim como a navegação, é uma jornada em constante adaptação, em que os pais desempenham o papel de capitães, guiando seus filhos rumo a um futuro promissor.

E lembre-se, não importa o quão complicada a situação pareça, sempre há uma oportunidade de aprender e crescer. É nesse equilíbrio entre os diferentes estilos de educação que a gente encontra a chave para criar um ambiente amoroso e seguro para nossos filhos.

E acima de tudo, não se esqueça: a gente está sempre aprendendo nessa viagem que é a educação dos filhos. Não tem nada de perfeito nisso, mas a cada dia podemos nos tornar um pouco melhores. A meta não é a perfeição, mas sim sermos melhores do que fomos ontem.

Então vamos lá, de braços abertos, encarar essa viagem que é a educação dos filhos? Cada família é única, cada pai e mãe são únicos. O importante é estarmos sempre dispostos a aprender, crescer e fazer o melhor por eles.

Afinal, juntos, podemos criar uma geração de crianças confiantes, amorosas e prontas para encarar qualquer desafio com resiliência e compaixão. Vamos nessa?

4.   A Qual Estilo Parental Você Foi Submetido?

A parentalidade exerce uma influência profunda em nossas vidas, moldando nosso comportamento, nossa personalidade e até mesmo nossos relacionamentos. Ao refletirmos sobre o estilo parental ao qual fomos submetidos, podemos desvendar caminhos que nos levam a uma compreensão mais profunda de nós mesmos.

Pense por um momento sobre o estilo de seu pai e de sua mãe. Como eles se relacionavam com você quando você era criança? Quais eram suas principais características e abordagens? Essas experiências parentais são como tijolos que formam a base de nossa própria maneira de ser e agir no mundo.

Se seu pai adotava um estilo autoritário, impondo regras rígidas e buscando o controle, é possível que você tenha desenvolvido uma personalidade mais conformista e dependente da aprovação externa. Talvez você tenha se acostumado a seguir as regras e a evitar confrontos, priorizando a harmonia e a obediência.

Já se sua mãe era permissiva, permitindo que você fizesse o que queria sem estabelecer limites claros, pode ser que você tenha adquirido uma tendência a buscar gratificação imediata e a evitar responsabilidades. A independência e a autodisciplina podem ser desafios para você, pois você pode ter se acostumado a ter tudo ao seu alcance sem esforço.

Se seus pais eram superprotetores, agindo como um escudo para suas dificuldades e evitando que você enfrentasse desafios, é possível que você tenha se tornado mais dependente emocionalmente e com dificuldades para lidar com a adversidade. A confiança em si mesmo pode ser uma área em que você precisa trabalhar, já que pode ter crescido acreditando que precisa da proteção constante dos outros.

No entanto, é importante lembrar que essas são apenas possibilidades, e cada pessoa é única em sua formação e experiências. Nem todos os indivíduos se encaixam perfeitamente em um único perfil comportamental, e é possível que você tenha desenvolvido uma combinação de características de diferentes estilos parentais.

Ao refletir sobre seu estilo parental e os possíveis perfis comportamentais associados, é crucial lembrar que você tem o poder de fazer escolhas conscientes e de mudar padrões que não sejam saudáveis ou que não reflitam quem você deseja ser. A autoconsciência e o autoconhecimento são as chaves para essa transformação.

Convido você a meditar sobre seu estilo parental, observando as características que moldaram sua personalidade e seu comportamento. Ao reconhecer esses padrões, você pode começar a traçar seu próprio caminho, definindo quem você deseja ser como pai ou mãe e como pessoa. Lembre-se de que você tem o poder de criar um estilo parental equilibrado, baseado no amor, na empatia e na sabedoria que você adquiriu ao longo de sua jornada.

Que essa reflexão o inspire a buscar um estilo parental saudável e amoroso, que promova o crescimento e a felicidade de seus filhos, e que também lhe permita florescer como um indivíduo pleno e autêntico.

5. Curando a Criança Interior Ferida

Querida mãe,

Sei que você está passando por momentos desafiadores com seus filhos, e quero lembrá-la de algo importante: você não está sozinha. Muitas vezes, o comportamento dos nossos filhos pode acionar gatilhos profundos dentro de nós, despertando feridas emocionais antigas. Essas feridas, geralmente enraizadas em nossa própria infância, podem influenciar nossas reações diante de situações que envolvem nossos filhos, como choros, mau comportamento ou provocações.

É fundamental olhar para dentro de si mesma e buscar entender quais são as mágoas que residem dentro de você. Reflita sobre os momentos da sua infância em que você não se sentiu acolhida, compreendida ou amada. Lembre-se de como certos comportamentos dos seus pais a machucaram. Essa jornada de autoconhecimento é um passo importante para a cura.

Agora, quero encorajá-la a se perdoar. Lembre-se de que você também foi uma criança que precisava de amor e apoio, mas que muitas vezes não recebeu o que era necessário na época. Perdoe a si mesma por qualquer culpa que possa estar carregando, pois você fez o melhor que pôde com as ferramentas que possuía naquele momento.

Conecte-se com a sua criança interior. Feche os olhos por um instante e imagine-se sentada ao lado dessa criança que você foi. Observe-a com compaixão e amor. Ofereça a ela a segurança e o afeto que ela precisava naquele tempo. Seja a mãe que você sempre quis ter. Essa conexão com a sua criança interior permitirá que você cure as feridas emocionais e construa uma base mais sólida para educar seus próprios filhos.

É importante lembrar que nossos pais também fizeram o melhor que podiam, com as limitações que tinham. Perdoe seus pais por qualquer dor que eles possam ter causado, sabendo que eles também eram produtos de suas próprias experiências de vida. O perdão não significa esquecer, mas liberar-se do peso dessas mágoas para que você possa criar um ambiente familiar mais saudável e amoroso.

Você pode estar preocupada por estar repetindo os mesmos padrões transmitidos por seus pais ou por gerações anteriores a eles. Reconhecer esse padrão é um passo corajoso e significativo. Tenha compaixão consigo mesma caso perceba que esteja repetindo comportamentos indesejados. Lembre-se de que você tem o poder de mudar o rumo da sua vida e proporcionar uma educação baseada em abordagens positivas.

Continue nesse caminho na busca por conhecimento e apoio. A psicologia positiva, a comunicação não violenta e a educação respeitosa são abordagens valiosas que podem ajudá-la a criar um ambiente emocionalmente saudável para seus filhos. A psicologia positiva destaca a importância de cultivar emoções positivas e fortalecer os relacionamentos familiares. A comunicação não violenta nos ensina a expressar nossas necessidades de maneira respeitosa, criando uma atmosfera de compreensão mútua. A educação respeitosa coloca ênfase na criação de limites amorosos e no encorajamento do desenvolvimento saudável das crianças.

Além disso, a neurociência oferece conhecimentos valiosos sobre a criança interior ferida. Estudos demonstram que as experiências negativas na infância podem afetar o desenvolvimento do cérebro, influenciando as emoções e os comportamentos. No entanto, também foi comprovado que o cérebro é maleável e pode ser reprogramado por meio de experiências positivas, cuidado e suporte emocional.

Querida mãe, esteja aberta para essa jornada de cura emocional. Reconectar-se com a sua criança interior, perdoar a si mesma e aos seus pais, e buscar uma educação baseada em abordagens positivas serão passos transformadores para você e seus filhos. Lembre-se de que você é uma mãe amorosa e dedicada, e está dando o seu melhor para criar um futuro melhor para sua família.

Com carinho, Silvania.

⇨ **Meditação para ajudar na cura da criança interior ferida:**

https://youtu.be/xAVxLkI6Eh8

⇨ **EFT para curar a criança interior ferida:**
https://youtu.be/p3YUHVm-cmc

⇨ **Para saber mais sobre o que é EFT e para que ela funciona:**
https://youtu.be/dk8Th-q16Lk

6.   O Perigo do Estresse Tóxico na Infância

Desde o momento da concepção, o bebê é imerso em um ambiente que desempenha um papel crucial em seu desenvolvimento. Muito antes de seu nascimento, o ambiente emocional em que o feto está exposto pode moldar seu futuro bem-estar. O estresse crônico, especialmente quando vivenciado pela mãe durante a gravidez, pode ter efeitos profundos no desenvolvimento do cérebro em formação e no futuro da criança.

Os primeiros anos de vida são um período crítico para a arquitetura cerebral, quando as conexões neurais estão se estabelecendo rapidamente. Durante esse período, o cérebro infantil é particularmente suscetível a influências externas, incluindo o estresse. Infelizmente, muitas vezes negligenciamos a importância de um ambiente calmo e seguro para as crianças, expondo-as inadvertidamente a situações estressantes.

Uma das fontes mais significativas de estresse para as crianças é a exposição a **discussões conjugais intensas e frequentes**. O ambiente familiar, repleto de tensão e conflito, pode se tornar um terreno fértil para o estresse crônico na infância. Quando os pais discutem na frente dos filhos, os efeitos negativos podem ser duradouros.

Outro ponto importante a ser considerado é a **forma como as crianças são educadas**. Conforme abordado nos capítulos anteriores, todos os estilos de educação parental que beiram os extremos são nocivos. Portanto, a educação extremamente rígida, baseada no medo, com excesso de gritos, castigos, críticas, punições exageradas e desproporcionais, falta de respeito e invalidações dos sentimentos e emoções das crianças, pode causar estresse crônico nelas.

Do ponto de vista neurocientífico, essas experiências estressantes podem desencadear um fenômeno conhecido como "sequestro da amígdala". A amígdala, uma pequena estrutura em forma de amêndoa no cérebro, é responsável por desencadear reações de luta ou fuga em situações de perigo. Quando expostas a discussões intensas, as crianças podem experimentar uma ativação excessiva e crônica da amígdala, resultando em um estado constante de vigilância e medo.

O estresse crônico tem um impacto significativo no desenvolvimento normal do cérebro. Durante os primeiros anos, o cérebro infantil passa por um período de plasticidade extraordinária, onde os circuitos neurais se formam e se fortalecem. No entanto, quando exposto a estressores crônicos, esse processo pode ser prejudicado.

A exposição contínua ao estresse crônico pode levar a alterações negativas nas regiões cerebrais associadas ao aprendizado e à regulação emocional. O hipocampo, por exemplo, uma estrutura essencial para a memória e o aprendizado, pode ser afetado negativamente pelo estresse crônico. Isso pode resultar em dificuldades de aprendizado, problemas de memória e dificuldades emocionais.

Além disso, o estresse crônico também pode afetar o desenvolvimento do corpo da criança. A ativação frequente do sistema de resposta ao estresse pode levar a desequilíbrios hormonais, comprometendo o crescimento e o desenvolvimento adequado do sistema imunológico.

É essencial reconhecer a importância de proporcionar um ambiente seguro e livre de estresse para o desenvolvimento saudável das crianças. O cérebro infantil é altamente adaptável, e a exposição a experiências positivas e enriquecedoras pode ajudar a reverter os efeitos negativos do estresse crônico.

Os pais e cuidadores desempenham um papel fundamental na criação desse ambiente propício. Evitar discussões conjugais intensas e constantes na frente dos filhos, buscar estratégias de disciplina não punitivas, evitar gritos e oferecer apoio emocional consistente são algumas das medidas que podem ser adotadas para reduzir o estresse na vida das crianças.

Ao compreender a neurociência por trás dos efeitos do estresse crônico no cérebro infantil, podemos tomar medidas para garantir um desenvolvimento saudável e promover um ambiente que favoreça o florescimento das capacidades cognitivas, emocionais e físicas das crianças. É nosso dever proteger a saúde cerebral de nossos filhos e fornecer-lhes as melhores condições possíveis para que se tornem adultos resilientes e saudáveis.

6.1   O que é estresse tóxico

Quando pensamos em estresse, geralmente associamos essa palavra a situações difíceis e desconfortáveis que enfrentamos no dia a dia. É natural sentir-se estressado de vez em quando, especialmente em momentos de pressão ou mudanças significativas em nossas vidas. Mas o estresse também pode ter um lado mais sombrio, especialmente quando se trata das crianças.

O estresse tóxico é um tipo de estresse crônico e persistente que pode ter efeitos nocivos na saúde e no bem-estar das crianças. Ao contrário do estresse agudo, que é uma resposta temporária e adaptativa a uma situação desafiadora, o estresse tóxico ocorre quando as crianças são expostas a eventos estressantes de longa duração, como abuso, negligência, violência doméstica ou instabilidade familiar. Essas experiências adversas podem sobrecarregar o sistema de resposta ao estresse da criança e prejudicar seu desenvolvimento saudável.

É importante entender que nem todo estresse é ruim. Na verdade, um certo nível de estresse é necessário para o crescimento e o desenvolvimento saudável das crianças. O estresse positivo, também conhecido como "estresse tolerável", refere-se a situações desafiadoras que podem ser enfrentadas com o apoio de adultos responsáveis. Essas experiências ajudam as crianças a desenvolver resiliência e habilidades de enfrentamento, preparando-as para lidar com futuros desafios.

Por outro lado, o estresse negativo, ou estresse tóxico, ocorre quando as crianças estão expostas a situações estressantes, de maneira contínua, e sem um suporte adequado. Isso pode ocorrer em ambientes em que há negligência, abuso físico ou emocional, violência ou pobreza extrema. O estresse tóxico pode ser prejudicial, porque a criança não tem os recursos necessários para lidar com essas situações sozinha e pode sentir-se constantemente sobrecarregada, ameaçada ou insegura.

O estresse tóxico tem o potencial de afetar negativamente o desenvolvimento físico, cognitivo, emocional e social das crianças. Quando uma criança está exposta a altos níveis de estresse, por um longo período de tempo, seu corpo libera hormônios do estresse, como o cortisol, que podem prejudicar o funcionamento normal do cérebro e de outros sistemas do corpo.

Quando o estresse tóxico afeta o desenvolvimento do cérebro infantil, ele age especialmente nas áreas responsáveis pelo aprendizado, memória e controle emocional. Isso pode levar a dificuldades acadêmicas, problemas de comportamento, déficits de atenção e habilidades sociais prejudicadas.

Além disso, crianças expostas ao estresse tóxico podem apresentar maior vulnerabilidade a problemas de saúde mental, como ansiedade, depressão e transtorno de estresse pós-traumático.

Por isso, é fundamental que os adultos reconheçam os sinais de estresse tóxico nas crianças e forneçam o suporte necessário.

6.2   O desenvolvimento do cérebro infantil

O cérebro infantil é uma estrutura incrivelmente complexa e em constante desenvolvimento. Desde o momento em que nascemos, até os primeiros anos de vida, ocorrem transformações significativas que moldam a maneira como pensamos, aprendemos e interagimos com o mundo ao nosso redor.

O desenvolvimento do cérebro infantil é um processo dinâmico e contínuo. Nos primeiros anos de vida, ocorre uma rápida proliferação de células cerebrais chamadas de neurônios e a formação de conexões entre estes, conhecidas como sinapses. Essas conexões sinápticas são essenciais para a comunicação entre as diferentes áreas do cérebro, permitindo a transmissão de informações e o desenvolvimento de habilidades cognitivas e emocionais.

Os primeiros anos de vida são um período crítico para o desenvolvimento do cérebro infantil. Nessa fase, o cérebro é particularmente plástico, ou seja, é altamente suscetível à influência do ambiente e das experiências vivenciadas pela criança. Estímulos adequados e interações positivas com cuidadores são fundamentais para promover o desenvolvimento saudável do cérebro.

Durante os primeiros anos, as conexões neurais são formadas em ritmo acelerado. Estímulos sensoriais, como toque, fala, música e interação social, desempenham um papel crucial na promoção do desenvolvimento cerebral saudável. Essas experiências estimulantes ajudam a fortalecer as conexões sinápticas e a desenvolver habilidades cognitivas, linguísticas e socioemocionais fundamentais.

À medida que a criança interage com o ambiente, ocorre uma formação intensa de conexões neurais. Inicialmente, há uma superabundância de sinapses, que são refinadas e remodeladas ao longo do tempo com base nas experiências vivenciadas. Essa "poda sináptica" é um processo natural que elimina conexões menos utilizadas e fortalece aquelas que são mais relevantes para o desenvolvimento da criança.

A formação de conexões neurais é influenciada tanto por fatores genéticos, quanto por fatores ambientais. Estímulos positivos e enriquecedores, como interações afetuosas, brincadeiras criativas e exposição a diferentes estímulos sensoriais, promovem o desenvolvimento saudável do cérebro infantil. Por outro lado, experiências adversas e estressantes, como negligência, abuso ou privação, podem interferir no desenvolvimento adequado das conexões neurais, levando a consequências negativas para a criança.

Portanto, garantir um ambiente seguro, estimulante e amoroso nos primeiros anos de vida, principalmente nos primeiros 7 anos, é fundamental para promover um desenvolvimento cerebral saudável. O cuidado e a atenção adequados, nessa fase crucial, têm o potencial de moldar positivamente o cérebro infantil, estabelecendo as bases para um crescimento saudável e um futuro promissor.

6.3   Os efeitos do estresse tóxico no cérebro infantil

Como já mencionado, o estresse tóxico pode ter impactos significativos no desenvolvimento do cérebro infantil.

Situações como abuso físico ou emocional, negligência, adversidades crônicas na infância, estresse tóxico e falta de segurança podem ser consideradas **traumas do desenvolvimento**. Esses traumas têm o potencial de influenciar diretamente a formação do estilo de apego, que é o vínculo emocional entre a criança e seus cuidadores. Os traumas do desenvolvimento podem afetar a capacidade da criança de confiar nos outros, de regular suas emoções e de estabelecer relacionamentos saudáveis no futuro.

É importante mencionar as "janelas de tolerância" no contexto do estresse crônico. As **"janelas de tolerância"** são um conceito introduzido pelo psiquiatra Dan Siegel para descrever nossa capacidade de lidar com adversidades, incertezas, eventos estressantes, conflitos e situações desconfortáveis. Essas janelas representam os limites da intensidade emocional com os quais somos capazes de lidar e ainda funcionar de maneira adequada.

Cada ser humano possui escalas diferenciadas na sua janela de tolerância, dependendo de inúmeros outros fatores, tanto genéticos, quanto ambientais, ou seja, algumas pessoas são mais resilientes e outras, menos. Quando o estresse é demasiado, ficando fora dos limites da janela de tolerância da criança, os efeitos adversos no desenvolvimento do cérebro podem ser ainda mais pronunciados.

Além das respostas de luta ou fuga, já citadas, existe uma outra resposta adaptativa, pouco falada até pouco tempo, que pode ser desencadeada diante de um ou mais eventos estressantes. Trata-se do **congelamento**. Essas três respostas são influenciadas pela **neurocepção**, conceito desenvolvido por Stephen Porges, que se refere à forma como nosso sistema nervoso detecta e interpreta sinais de segurança ou perigo no ambiente ao nosso redor.

Em um lar disfuncional, por exemplo, onde rotineiramente há excesso de agressividade, tanto física, quanto emocional, a neurocepção da criança pode detectar os gatilhos que desencadearão um perigo ou ameaça a perigo físico ou emocional e pode experimentar uma série de respostas do sistema nervoso em resposta a esse ambiente estressante, como ativação do sistema simpático, com a resposta de "luta ou fuga" e alterações no organismo, que ocorrem para preparar o corpo para essa resposta adaptativa, como aumento da frequência cardíaca, respiração acelerada, tensão muscular e liberação de hormônios do estresse, como o cortisol, adrenalina e noradrenalina.

Outro efeito desse estresse crônico é o constante estado de alerta, ou a **hipervigilância**, que é o estado em a criança fica, constantemente, monitorando o ambiente em busca de possíveis ameaças. Ela passa a ficar atenta a qualquer sinal de conflito entre os pais e se torna hipervigilante em relação a outros estímulos estressores, desviando toda sua energia para a atenção às possíveis ameaças e retirando a energia de onde ela deveria estar. Ou seja, a energia que deveria estar mantendo ativo seus sistemas imunológico, cardiovascular, digestivo, respiratório, muscular, reprodutivo, endócrino e sistema nervoso central, é desviada para o modo sobrevivência, podendo ocorrer os seguintes problemas:

No **sistema imunológico**, o estresse crônico pode ter um impacto significativo, comprometendo sua função e aumentando a suscetibilidade a doenças e alergias, aumentando a inflamação do organismo que, em excesso, pode levar a danos nos tecidos, aumentando o risco de doenças crônicas, como doenças cardiovasculares, diabetes e doenças autoimunes.

No **sistema cardiovascular,** o estresse crônico pode levar a uma maior demanda sobre o sistema cardiovascular, aumentando a frequência cardíaca e a pressão arterial, aumentando o risco de doenças cardíacas, hipertensão arterial e acidente vascular cerebral na idade adulta.

No **sistema digestivo,** pode ocasionar problemas de estômago, como azia, gastrite ou até úlcera, pode causar a Síndrome do Intestino Irritável, alterações na absorção de nutrientes ou até mesmo distúrbios alimentares.

No **sistema respiratório**, o estresse pode afetar a respiração, levando a padrões de respiração rápidos e superficiais que, por sua vez, pode levar a sintomas como falta de ar, hiperventilação e até ataques de pânico em casos mais graves.

No **sistema muscular**, o estresse excessivo pode levar à tensão muscular contínua, dores musculares e dores miofasciais.

No **sistema reprodutivo**, se já completo, o estresse pode levar as mulheres a alterações no ciclo menstrual, problemas de fertilidade e desequilíbrios hormonais e, os homens, à uma baixa produção de testosterona, reduzindo a libido e afetando a saúde sexual.

No **sistema endócrino**, o estresse crônico pode afetar o sistema endócrino de várias maneiras, interferindo na produção, regulação e equilíbrio dos hormônios no corpo. A elevação crônica do cortisol, por exemplo, pode afetar a regulação do açúcar no sangue, a pressão arterial, o metabolismo, o sono e a função imunológica. A exposição prolongada ao estresse crônico pode levar também à disfunção das glândulas adrenais e afetar o equilíbrio geral do sistema endócrino. Pode, ainda, interferir na comunicação entre o sistema endócrino e o sistema nervoso, incluindo o eixo hipotálamo-hipófise-adrenal (HPA), podendo levar a desregulações no sistema de resposta ao estresse e resultando em respostas inadequadas e prolongadas ao estresse. A alteração nos hormônios pode afetar também o sistema reprodutivo, como já mencionado. Além disso, pode impactar diretamente a função da glândula tireoide que regula o metabolismo do corpo, podendo levar a desequilíbrios hormonais da tireoide, resultando em hipotireoidismo ou hipertireoidismo.

No **sistema nervoso central**, o estresse pode afetar o seu normal funcionamento, incluindo o cérebro. Isso pode resultar em dificuldades de concentração, problemas de memória, problemas de sono e alterações no humor, como ansiedade e depressão.

Além das respostas de luta e fuga, em algumas situações, a criança pode experimentar respostas de **congelamento**, como mencionado anteriormente. Isso pode envolver uma **desconexão emocional e física**, onde a criança se sente **desligada** ou fora de si mesma como uma forma de autopreservação diante do ambiente estressante.

Vamos para um **exemplo**. Imagine uma criança em um ambiente onde há conflitos constantes entre os pais. Quando os conflitos ocorrem, a criança pode sentir-se ameaçada e uma cascata de eventos ocorre, como a rápida liberação de hormônios do estresse na corrente sanguínea e todas as reações no corpo provocadas pela liberação desses hormônios. Nesse momento, o cérebro precisa tomar uma decisão rápida sobre qual resposta é a mais adequada: **lutar, fugir ou congelar.**

Em milissegundos, o cérebro processa informações sensoriais, como os gritos dos pais e a agressividade percebida no ambiente. Essas informações são enviadas para áreas do cérebro, como a amígdala, que é responsável por avaliar ameaças. Com base nessa avaliação, o cérebro decide qual resposta é mais apropriada para a criança.

Se o cérebro perceber que a luta é uma opção viável, ele pode ativar uma resposta de luta, levando a reações como agressividade ou confronto verbal. Se a fuga parecer a melhor opção, o cérebro pode acionar uma resposta de fuga, resultando em comportamentos como tentar se afastar da situação conflituosa ou buscar refúgio em outro local.

No entanto, em alguns casos, a criança pode ficar presa no estado de **congelamento ou dissociação**. Isso ocorre quando o cérebro avalia que nenhuma das opções de luta ou fuga é segura ou possível. Nesse caso, a resposta de congelamento é ativada, resultando em uma imobilidade física e emocional. A criança pode se sentir desconectada da situação, como se estivesse fora do próprio corpo ou em um estado de desligamento emocional que, muitas vezes, pode ser interpretado por um psicólogo menos atento, ou que não acompanha o histórico familiar estressante, como um Transtorno de Déficit de Atenção.

Ficar preso no estado de congelamento ou dissociação pode ter consequências negativas no desenvolvimento da criança. Isso pode afetar a regulação emocional, a tomada de decisões e o controle emocional, principalmente no córtex pré-frontal, uma área importante do cérebro e em constante desenvolvimento, com completa maturação apenas por volta dos 25 anos de idade. Além disso, a dissociação prolongada pode impactar negativamente o desenvolvimento cognitivo, social e emocional da criança.

Portanto, em um ambiente estressante, é essencial tentar fornecer, ao máximo, opções estáveis e seguras para a criança ou adolescente. Não sendo possível alterar o ambiente familiar, o ideal é que essa criança passe o máximo de tempo possível em outros lugares mais seguros, como a casa de um amigo ou de um parente, em aulas extracurriculares, em esportes, ou em algo que lhe traga momentos de segurança e de alegria e onde ela possa contar com outros adultos ou figuras importantes e significativas para ela, como um professor ou treinador, com quem ela sinta empatia e que a apoie emocionalmente.

O apoio profissional, como terapia especializada em trauma infantil, pode ajudar a criança a processar suas experiências, desenvolver habilidades de regulação emocional e superar os efeitos do estresse tóxico.

Além das respostas de **luta** e **fuga**, **congelamento** ou **hipervigilância**, outro efeito bastante nocivo do estresse crônico é o **comprometimento da regulação emocional**. A exposição crônica a um ambiente instável pode levar a dificuldades na regulação emocional e a criança pode ter dificuldades em se expressar, em compreender e em lidar com suas emoções de maneira saudável.

Em suma, o estresse tóxico pode ter efeitos prejudiciais no cérebro infantil, afetando negativamente as conexões neurais e causando danos de longo prazo. Esses efeitos podem resultar em dificuldades no aprendizado, na regulação emocional e no desenvolvimento de habilidades sociais. Além disso, traumas do desenvolvimento, como abuso, negligência e estresse crônico, podem influenciar diretamente a formação do estilo de apego da criança, afetando sua capacidade de confiar nos outros e de estabelecer relacionamentos saudáveis.

No entanto, intervenções adequadas e oportunas podem ajudar a mitigar esses efeitos negativos, fornecendo apoio, cuidado e ambiente seguro às crianças e ajudando-as a expandir sua janela de tolerância, para que se sintam mais seguras e adaptáveis frente a situações estressantes, conseguindo desenvolver habilidades de regulação emocional e a cultivar a resiliência.

6.4   O papel dos cuidadores no estresse tóxico

Os cuidadores desempenham um papel crucial na prevenção e redução do estresse tóxico nas crianças. Eles têm a capacidade de criar um ambiente seguro, amoroso e estimulante que promove um desenvolvimento saudável do cérebro infantil. Aqui estão algumas maneiras pelas quais os cuidadores podem ajudar a reduzir o estresse tóxico nas crianças:

Estabelecer vínculos seguros: A criação de um apego seguro entre os cuidadores e as crianças é essencial para reduzir o estresse tóxico. Isso pode ser feito através de interações afetuosas, fornecendo conforto e apoio emocional, respondendo às necessidades da criança de forma sensível e consistente.

Proporcionar um ambiente estável: Crianças se beneficiam de rotinas previsíveis e ambientes estáveis. Os cuidadores podem estabelecer horários regulares para refeições, sono e atividades, criando um senso de segurança e previsibilidade que ajuda a reduzir o estresse.

Promover interações positivas: O envolvimento ativo dos cuidadores nas brincadeiras e nas atividades diárias da criança é fundamental. A interação positiva, como brincar, conversar e ler juntos, ajuda a fortalecer o vínculo entre o cuidador e a criança, além de fornecer uma base sólida para o desenvolvimento saudável do cérebro.

Ensinar habilidades de enfrentamento: Os cuidadores podem ajudar as crianças a desenvolver habilidades de enfrentamento saudáveis para lidar com o estresse. Isso inclui ensinar técnicas de respiração profunda, relaxamento, expressão emocional adequada e resolução de problemas.

Promover um estilo de vida saudável: Uma alimentação equilibrada, sono adequado e atividades físicas são importantes para reduzir o estresse. Os cuidadores podem incentivar hábitos saudáveis, fornecendo alimentos nutritivos, estabelecendo rotinas de sono consistentes e proporcionando oportunidades para brincadeiras e exercícios físicos.

Criar um ambiente seguro: É crucial que os cuidadores criem um ambiente seguro e livre de violência para as crianças. Isso envolve protegê-las de situações de abuso, negligência e exposição a violência doméstica. Um ambiente seguro promove a sensação de segurança e bem-estar, ajudando a reduzir o estresse tóxico.

Alguns exemplos práticos de como **ajudar a reduzir o estresse infantil**:

- <u>**Validação emocional**</u>: abraçar, validar e acalmar a criança quando ela está assustada ou chateada (ver mais detalhes no item 8.2.3).

- <u>**Rotina:**</u> estabelecer uma rotina relaxante antes de dormir, como um banho quente ou uma história tranquila (ver mais detalhes no item 13.4).

- <u>**Cantinho seguro:**</u> criar um cantinho tranquilo para a criança se acalmar quando está se sentindo sobrecarregada (ver mais detalhes no item 13.10).

- <u>**Tempo de qualidade:**</u> passar tempo de qualidade com a criança, dedicando-se a atividades divertidas e relaxantes juntos (ver mais detalhes no item 13.24).

Lembre-se de que o cuidado amoroso e a atenção dos cuidadores desempenham um papel fundamental na redução do estresse crônico nas crianças. Seja sensível às necessidades da criança, ofereça apoio emocional e crie um ambiente seguro e estimulante. Pequenos gestos de cuidado podem fazer uma grande diferença no bem-estar emocional e no desenvolvimento saudável dela.

6.5 Fatores que contribuem para o estresse tóxico

6.5.1 Fatores ambientais

Vários **fatores ambientais** podem contribuir para o estresse tóxico nas crianças. Esses fatores podem afetar negativamente o bem-estar emocional e o desenvolvimento saudável do cérebro infantil. Aqui estão alguns exemplos de fatores ambientais que podem influenciar o estresse infantil:

- **Pobreza extrema**: A pobreza é um fator de estresse significativo para muitas famílias. A falta de recursos financeiros pode levar a condições precárias de moradia, falta de acesso a cuidados médicos adequados, alimentação insuficiente e limitações nas oportunidades educacionais. Estas adversidades podem sobrecarregar as crianças, levando ao estresse crônico. Por exemplo, uma criança que enfrenta a incerteza de onde sua próxima refeição virá ou que vive em condições de superlotação e falta de higiene pode estar constantemente exposta a um ambiente estressante.

- Violência: A exposição à violência, seja em casa, na comunidade ou nos meios de comunicação, é um fator de estresse significativo para as crianças. Testemunhar ou ser vítima de violência física, abuso verbal ou emocional pode ter efeitos duradouros no bem-estar emocional e no desenvolvimento saudável do cérebro. Por exemplo, uma criança que vive em uma vizinhança violenta, onde tiroteios são comuns, pode sentir medo constante e insegurança, resultando em estresse crônico.

- Falta de apoio: A falta de apoio emocional e social adequado pode aumentar o estresse nas crianças. Isso pode incluir a ausência de relacionamentos saudáveis com cuidadores, falta de apoio emocional e falta de uma rede de suporte consistente. Por exemplo, uma criança que não recebe afeto, atenção e apoio emocional dos cuidadores pode sentir-se isolada e incapaz de lidar com o estresse diário.

6.5.2 Outros Fatores

Entre 1995 e 1997, foi conduzida uma pesquisa, chamada *Adverse Childhood Experiences Study*, com o objetivo de investigar a relação entre experiências adversas na infância e sua associação com problemas de saúde na idade adulta.

Esta pesquisa foi conduzida em conjunto pelos pesquisadores Vincent Felitti, do *Kaiser Permanente*, um sistema de saúde nos Estados Unidos, e por Robert Anda, do *Centers for Disease Control and Prevention* (CDC), que perceberam a relação entre os eventos adversos na infância e a saúde, ou falta dela, na idade adulta, tanto no que diz respeito à saúde física, quanto à mental (ansiedade, síndrome do pânico, depressão, demência etc).

A pesquisa foi motivada pelo reconhecimento de que eventos traumáticos na infância, como abuso, negligência, violência doméstica e separação dos pais, podem ter impactos profundos na saúde e no bem-estar das pessoas, mesmo em idades mais avançadas.

Por meio da coleta de dados e análise das respostas de um grande número de participantes, os pesquisadores buscaram identificar as possíveis associações entre as experiências adversas na infância e uma série de problemas de saúde, como doenças cardiovasculares, obesidade, depressão, ansiedade, vício em substâncias e comportamentos de risco, e descobriram uma relação entre pontuações mais altas na escala ACE e um maior risco de problemas de saúde ao longo da vida.

A escala ACE é composta por uma série de perguntas relacionadas a diferentes tipos de adversidades vivenciadas na infância e cada resposta afirmativa recebe uma pontuação, e a pontuação final reflete o número de experiências adversas que a pessoa vivenciou.

A pontuação da Escala ACE (Adverse Childhood Experiences) é determinada pelas respostas a uma série de perguntas relacionadas a experiências adversas vivenciadas na infância. Cada resposta afirmativa recebe uma pontuação específica e a pontuação total reflete o número de experiências adversas que a pessoa vivenciou.

A Escala ACE é composta por 10 perguntas principais que abrangem diferentes tipos de adversidades. Cada resposta afirmativa na escala recebe um ponto. A pontuação total varia, portanto, de 0 a 10, dependendo do número de experiências adversas relatadas. Quanto mais experiências adversas a pessoa vivenciou, maior será sua pontuação e maior seu risco de doenças na idade adulta.

Aqui estão as 10 perguntas da Escala ACE (Adverse Childhood Experiences):

Abuso emocional: Durante sua infância, alguém na família costumava dizer coisas que o fizeram se sentir mal ou que o colocaram para baixo?

Abuso físico: Durante sua infância, alguém na família o machucou fisicamente de alguma forma?

Abuso sexual: Durante sua infância, você foi tocado de maneira inadequada ou forçado a fazer algo sexual contra sua vontade?

Negligência emocional: Durante sua infância, às vezes você se sentia sozinho(a), sem apoio emocional ou sem ter suas necessidades atendidas?

Negligência física: Durante sua infância, você não teve roupas limpas, alimentação adequada, ou cuidados médicos e dentários necessários?

Convívio com uma pessoa com problemas de saúde mental: Durante sua infância, você morava com alguém que tinha problemas de saúde mental, como depressão ou doença mental grave?

Convívio com uma pessoa com problemas de abuso de substâncias: Durante sua infância, você morava com alguém que abusava de álcool ou drogas?

Violência doméstica: Durante sua infância, houve violência física ou ameaças verbais frequentes entre os membros da sua família?

Pais separados ou divórcio: Durante sua infância, seus pais se separaram ou se divorciaram?

Encarceramento de um membro da família: Durante sua infância, algum membro da família esteve na prisão ou na detenção por um período de tempo?

As pesquisas têm mostrado uma correlação entre as pontuações mais altas na escala ACE e um maior risco de problemas de saúde física, mental e comportamental ao longo da vida, apesar da Escala ACE não abranger todas as possíveis adversidades sofridas na infância.

No entanto, sua pontuação não é uma sentença definitiva e não determina diretamente o impacto individual das experiências adversas na saúde e no bem-estar. Apesar do risco aumentado, cada experiência adversa pode ter impactos diferentes, dependendo de outros fatores, como a presença de fatores protetores, o contexto social e o apoio emocional disponível para a pessoa, além de outras variáveis, como resiliência, acesso a apoio emocional adequado e intervenções precoces, que podem influenciar os resultados na idade adulta.

6.6   O papel do trauma na formação do estresse tóxico

O trauma é um evento avassalador que pode causar estresse tóxico nas crianças. O trauma pode resultar de experiências como abuso físico ou emocional, negligência, separação dos pais, violência doméstica ou desastres naturais. Estas experiências traumáticas podem afetar profundamente o bem-estar emocional e o desenvolvimento do cérebro da criança.

Por exemplo, uma criança que sofreu abuso físico ou emocional pode experimentar estresse tóxico prolongado, o que pode levar a problemas emocionais, dificuldades de confiança e impacto negativo no desenvolvimento cognitivo.

É importante reconhecer os fatores que contribuem para o estresse tóxico e buscar formas de mitigar esses efeitos. Isso pode incluir o acesso a serviços de apoio, programas de intervenção precoce, terapia familiar e comunitária, além de criar ambientes seguros e acolhedores para as crianças. O suporte emocional e a estabilidade do ambiente desempenham um papel crucial na redução do estresse tóxico e na promoção do bem-estar infantil.

6.7   Sinais de estresse tóxico em crianças

O estresse tóxico pode manifestar-se por meio de sinais físicos, emocionais e comportamentais nas crianças. É importante que os cuidadores estejam atentos a esses sinais, pois eles podem indicar a presença de estresse tóxico. Aqui estão alguns exemplos de sinais que podem ser observados:

6.7.1   Sinais físicos

- Problemas de sono, como insônia ou pesadelos frequentes.
- Queixas físicas frequentes, como dores de cabeça, dores de estômago ou outros sintomas físicos inexplicáveis.
- Alterações no apetite, como perda de apetite ou compulsão alimentar.
- Mudanças no padrão de crescimento, como atraso no desenvolvimento físico.

6.7.2   Sinais emocionais e comportamentais

- Irritabilidade excessiva, explosões de raiva ou agressividade desproporcional.
- Ansiedade constante, preocupação excessiva ou medo intenso.
- Dificuldades de concentração e atenção.
- Comportamentos de retraimento social, isolamento ou dificuldade em estabelecer relacionamentos.
- Alterações no humor, como tristeza persistente, choro frequente ou irritabilidade constante.

- Comportamentos regressivos, como voltar a comportamentos típicos de fases anteriores do desenvolvimento.

- Dificuldades acadêmicas ou de desempenho escolar.

- Hipervigilância, constantemente em estado de alerta ou vigilância extrema.

6.8 Reconhecendo os sinais e lidando com crianças que apresentam estresse tóxico

É fundamental que os cuidadores estejam atentos a esses sinais e respondam adequadamente. Aqui estão algumas estratégias que podem ser úteis ao lidar com crianças que apresentam sinais de estresse tóxico:

Crie um ambiente seguro e acolhedor: Ofereça um ambiente estável, previsível e seguro para a criança, com rotinas e estruturas claras. Isso pode ajudar a reduzir a ansiedade e promover uma sensação de segurança.

Esteja presente e demonstre apoio: Mostre-se disponível para ouvir a criança, validando suas emoções e oferecendo apoio emocional. Mostre empatia e compreensão, ajudando-a a lidar com suas emoções de maneira saudável.

Promova o autocuidado: Ensine à criança estratégias de autocuidado, como respiração profunda, práticas de relaxamento, atividades físicas e momentos de lazer. Incentive a busca de hobbies e interesses que proporcionem prazer e alívio do estresse.

Busque apoio profissional: Se os sinais de estresse tóxico persistirem ou forem graves, é importante buscar ajuda profissional. Um psicólogo, terapeuta ou pediatra pode fornecer orientações adequadas e intervenções específicas para ajudar a criança a lidar com o estresse.

Estabeleça conexões sociais positivas: Encoraje a criança a estabelecer relacionamentos saudáveis com amigos, familiares e outras figuras de apoio. A conexão social pode ser um fator protetor importante contra o estresse tóxico.

Lidar com crianças que apresentam sinais de estresse tóxico requer sensibilidade, paciência e apoio contínuo. É fundamental oferecer um ambiente amoroso e seguro, fornecer estratégias de enfrentamento saudáveis e, se necessário, buscar ajuda profissional. Com cuidado e suporte adequados, é possível ajudar as crianças a superar o estresse tóxico e promover seu bem-estar emocional e desenvolvimento saudável.

6.9   Prevenção e tratamento do estresse tóxico

Prevenir e tratar o estresse tóxico em crianças é essencial para promover seu bem-estar emocional e desenvolvimento saudável. Aqui estão algumas abordagens para prevenção e tratamento do estresse tóxico:

6.9.1   Prevenção do estresse tóxico em crianças

Educação e conscientização: A educação e a conscientização sobre o estresse tóxico são fundamentais para os cuidadores, profissionais de saúde e educadores. Conhecer os sinais, os fatores de risco e as estratégias de prevenção pode ajudar a identificar e intervir precocemente em situações de estresse tóxico.

Ambiente seguro e apoio emocional: Criar um ambiente seguro e amoroso é fundamental para prevenir o estresse tóxico. Isso envolve fornecer apoio emocional, estabelecer limites claros e oferecer um ambiente estável e previsível para a criança.

Fortalecimento de habilidades de enfrentamento: Ensinar às crianças habilidades de enfrentamento saudáveis desde cedo pode ajudá-las a lidar melhor com o estresse. Isso pode incluir técnicas de relaxamento, expressão emocional adequada, resolução de problemas e promoção de atividades de lazer.

6.9.2   Tratamento do estresse tóxico em crianças afetadas

Intervenção precoce: Identificar o estresse tóxico o mais cedo possível é fundamental para iniciar intervenções adequadas. Profissionais de saúde, como psicólogos e terapeutas, podem oferecer suporte e tratamento especializado para ajudar a criança a lidar com os efeitos do estresse tóxico.

Terapia infantil: A terapia infantil pode ser uma abordagem eficaz no tratamento do estresse tóxico. Os terapeutas podem ajudar as crianças a expressar suas emoções, desenvolver habilidades de enfrentamento saudáveis e processar experiências traumáticas.

Suporte familiar: Envolver a família no tratamento é essencial. Oferecer suporte emocional aos cuidadores, fornecer orientações sobre estratégias de manejo do estresse e promover o fortalecimento dos laços familiares pode contribuir significativamente para o processo de cura da criança.

Intervenções escolares: As escolas desempenham um papel importante no tratamento do estresse tóxico. A implementação de programas de apoio psicossocial nas escolas, o treinamento de professores em habilidades de apoio emocional e a promoção de um ambiente escolar seguro e acolhedor são medidas que podem ajudar no tratamento do estresse tóxico.

Redes de apoio comunitário: As comunidades podem desempenhar um papel crucial no tratamento do estresse tóxico, fornecendo recursos e serviços de apoio. Programas comunitários, grupos de apoio e acesso a serviços de saúde mental são exemplos de recursos que podem ser oferecidos para ajudar no tratamento do estresse tóxico.

Mais uma vez, lembrando que como cada caso é único, o tratamento do estresse tóxico deve ser adaptado às necessidades individuais da criança. Com uma abordagem abrangente e um suporte adequado, é possível ajudar as crianças a superar o estresse tóxico e promover seu bem-estar emocional e desenvolvimento saudável. O apoio dos cuidadores, a intervenção profissional e a criação de um ambiente seguro e acolhedor são componentes-chave para o tratamento efetivo do estresse tóxico, mas o ideal mesmo é evitar que eles tenham que passar por isso para, depois, não ter que ser remediado.

7.   Neurodesenvolvimento Infantil e Emoções

Que bom que você chegou até aqui. Em nossa viagem através do fascinante mundo do desenvolvimento infantil, chegamos a uma paisagem intrincada e vital – a intersecção do cérebro em desenvolvimento e o mundo das emoções. As emoções não são apenas reações a eventos do dia a dia, mas também são ferramentas essenciais que guiam nossas decisões, influenciam nossos relacionamentos e moldam nossa visão de mundo.

Este capítulo se propõe a explorar o maravilhoso processo de como as crianças aprendem a sentir, entender e expressar emoções. Vamos mergulhar no desenvolvimento do cérebro e ver como as experiências emocionais nos primeiros anos de vida afetam toda a arquitetura neural que acompanhará o adulto na sua vida futura. Eu quero que você compreenda a sua importância na regulação emocional dos seus filhos e vou lhe passar estratégias eficazes para promover esta regulação em diferentes idades.

Assim, de maneira simples e direta, mas sem perder a profundidade necessária, meu objetivo é fornecer informações valiosas que te ajudem a apoiar o desenvolvimento emocional saudável das suas crianças, de maneira consciente e fundamentada.

Ao longo deste capítulo, vamos caminhar juntos através dos corredores do cérebro infantil, aprender sobre a arte da construção emocional e descobrir as ferramentas que os pais têm à disposição para auxiliar nessa importante tarefa. A cada passo, vamos descobrir mais sobre como as crianças percebem e reagem ao mundo emocional e como, nós, pais ou cuidadores, podemos ajudá-las a navegar por este mar complexo e emocionante de sentimentos.

Então, sente-se confortavelmente, aperte o cinto, abra a mente e o coração, e vamos embarcar nesta jornada de descoberta sobre o neurodesenvolvimento infantil e as emoções. Vamos lá?

7.1   O cérebro em desenvolvimento

O desenvolvimento do cérebro é um processo fascinante e complexo, que começa antes do nascimento, e continua ao longo de toda a vida, com grande intensidade nos primeiros anos. O que torna esse processo ainda mais fascinante é como o cérebro se molda e como é influenciado por nossas experiências e interações com o mundo ao nosso redor, em particular, como esses fatores influenciam nosso desenvolvimento emocional.

Uma visão integrada do neurodesenvolvimento requer a compreensão de que o cérebro não se desenvolve sozinho, mas em constante interação com o ambiente e as experiências emocionais da criança. Este tópico tem como objetivo fornecer uma visão geral da neurobiologia das emoções no cérebro em desenvolvimento e destacar como esses mecanismos são importantes para o desenvolvimento emocional saudável.

As emoções são fenômenos complexos que envolvem várias áreas do cérebro, e seus caminhos e mecanismos ainda estão sendo estudados. Sabemos, entretanto, que o sistema límbico, uma complexa rede de estruturas cerebrais, é fundamental para a nossa capacidade de processar e expressar emoções. Duas de suas estruturas mais notáveis são a amígdala e o hipocampo.

A amígdala, frequentemente associada ao medo e à ansiedade, desempenha um papel crucial na detecção e na resposta a estímulos emocionais, principalmente em estímulos que remetem a perigo ou ameaça a perigo, tanto físico quanto emocional. Ela processa de forma extremamente rápida e, por isso mesmo nem sempre correta, as informações sobre ameaças, e é responsável pela liberação dos hormônios do estresse, que iniciarão as respostas de luta ou fuga. O hipocampo, por outro lado, está principalmente associado à memória, mas também desempenha um papel crucial na regulação do stress e das emoções.

Durante os primeiros anos de vida, estas e outras estruturas cerebrais passam por períodos significativos de crescimento e mudança. Este é um momento crítico quando a exposição a experiências positivas ou negativas pode ter um impacto duradouro no desenvolvimento cerebral e emocional das crianças.

Por exemplo, experiências negativas, como abuso ou negligência, podem resultar em um aumento da ativação da amígdala, levando a uma maior suscetibilidade ao stress e à ansiedade. Por outro lado, experiências positivas, como cuidado amoroso e apoio emocional, podem promover o desenvolvimento de um sistema de resposta ao stress mais equilibrado e resiliente.

Vamos usar um exemplo para entender isso melhor. Imagine uma criança que vive em um ambiente de violência doméstica. Ela está frequentemente exposta a situações de medo e incerteza, o que causa altos níveis de estresse.

O cérebro humano, em um esforço para sobreviver, tem um sistema incrível de resposta ao estresse, chamado de "resposta de luta ou fuga", como já falei. É o que nos faz correr quando vemos um cachorro feroz ou nos faz pular quando ouvimos um barulho alto e inesperado. Esse sistema é muito útil em situações de perigo real, mas se está constantemente ativado, pode causar problemas.

No caso da criança em um ambiente violento, o cérebro dela está constantemente ativado em um estado de "luta ou fuga". Com o tempo, isso pode fazer com que o cérebro se "molde" a estar sempre esperando por perigo. Esta criança pode se tornar hipervigilante e ficar em constante estado de alerta para possíveis ameaças, mesmo quando não há nenhum perigo real presente.

Ela pode passar a ter problemas para se concentrar ou relaxar e pode desenvolver uma reatividade exagerada a pequenas coisas, como um barulho alto ou uma mudança inesperada na rotina.

Além disso, altos níveis de estresse, por longos períodos de tempo, podem impactar áreas do cérebro responsáveis pela aprendizagem e memória, o que pode levar a dificuldades acadêmicas. Isso acontece porque o cérebro desvia a energia destas áreas de aprendizagem e da memória, para focar em sobreviver a possíveis ameaças.

Dessa mesma forma, todos os outros sistemas do seu organismo podem ficar prejudicados, porque o foco está na sobrevivência e não nos outros sistemas, **podendo afetar o sistema endócrino**, causando doenças autoimunes, diabetes, problemas na tireoide e outros problemas; o **sistema imunológico** da criança, tornando-a mais suscetível a doenças; **sistema gastrointestinal**, desenvolvendo síndrome do colo irritável, gastrite, entre outros; **sistemas cardiorrespiratório; sistema muscular e sistema nervoso**, com problemas como ansiedade e depressão.

É claro que, como nosso cérebro dispõe de grande neuroplasticidade, principalmente até o final da adolescência, com a intervenção apropriada por profissionais qualificados, é possível reparar alguns dos danos causados por experiências adversas. No entanto, a prevenção é sempre o melhor caminho, porque consertar algum estrago leva muito mais tempo do que prevenir.

Resumindo, o cérebro em desenvolvimento é moldado pela interação entre a genética, o ambiente e as experiências emocionais da criança. Compreender estas bases neurobiológicas das emoções é fundamental para apoiar o desenvolvimento emocional saudável e o bem-estar ao longo da vida.

É por isso que é tão importante, para as crianças, terem experiências positivas e seguras na infância. Segundo algumas pesquisas, **para cada interação negativa** com uma pessoa, **serão necessárias aproximadamente cinco interações positivas** posteriores com esta mesma pessoa, para ela voltar a se sentir novamente segura e confiante em relação a ela. Estas pesquisas foram, na verdade, conduzidas por um psicólogo americano, John Gottman, em relacionamentos interpessoais, principalmente entre casais. No entanto, esta ideia se expandiu para outros tipos de relacionamento, como pais e filhos. Isso não significa que cada interação negativa tenha que ser imediatamente seguida por cinco positivas, mas sim que, uma proporção geral de interações positivas em relação às negativas é extremamente importante para a saúde de um relacionamento. E isso se aplica para qualquer tipo de relacionamento interpessoal em qualquer idade.

No entanto, é importante salientar que a qualidade das interações positivas é tão ou mais importante do que a quantidade. E as crianças, especialmente, precisam de ambientes amorosos e de apoio onde possam aprender, brincar e crescer sem medos.

Nos próximos tópicos, vou explorar mais profundamente como esses mecanismos funcionam e como podem ser apoiados para promover o desenvolvimento emocional saudável.

7.2   A importância das primeiras experiências emocionais

Imagine que estamos em uma sala confortável, com um chá quente à nossa frente. Eu te olho nos olhos e começo a explicar porque as primeiras experiências emocionais do seu filho são tão importantes.

Sabe, cada momento que você passa com o seu filho, especialmente nos primeiros anos de vida dele, é como colocar um tijolo na construção do edifício que será a vida emocional dele. Cada sorriso compartilhado, cada abraço apertado, cada palavra de conforto dita nos momentos de medo ou tristeza – tudo isso conta. E é através desses pequenos gestos que você vai ajudar a formar a base emocional do seu filho.

Agora, imagine que o cérebro do seu filho é como uma esponja. Nos primeiros anos de vida, esta esponja está muito sedenta e absorve tudo ao seu redor. Cada experiência que seu filho tem – seja ela positiva ou negativa – é absorvida e pode influenciar o desenvolvimento do cérebro dele.

Por exemplo, imagine que seu filho está assustado porque tem um monstro debaixo da cama dele. Você, como mãe, pode reagir de duas maneiras. Pode dizer: *"Não seja bobo, monstros não existem!"* Ou pode sentar ao lado dele, confortá-lo e dizer: *"Eu entendo que você está assustado, mas eu estou aqui com você e, juntos, podemos verificar se há realmente um monstro debaixo da sua cama."*

Nestas duas situações, a forma como você responde pode ter um impacto específico no desenvolvimento emocional do seu filho. Na primeira resposta, o seu filho pode aprender a reprimir seus medos e sentimentos, o que pode levar a problemas emocionais no futuro. Na segunda resposta, você está validando os sentimentos do seu filho e o ensinando a como lidar com as emoções de uma maneira saudável.

A verdade é que as primeiras experiências emocionais de uma criança formam a base sobre as quais ela vai aprender a reagir a situações emocionalmente carregadas no futuro. Se as primeiras experiências são de apoio e compreensão, é mais provável que a criança desenvolva uma capacidade saudável de lidar com suas emoções.

As primeiras experiências não moldam apenas as reações emocionais do seu filho, mas também o modo como ele percebe o mundo. Cada vez que você acalma o choro do seu filho, brinca com ele, ou lê uma história, está ajudando-o a construir um mundo onde ele se sente seguro e amado.

Então, da próxima vez que seu filho estiver assustado com o monstro debaixo da cama, lembre-se: é mais do que apenas uma fase. É uma oportunidade para você ajudar a construir a base emocional saudável do seu filho, tijolo por tijolo.

7.3   O papel dos pais na regulação emocional das crianças

Eu vou dar um exemplo de regulação emocional, mas para você entender melhor como funciona esta tal da regulação emocional, eu vou explicar primeiro a analogia do cérebro que o Dr. Daniel Siegel faz no livro 'O cérebro da criança'.

No livro, ele cita uma analogia do cérebro como sendo uma casa de dois andares, com um portão "pet" entre os dois andares. O 'andar de baixo' é onde estão localizados nossos instintos básicos e reações emocionais, que são controlados em grande parte pela amígdala, que é o nosso 'portão PET', que se fecha em caso de emergência (medo, pânico), impedindo a subida para o 'andar de cima'.

O 'andar de cima' é o córtex pré-frontal, que é a parte do cérebro responsável pelo pensamento racional, controle de impulsos e tomada de decisões, que ainda está em desenvolvimento na infância.

O cérebro humano passa por um processo contínuo e complexo de desenvolvimento, desde o momento da concepção até a idade adulta. Quando os bebês nascem, muitas áreas do cérebro já estão formadas, mas ainda precisam de um bom tempo para amadurecer e se desenvolver plenamente.

As áreas mais primitivas do cérebro, como o tronco cerebral e o sistema límbico (incluindo a amígdala, parte importante para a experiência de emoções), já estão bastante desenvolvidas ao nascer ('andar de baixo'). Estas partes do cérebro são responsáveis por funções básicas de sobrevivência, como a regulação da respiração, dos batimentos cardíacos e de outras funções vitais.

A partir do nascimento, o cérebro começa a desenvolver conexões mais complexas. O córtex cerebral, a parte externa do cérebro responsável pelas funções mais complexas, como o pensamento, a linguagem e a memória, passa por um rápido desenvolvimento nos primeiros anos de vida. Isso acontece através do processo chamado de "sinaptogênese", que é a formação de sinapses ou conexões entre os neurônios.

Por volta dos 2 anos de idade, o córtex pré-frontal ('andar de cima'), responsável pela tomada de decisões, controle de impulsos e outras funções executivas, **começa a se desenvolver** de maneira mais notável. No entanto, o desenvolvimento do córtex pré-frontal continua na idade adulta, com alguns estudos sugerindo que **não atinge plena maturidade até os 25 anos de idade**. Então, enquanto algumas partes do cérebro de um bebê já estão formadas ao nascer, o desenvolvimento total é um processo contínuo e de longa duração, com diferentes partes do cérebro amadurecendo em ritmos diferentes.

A **habilidade de autorregulação emocional** é uma competência complexa que **depende** do desenvolvimento de diversas áreas do cérebro, principalmente do **córtex pré-frontal**, mas esse 'andar de cima' ainda não começou a ser construído até por volta dos dois anos de idade. Talvez por isso, exista a famosa fase dos *"Terrible Two"* (em português, traduzido literalmente como "terríveis dois anos"), que diz respeito ao comportamento das crianças por volta dessa idade.

Esta fase é caracterizada por episódios frequentes de frustração, teimosia e birras. E o nome *"**terrible twos**"* surge justamente por causa desses desafios comportamentais, o que é completamente normal para esta idade, pois faz parte do desenvolvimento saudável da criança. Por volta dos dois anos, as crianças começam a explorar o mundo ao seu redor com mais autonomia e a expressar suas opiniões e desejos de forma mais clara. Eles estão aprendendo a ser independentes e isso pode levar a conflitos com os pais, pois suas habilidades de comunicação ainda não estão completamente desenvolvidas e seu córtex pré-frontal ainda não está formado. Por isso, ele não consegue controlar seus impulsos e tem explosões emocionais que culminam nas birras e comportamentos desafiadores.

Além disso, por volta dos dois anos, as crianças começam a ter um senso mais forte de "eu" e "meu". Isso pode resultar em comportamentos possessivos e birras quando as coisas não saem do jeito que elas querem. Elas ainda estão aprendendo a controlar suas emoções, justamente porque a partir desta idade é que seu córtex pré-frontal começa a ser formado ('andar de cima') e esta frustração pode se manifestar como um comportamento desafiador.

Nem todas as crianças passam por essa fase de forma pronunciada, enquanto outras podem começar a mostrar comportamentos desafiadores até mesmo antes dos dois anos ou continuar com esses comportamentos além dessa idade, portanto, não se desespere. É normal.

O **desenvolvimento do córtex pré-frontal** e suas habilidades seguem aproximadamente essas faixas etárias:

Dos 3-5 anos: Nesta fase, as crianças começam a desenvolver a capacidade de controlar impulsos e atrasar gratificações. Elas podem começar a entender regras básicas e a exercer controle sobre seus comportamentos de acordo com essas regras.

Dos 6-12 anos: Nesse período, as habilidades de planejamento e organização começam a se desenvolver. As crianças começam a entender as consequências futuras de suas ações e a planejar o comportamento com base nestas percepções.

Dos 13-18 anos: À medida que os adolescentes se aproximam da idade adulta, a capacidade de abstração e pensamento complexo começa a amadurecer. Eles também podem regular suas emoções de maneira mais eficaz e tomar decisões mais ponderadas.

Estas são apenas médias aproximadas das idades. O **desenvolvimento individual pode variar** significativamente de criança para criança, principalmente se ela contar com pais ou cuidadores que a ajudem a se autorregular, primeiro corregulando com elas, enquanto seu córtex pré-frontal se desenvolve; segundo, dando exemplos de autorregulação para que elas modelem seu comportamento; e terceiro, oferecendo um ambiente seguro e amoroso onde elas se sintam à vontade para expressar suas emoções.

Os pais podem ajudar a acelerar o desenvolvimento desta competência, ao modelar o comportamento adequado, porque as crianças aprendem por imitação, ao mesmo tempo que as ensina habilidades de regulação emocional e lhes fornece apoio e orientação. Portanto, mesmo que o desenvolvimento do cérebro siga um padrão, os pais têm um papel importante na hora de ajudar seus filhos a desenvolver estas habilidades de maneira mais acurada e rápida. Isso é crucial, pois a habilidade de se autorregular está associada a melhores resultados em muitas áreas da vida, incluindo saúde mental, relacionamentos e sucesso acadêmico.

Então vamos ao **exemplo**:

Eu quero que você imagine uma cena. Seu filho acabou de derrubar, acidentalmente, o copo de suco e está se sentindo muito chateado, culpado e com medo de ser repreendido. A forma como você reage a isso tem um papel crucial na formação da maneira como seu filho aprenderá a lidar com suas emoções.

Nesta situação, quando o suco cai, o 'andar de baixo', o cérebro emocional do seu filho pode ser ativado - ele pode sentir medo, vergonha ou culpa. Como mãe, você tem um papel extremamente importante na ajuda para que ele consiga **integrar o 'andar de baixo' com o 'andar de cima'**. Isso se chama **regulação emocional** - a habilidade de entender e gerenciar nossos próprios sentimentos.

As crianças não nascem com esta habilidade. Elas aprendem a partir das experiências que têm com as pessoas que cuidam delas. Então você pode ter duas atitudes, nesse exemplo. Você pode ficar irritada, afinal, agora tem uma bagunça para limpar, mas agindo assim, você não estará ensinando seu filho a lidar com erros e frustrações. Quando ele crescer, ele vai ter esse mesmo tipo de atitude ao errar: vai gritar, vai ficar nervoso e repetirá esse mesmo padrão com os filhos dele, já que foi o modelo que ele aprendeu.

Mas você tem outra opção. Você pode respirar fundo, dando tempo para você se autorregular, e se lembrar de que seu filho é apenas uma criança e que não derrubou o suco de propósito. Você pode, inclusive, usar esse incidente como uma oportunidade de ensino. Por exemplo, você poderia dizer algo como: *"Eu estou vendo que você ficou chateado porque derrubou seu suco. Está tudo bem, todos nós cometemos erros. Vamos limpar juntos?"* Ao fazer isso, você não só valida os sentimentos do seu filho, mas também ajuda a conectar seu 'andar de cima' com o 'andar de baixo', ensinando que os erros são normais e que podemos aprender com eles.

Se ele for acolhido em um ambiente de entendimento e calma, ele não terá medo de tentar de novo e, quanto mais ele tentar, mais rápido ele ficará bom em servir suco. Ele vai aprender a força que ele tem que empregar, qual a melhor posição do copo, quanto virar da garrafa, como segurar com as duas mãos etc.

O seu papel como mãe é extremamente importante nesse aprendizado, proporcionando a ele um ambiente seguro e amoroso, onde ele se sinta à vontade para expressar suas emoções e aprender, porque ninguém aprende quando está se sentindo ansioso ou estressado, uma vez que o 'andar de cima' (racional) não consegue aprender se o portão "pet" (a amígdala) estiver impedindo a integração entre o 'andar de baixo' e o 'andar de cima'. Esse fenômeno é, comumente, chamado de **sequestro da amígdala**, que é quando ela está ativada, por medo ou ansiedade, impedindo o funcionamento normal do córtex pré-frontal.

Para garantir esse resultado, em que seu filho aprenderá com a experiência, você não pode punir seu filho quando ele expressar raiva, tristeza ou frustração. Ao contrário, estas são ótimas oportunidades para você orientá-lo sobre como expressar estas emoções de maneira saudável e produtiva. No capítulo 9, vou mostrar estratégias para ensinar seus filhos a como lidar com essas emoções fortes, auxiliando no processo de integração entre o 'andar de cima' e o 'andar de baixo' do cérebro.

E finalmente, lembre-se: crianças aprendem com o exemplo. A forma como você lida com suas próprias emoções será um modelo para o seu filho. Se eles vêem você lidando com a frustração de maneira calma e controlada, eles estarão mais propensos a fazer o mesmo.

Então, da próxima vez que o copo de suco cair, lembre-se: isso é mais do que apenas uma bagunça para limpar. É uma oportunidade para você ensinar seu filho sobre regulação emocional, ajudando-o a construir habilidades que irão beneficiá-lo pelo resto da vida, além de auxiliar no desenvolvimento harmonioso do 'andar de cima' e do 'andar de baixo' do cérebro.

7.4   A construção das habilidades emocionais na infância

Eu gostaria que você pensasse nas habilidades emocionais como se fossem um castelo de areia. Para construí-lo, você precisa de tempo, paciência, e muitas tentativas e erros. Você não pode simplesmente jogar um balde de areia na praia e esperar que um castelo apareça. O mesmo acontece com as habilidades emocionais de seu filho: elas precisam ser construídas passo a passo, com muito cuidado e atenção.

Você, como mãe, tem um papel crucial na construção desse castelo. Vamos pensar em algumas maneiras práticas de como você pode fazer isso.

Primeiro, temos a **identificação de emoções**. É importante que seu filho saiba identificar o que está sentindo e **saiba dar nome aos seus sentimentos**. Isso pode ser tão simples quanto dizer: *"Vejo que você está muito **feliz** com seu desenho!"* ou *"Parece que você está **frustrado** porque o quebra-cabeça é difícil."* Ao enfatizar o nome dos sentimentos que você acredita que ele esteja sentindo, você estará ajudando-o a reconhecer, expressar e nomear suas emoções, e esse é o primeiro passo para aprender a gerenciá-las.

Segundo, temos que **ensinar sobre empatia**. Quando o amiguinho do seu filho cai e se machuca, você pode perguntar: *"Como você acha que ele está se **sentindo**?"* Isso incentiva seu filho a se colocar no lugar do outro e entender que outras pessoas também têm sentimentos, assim como ele.

Terceiro, temos que **ensinar estratégias de enfrentamento**. Quando seu filho está com raiva, triste ou chateado, você pode sugerir algumas coisas que ele pode fazer para se acalmar. Isso pode ser algo como respirar fundo, contar até dez, ou abraçar seu ursinho de pelúcia favorito.

Por último, e talvez o mais importante, temos que ser o **exemplo**. Seu filho está constantemente olhando para você e aprendendo com o seu comportamento e a do seu parceiro(a). Quando você lida com suas próprias emoções de maneira saudável, você está mostrando a seu filho como fazer o mesmo. Lembre-se, você é o maior modelo para ele.

A construção das habilidades emocionais é um processo contínuo, e não algo que acontece da noite para o dia. Haverá momentos de frustração, e tudo bem! Assim como construir um castelo de areia, às vezes uma onda pode vir e derrubá-lo. Mas é aí que está a beleza: você e seu filho podem sempre começar a construir novamente e, a cada construção, você pode ir melhorando esse castelo.

7.5 Estratégias para regulação emocional nas diferentes idades

Então, agora que falamos sobre a construção das habilidades emocionais, vamos discutir como você pode promover a regulação emocional do seu filho em diferentes idades. Pense nisso como um conjunto de ferramentas em sua caixa de ferramentas de parentalidade - algumas irão funcionar melhor do que outras, de acordo com a personalidade da criança, idade e situação.

Para crianças pequenas (até 3 anos): Nesta fase, o mundo é um lugar grande e emocionante, mas também um pouco assustador. Você pode ajudar seu filho a gerenciar estas emoções esmagadoras fornecendo conforto e segurança. Por exemplo, quando seu filho está tendo um ataque de birra, em vez de dizer para parar de chorar, tente **abraçá-lo e acalmá-lo. Verbalize** o que ele está sentindo: *"Eu vejo que você está muito **chateado** porque não quer ir para a cama."* Isso ajuda seu filho a entender, expressar e aprender a nomear suas emoções. Veja mais exemplos no item 7.6.

Para crianças em idade pré-escolar (3-5 anos): Nesta idade, as crianças começam a desenvolver uma maior compreensão das emoções. Você pode começar a **ensiná-las sobre diferentes emoções** usando livros ou desenhos animados. Por exemplo, depois de ler uma história sobre um personagem que está triste, você pode perguntar: *"Como você acha que ele está se sentindo?"* Isso pode levar a uma conversa sobre tristeza e sobre algum momento quando seu filho pode ter se sentido assim. Veja mais exemplos no item 7.7.

Para crianças em idade escolar (6-12 anos): Agora que seu filho já entende bem as emoções e já sabe nomeá-las, você pode começar a ensiná-lo sobre **estratégias de enfrentamento.** Por exemplo, se seu filho está nervoso por um teste na escola, **você pode ensiná-lo a respirar fundo, imaginar um lugar calmo ou fazer uma meditação ou relaxamento.** Você também pode incentivá-lo a falar sobre seus sentimentos: *"Eu entendo que você está nervoso para o teste. Quer conversar sobre isso?"* Só de conversar com você, ele pode se sentir mais calmo, especialmente se você contar como você também costumava se sentir em situações parecidas. Isso poderá distraí-lo da situação em si ou sentir que também pode falhar. Veja mais exemplos no item 7.8.

Para adolescentes (13-18 anos): Nesta fase, seu filho está enfrentando muitas mudanças emocionais e físicas. É importante ter conversas abertas sobre emoções e estresse. Se seu filho está passando por um rompimento, por exemplo, valide seus sentimentos: *"Eu sei que está doendo agora, e está tudo* *bem se sentir assim."* Encoraje a expressão saudável de emoções e ofereça seu apoio. Mais exemplos no item 7.9.

Estas são apenas algumas estratégias que você pode usar. Lembre-se, cada criança é única e o que funciona para uma, pode não funcionar para outra. O mais importante é você estar lá para seu filho, fornecendo um ambiente seguro e amoroso onde ele possa aprender a entender e gerenciar suas emoções.

7.6 Mais estratégias para crianças de até 3 anos

Criar rotinas consistentes: As crianças se sentem mais seguras quando sabem o que esperar. Ter horários consistentes para as refeições, sonecas, brincadeiras e hora de dormir podem ajudar a reduzir o estresse do seu filho. Por exemplo, você pode introduzir uma rotina de leitura, toda noite, antes de dormir. Você pode dizer-lhe que se ele se for dormir no horário certo, tendo jantado e escovado os dentes até tal horas, você irá ler para ele por 10 a 15 minutos, por exemplo. Além de ser um momento a sós com seu filho, o que lhe dará mais sensação de segurança, você criará um reforço positivo para ele se organizar antes de deitar, sabendo que terá uma recompensa positiva: a sua companhia e a leitura do livro. Isso não só ajuda a criança a se acalmar antes de dormir, mas também cria uma associação entre a leitura e o relaxamento.

Identificando e nomeando emoções: Comece a ensinar o seu filho a identificar suas emoções. Você pode fazer isso ao nomear as emoções que você vê em seu filho. Por exemplo, se ele ficar frustrado ao tentar encaixar blocos de construção, você poderia dizer: *"Eu estou vendo que você está se sentindo **frustrado** porque os blocos não estão se encaixando como você gostaria. Isso é realmente frustrante!"* Com o tempo, isso ajudará seu filho a entender e expressar suas emoções de forma mais eficaz.

Modelando a regulação emocional: As crianças aprendem muito ao observar os adultos em suas vidas. Quando você modela a regulação emocional de maneira saudável, você está ensinando seu filho a fazer o mesmo. Por exemplo, se você estiver se sentindo estressada, pode dizer: *"Estou me sentindo um pouco estressada agora, então vou fazer alguns exercícios de respiração para me ajudar a acalmar."* Quando acontecer com ele, ele terá maiores chances de repetir o seu comportamento e pedir um tempo para se acalmar.

Práticas de respiração e relaxamento: Fazer exercícios simples de respiração com seu filho pode ajudar a acalmá-lo quando ele está se sentindo chateado ou ansioso. Você pode ensinar a "respiração da barriga" para seu filho, onde ele respira profundamente, enchendo a barriga, e depois exala lentamente. Faça isso com ele algumas vezes e você notará a diferença. Para ajudá-lo a fazer de forma que ele entenda, você pode pedir a ele: *"Respire fundo como se estivesse cheirando o perfume de uma flor"*. E em seguida: *"Agora solte pela boca, devagar, como se você quisesse apagar uma velinha de aniversário"*.

Dando espaço para expressão: Permita que seu filho expresse suas emoções sem julgamento. Para isso, apenas ouça o que ele tem a dizer quando ele estiver chateado. Outra opção bem interessante é criar um "espaço seguro" onde ele possa se acalmar, como um cantinho acolhedor, com alguns livros e brinquedos macios, que não o machuquem na hora da raiva. Esse espaço seguro pode, inclusive, ser um cantinho imaginário, onde você coloca algo simbólico, como um bichinho de pelúcia, que faça com que ele se lembre que lá é o lugar para ele se acalmar. Diga a ele que toda vez que ele estiver triste, com raiva ou frustrado, ele pode ir para aquele cantinho "protetor" e abraçar seu bichinho de pelúcia que o ajudará a se acalmar. Faça uma cerimônia para criar esse cantinho. Antes, explique a ele o que pretende fazer. Depois, quando ele tiver uma explosão emocional, primeiro espere ele se acalmar e lembre a ele do que vocês dois tinham combinado, sobre construir um cantinho da calma. Esse cantinho pode ser no quarto dele ou em qualquer outro lugar da casa em que ele tenha privacidade. Você pode, inclusive, sair com ele e comprar um bichinho de pelúcia, que será o eleito para ser seu companheiro nesses momentos. Ou peça a ele para escolher um entre os bichinhos que ele já tem. Em seguida, criem esse espaço para ele se acalmar. Coloque algo para ele se sentir confortável, como uma almofada, uma mantinha e um travesseirinho, alguns livrinhos e o bichinho escolhido. Faça uma cerimônia imaginária, para que ele sinta a importância da criação daquele cantinho. Você pode até usar o cantinho dele quando você também se sentir frustrada, para que ele entenda como usá-lo. Mas antes de usar, peça permissão, afinal o cantinho é dele. Assim, além dele aprender, com o seu exemplo, a usar esse espaço, o fato de você ter pedido permissão também vai ensiná-lo a ter respeito com o espaço dos outros (ver mais detalhes no item 13.10).

Encorajando a resolução de problemas: Quando seu filho estiver enfrentando um problema, em vez de resolver por ele, tente ajudá-lo a encontrar sua própria solução. Por exemplo, se ele estiver tendo problemas para compartilhar um brinquedo, você pode perguntar: *"O que você acha que podemos fazer para que todos possam brincar com o brinquedo?"* Isso dará controle a ele, ajudará com que ele se sinta mais no comando, em vez de se sentir ressentido por alguém ter invadido seus limites e tomado a decisão por ele.

Lembre-se, todas as crianças são diferentes e pode levar algum tempo até que você encontre a melhor estratégia para ele, principalmente se ele ainda for muito pequeno. A partir dos 18 meses, ficará mais fácil para que ele entenda melhor esses exercícios. O importante é que você esteja lá para apoiá-lo, com paciência e amor, enquanto ele aprende a navegar no mundo emocional.

7.7   Mais estratégias para crianças de 3-5 anos

No grupo de idade de 3 a 5 anos, as crianças estão começando a entender um pouco mais sobre suas emoções, além de estarem também aprendendo a controlá-las melhor. Aqui estão algumas estratégias de regulação emocional que você pode usar com seu filho nesta fase:

Fale sobre sentimentos: Use livros, filmes ou situações cotidianas para conversar sobre sentimentos. Por exemplo, depois de assistir a um filme, você pode perguntar: *"Como você acha que o personagem se sentiu quando ele perdeu seu brinquedo?"* Isso ajuda as crianças a desenvolver empatia e a entender suas próprias emoções.

Jogos e brincadeiras: Brincar de se fantasiar ou de fingir é uma ótima maneira de as crianças explorarem emoções diferentes. Você pode brincar de médico, por exemplo, onde seu filho "cuida" de bonecos ou bichos de pelúcia "doentes" ou "tristes". Isso permite que eles expressem emoções em um ambiente seguro e controlado. Obs.: Aproveite para ensiná-lo a brincar sozinho. Crianças precisam aprender a brincar sozinhas porque são nesses momentos de ócio que nasce a criatividade. Deixe o celular longe delas.

Técnicas de relaxamento: Ensinando técnicas simples de relaxamento, como a respiração profunda ou a visualização (imaginar um lugar feliz ou tranquilo), você pode ajudar seu filho a se acalmar quando estiver se sentindo ansioso ou chateado. Por exemplo, quando ele estiver frustrado, você pode dizer: *"Vamos fechar os olhos e imaginar que estamos em nossa praia favorita, sentindo a areia entre os dedos dos pés."*

Crie um "cantinho da calma": Este é um lugar tranquilo onde seu filho pode ir quando precisar se acalmar. Ele pode ter almofadas, livros, brinquedos tranquilos ou qualquer coisa que seu filho ache reconfortante (ver mais detalhes no item 13.10).

Use expressões artísticas: As crianças pequenas, muitas vezes, expressam suas emoções através do jogo e da arte. Encoraje seu filho a desenhar ou pintar suas emoções. Quando terminarem, vocês podem conversar sobre o que criaram e porque escolheram determinadas cores ou formas.

Recompense o bom comportamento: Quando seu filho se comportar bem ou usar uma estratégia de regulação emocional, elogie-o. Isso ajuda a reforçar o comportamento positivo. Recompensar não é dar presente. É elogiar o fato dele ter conseguido fazer bom uso da estratégia. Não elogie com elogios intrínsecos como características inatas, como por exemplo: *"você tão inteligente, você é tão esperto...".* Em vez disso, use elogios que recompensem o esforço dele, como: *"Muito bem! Você conseguiu se controlar rapidinho",* ou *"Você se empenhou (ou se esforçou) e conseguiu se acalmar antes de ficar nervoso".* Quando você elogia o esforço, seja nesses momentos, seja em resultados de provas, você o incentiva a estar sempre se esforçando, mesma que as notas, por exemplo, não sejam ótimas. Foi comprovado que crianças elogiadas por características intrínsecas (inteligência ou habilidade inata em fazer algo), não se esforçavam além da conta, afinal elas já eram inteligentes e talentosas.

Lembre-se, a regulação emocional é uma habilidade que se desenvolve ao longo do tempo. Pode haver momentos de frustração e isso é completamente normal. Seu papel como mãe é guiar seu filho através desses sentimentos desafiadores, proporcionando um ambiente seguro e amoroso, onde ele possa aprender e crescer.

7.8   Mais estratégias para crianças de 6-12 anos

Entre os 6 e 12 anos, as crianças já têm uma compreensão mais profunda das emoções, tanto as próprias como as dos outros e já são capazes de usar estratégias mais complexas para a sua própria regulação emocional. Aqui estão algumas técnicas que você pode implementar:

Ensine habilidades de autoconsciência: Incentive a reflexão sobre os próprios sentimentos e emoções. Por exemplo, se seu filho estiver chateado após um dia difícil na escola, peça para que ele descreva o que está sentindo e porquê. Isso ajuda a criança a entender melhor suas emoções e a identificar as causas. Para ajudá-lo, em vez de perguntar *"Como foi o seu dia hoje?"*, o que pode gerar uma resposta como *"Bom"* ou *"Ruim"*, faça perguntas abertas que dêem chance dele se expressar mais, como *"Qual foi a melhor coisa que te aconteceu hoje?"*, ou *"Qual foi a pior coisa que te aconteceu hoje?"*.

Práticas de *mindfulness*: *Mindfulness* ou atenção plena é uma ferramenta maravilhosa para ajudar as crianças a se concentrarem no momento presente e a aliviar o estresse. Você pode praticar *mindfulness* com seu filho, fazendo exercícios de respiração profunda, meditação ou até mesmo ioga para crianças.

Entre no link abaixo, para um exercício de atenção plena, para você fazer junto com ele, em um momento que ele estiver estressado ou antes de dormir:

https://youtu.be/zgSsYwESJwk

Técnicas de resolução de problemas: Ensine seu filho a resolver problemas de maneira independente. Se ele estiver passando por uma situação desafiadora, em vez de lhe entregar a solução pronta, ajude-o a pensar em possíveis soluções e a avaliar suas consequências. Por exemplo, se ele está tendo um conflito com um amigo, você poderia perguntar: "O que você acha que poderia fazer para resolver esse problema com seu amigo?"

Fornecer apoio e validação: Seja um ouvinte atento e forneça validação emocional. Às vezes, as crianças só precisam ser ouvidas e saber que suas emoções são válidas. Deixe claro que todos experimentam uma variedade de emoções e isso é completamente normal e saudável.

Ensine a importância da pausa: Quando as emoções estão altas, é útil fazer uma pausa. Ensine seu filho a se afastar, dar um tempo a si mesmo para se acalmar, antes de responder a uma situação emocionalmente carregada.

Práticas de autocuidado: Encoraje seu filho a cuidar de si mesmo fisicamente. O exercício físico regular, uma alimentação balanceada e um sono adequado podem ter um impacto significativo na regulação emocional.

Ensine a importância da empatia: Ensine seu filho a entender e compartilhar os sentimentos dos outros. Isso o ajudará a formar relacionamentos saudáveis e a lidar melhor com conflitos.

Por último, lembre-se de que cada criança é única e aprende de maneira diferente. O que funciona para uma, pode não funcionar para outra. Como mãe, o mais importante é apoiar seu filho e proporcionar um ambiente amoroso e seguro para que ele aprenda a lidar com suas emoções.

7.9   Mais estratégias para crianças de 13-18 anos

A adolescência é uma fase de intensas mudanças emocionais e físicas, e pode ser um período desafiador, tanto para os adolescentes, quanto para os pais. Aqui estão algumas estratégias que você pode usar para ajudar seu filho adolescente a regular suas emoções:

Mantenha canais de comunicação abertos: Os adolescentes estão navegando em um mundo complexo e às vezes assustador. Certifique-se de que eles saibam que podem falar com você sobre o que estão sentindo, sem julgamentos. Tente ter conversas regulares sobre o dia deles, seus interesses, preocupações e sentimentos. Se você não se mostrar disponível para conversar e ajudá-lo, sem ameaças, sem castigos, não importa o que ele tenha feito, ele irá procura ajuda e conforto nas amizades. E quando isso acontece, nunca se sabe do que estas amizades são capazes, porque eles são tão novos e tão sem experiência quanto o seu filho. Além disso, se não forem "boas" amizades, eles podem, ainda, oferecer certo tipo de ajuda que não é a ideal para esquecer os problemas, como álcool ou, ainda pior, drogas. Então sempre dê abertura para o seu filho. É melhor ele se abrir com você, por pior que seja, do que com outra pessoa. Não ameace com castigos. Muitas vezes, a consequência dos atos dele já é castigo suficiente para que ele aprenda. Não é castigando que você ganhará sua confiança. Pelo contrário, os castigos só o afastarão mais de você. Ele vai vê-lo como um punidor e, não, como uma pessoa em que ele pode contar ou confiar. Seja seu melhor amigo. Ele precisa dos seus conselhos, não do seu sermão. Deixe para dar sermão em um outro momento, depois que tudo tiver se resolvido. Primeiro acolha-o. Depois acalme-o. Depois ajude-o. Só depois, em outro momento, em outro dia, explique as consequências do que poderia ter acontecido. Só então demonstre como você ficou preocupado, como isso poderia tê-lo afetado e como ele poderia ter sido responsabilizado. Diga que você confia nele e que espera que isso nunca mais se repita pois, caso se repita, você poderá não mais ajudá-lo. Mas não o xingue, não o ameace, não seja intolerante. Ele precisa de você e só você pode dar a ele a atenção que ele realmente merece. Você pode até dizer que a atitude dele fez com que você perdesse um pouco a confiança e que, para restaurá-la, você precisará de algumas provas de que ele está andando de novo na linha. E aí peça para ele te provar, seja demonstrando por meio das notas, seja demonstrando através de novas atitudes, ou o que quer que seja. E quando ele demonstrar, abrace-o, elogie-o, diga que está muito orgulhosa do esforço dele em ser uma pessoa melhor.

Enfatize a importância do autocuidado: Ensine seu filho sobre a importância de cuidar de si mesmo, tanto fisicamente quanto emocionalmente. Isso inclui alimentação saudável, exercício regular, sono adequado, e também tempo para relaxar e descontrair.

Ensine habilidades de enfrentamento saudáveis: Ajude seu filho a desenvolver uma "caixa de ferramentas" de habilidades de enfrentamento para quando estiver se sentindo sobrecarregado. Isso pode incluir técnicas de relaxamento, como respiração profunda ou meditação, escrever em um diário, ouvir música, desenhar ou pintar, fazer exercícios físicos, entre outros.

Segue uma meditação para ele fazer quando estiver se sentindo sobrecarregado. Digite o link seguinte: https://youtu.be/D7vnDVtXoOc

Promova a resiliência: Resiliência é a capacidade de se recuperar de situações difíceis. Ajude seu filho a ver desafios e erros como oportunidades de aprendizado e crescimento, em vez de fracassos.

Fale sobre a importância da empatia e compaixão: Ensine seu filho a se colocar no lugar dos outros. Isso não só o ajudará a formar relacionamentos mais fortes e saudáveis, mas também a entender e gerenciar melhor suas próprias emoções.

Apoie o desenvolvimento de habilidades sociais: A adolescência é um período em que as relações sociais assumem uma nova importância. Ajude seu filho a desenvolver habilidades sociais, como comunicação assertiva, resolução de conflitos e negociação.

Ajude a estabelecer metas e planos: Ter um senso de propósito pode ajudar os adolescentes a lidar com o estresse e a regular suas emoções. Trabalhe com seu filho para estabelecer metas e fazer planos para o futuro.

Lembre-se, cada adolescente é único e o que funciona para um pode não funcionar para outro. Sua paciência, compreensão e apoio são fundamentais à medida que seu filho navega por essa fase complexa e importante da vida.

8.   Habilidades Emocionais para os Pais

Neste capítulo, iremos explorar estratégias e técnicas para desenvolver paciência e compreensão ao lidar com os desafios e as demandas da paternidade/maternidade. Eu vou te explicar como a autorreflexão, empatia, escuta ativa, regulação emocional e autocuidado desempenham um papel fundamental no fortalecimento dos laços familiares e na criação de um ambiente saudável para os filhos.

8.1   Autorreflexão e Autoconhecimento

8.1.1   Reconhecendo os nossos gatilhos

Querida mãe, reconhecer os gatilhos emocionais é uma parte fundamental do processo de autorreflexão e autoconhecimento. Como mães, é natural que certos comportamentos dos nossos filhos possam desencadear reações emocionais em nós. Identificar estes gatilhos nos permite entender melhor o motivo de algumas situações nos tirarem completamente do controle, nos provocando tanta raiva.

Quem nunca chegou em casa, completamente esgotada do trabalho, ou cheia de problemas e, ao ouvir a voz do filho ou da filha repetindo: *"Mamãe! Mamãe! Mamãe!"*, simplesmente não explodiu e respondeu um: *"Que que foi? Para de gritar!!"*, deixando toda a razão de lado e, mais tarde, se sentindo extremamente culpada por ter perdido a paciência?

Para que a gente não perca a razão sem motivo aparente, em determinados momentos é preciso desenvolver um senso crítico de nós mesmos para nos conhecermos. O que nos deixa tão irritada? Fome? Cansaço? Noites mal dormidas? Sobrecarga de trabalho? Sensação de impotência?

A principal coisa a fazer nesse primeiro momento é a autorreflexão. Tire um momento para você e reflita sobre suas próprias reações e emoções. Anote em um caderninho os momentos em que você se descontrola e anote o que você sentiu exatamente antes de se descontrolar. O autoconhecimento é uma das principais ferramentas que temos à nossa disposição. Anote o horário e o motivo primário do que te fez perder o controle.

Todo comportamento nosso é desencadeado por um sentimento que, por sua vez, é desencadeado por uma emoção. Então se prestarmos atenção no que desencadeou a emoção, já é um primeiro passo para esse autoconhecimento. Vou explicar de forma mais fácil. A emoção é uma resposta automática e instintiva a um estímulo específico e, na maioria das vezes, essa resposta é inconsciente. Ela não passa pelo nível da consciência e é justamente isso que nos faz ter reações descontroladas e desproporcionais. Aprender a enxergar qual estímulo gerou a emoção é o primeiro passo para aprender a controlar suas reações emocionais desproporcionais.

Então vamos do início! A emoção é uma resposta física ou psicológica imediata, muitas vezes, inconsciente. As emoções podem ser desencadeadas por eventos externos, pensamentos ou lembranças. As emoções básicas mais comuns são a alegria, tristeza, raiva, medo e surpresa. Então quando vivenciamos uma lembrança dolorosa, por exemplo, disparado por algum gatilho, seja uma música, um cheiro, uma pessoa, que nos faz lembrar que um dia fomos traídas, o cérebro dispara a emoção instantaneamente, nesse exemplo, a raiva ou a tristeza. A emoção consiste em um conjunto de respostas químicas e neurais, e vai desencadear hormônios específicos. Se for uma emoção boa, despertará hormônios da felicidade. No caso do exemplo, da traição, os hormônios liberados serão os do estresse, como adrenalina e cortisol.

Agora vamos para o sentimento. O sentimento vem após a emoção. Ele representa a forma como a pessoa se sente diante do evento que desencadeou a emoção. Então, no exemplo da traição, a pessoa traída pode se sentir insegura ou impotente. O sentimento é a experiência subjetiva da emoção. É a interpretação pessoal e cognitiva da emoção que tivemos. Enquanto a emoção é uma resposta automática, o sentimento é a maneira como percebemos e interpretamos essa emoção em nossa mente. Os sentimentos são influenciados por nossa história de vida, valores, crenças e experiências passadas.

O comportamento é a última etapa dessa tríade emoção-sentimento-comportamento. Ele é a ação ou reação que resulta da emoção e do sentimento. É a expressão externa da experiência emocional. O comportamento pode assumir diversas formas, como palavras, expressões faciais, gestos, ações físicas ou até mesmo a ausência de ação.

Então no exemplo da traição, a pessoa, por exemplo, estava na rua e sentiu o cheiro do mesmo perfume de uma pessoa que a traiu no passado. Isso despertou raiva (emoção). A emoção gerou um sentimento de acordo com sua história de vida e experiências passadas. Então se esta pessoa tinha um pai que também traía a mãe, por exemplo, ou se já havia sido traída outras vezes, a emoção ao evento-gatilho (cheiro do perfume e a lembrança da traição) irá gerar um sentimento. Esse sentimento pode assumir diversas formas. Em uma pessoa que já passou por isso inúmeras vezes, ou viu sua mãe passar por isso, o sentimento pode ser de impotência, ou de desesperança, ou de insegurança. Aí o comportamento dessa pessoa vai ser a resposta à como ela percebeu a situação. Ela pode chegar em casa, por exemplo, já nervosa e, ao mínimo sinal de ameaça do atual parceiro, toda a raiva que ela sentiu pode ser descarregada nele, que é inocente.

Da mesma forma acontece com nossos filhos. Um evento externo dispara uma emoção inconsciente, que nos gera um sentimento, que nos leva a um comportamento. Então, se um chefe briga com uma pessoa, ou dá mais responsabilidade do que ela pensa ser capaz de assumir, isso pode lhe despertar uma emoção de medo que, por sua vez, pode gerar um sentimento de impotência e insegurança. Então essa pessoa, seja o pai ou a mãe, chega em casa e é confrontado por outro problema, mesmo que mínimo, mesmo que os constantes chamados do filho. O que que acontece? Ela já está sobrecarregada emocionalmente. Qual sua reação imediata? Ela explode. E por que? Porque a sobrecarga emocional já era grande e agora aumentou ainda mais. Ela se sente desamparada. O que que ela faz? Desconta sua raiva e frustração em quem aparecer na sua frente primeiro, seja o cônjuge, seja um filho, seja uma funcionária. Só que essas pessoas não tiveram a mínima participação nessa sequência de eventos que a deixou sobrecarregada. No entanto, elas acabam sendo o alvo mais fácil para a pessoa descontar suas frustrações.

Então se formos capazes de perceber todo o desencadear desse processo... se formos capazes de perceber que um evento ou lembrança nos desencadeou uma emoção, já conseguiremos ser mais racionais e nos controlar como nos sentirmos em relação a essa emoção. Se conseguirmos nos policiar e gerenciar nosso sentimento em relação ao que aconteceu, esse sentimento não conseguirá gerar um comportamento descontrolado. Ou podemos até senti-lo, mas a partir desse sentimento, nos treinarmos a pensar se o que sentimos é realmente real ou tão ameaçador quanto pensamos.

No exemplo da traição... a emoção foi gerada inconscientemente. Mas se estivermos atentos a nós mesmos e conseguirmos passar do modo inconsciente para o modo consciente, podemos parar e pensar. Isso que eu estou sentindo é real para esse meu momento? Qual o perigo que eu corro agora? E então, hoje, com outro parceiro completamente diferente do que te traiu, você vai perceber... *"estou trazendo um medo meu de outra relação para essa. Esse parceiro de agora é diferente"*. E, então, você tem a opção consciente de fazer uma escolha ao perceber que o sentimento foi uma reação causada pela emoção inconsciente. E quando você percebe isso a nível consciente, você é capaz de escolher se sentir e se comportar de forma diferente. Em vez de se sentir insegura, avalie se realmente, hoje, existe motivo para essa insegurança. Ela é real? Esse sentimento é real hoje? Assim, você vai evitar que esse processo inconsciente tome uma proporção muito maior e você chegue em casa descontrolada, descontando sua insegurança e a raiva gerada por ela em alguém que não merece esse descontrole. Até porque, um **comportamento inapropriado** seu, gerará um **gatilho** no outro que, por sua vez, também sentirá uma **emoção** (raiva, por exemplo), que lhe gerará um **sentimento** (frustração, do tipo *"não acredito que estou me relacionando de novo com outra pessoa ciumenta, sendo que eu não faço nada pra provocar esse ciúme"*), e esse sentimento pode lhe causar um **comportamento** (agressividade, um comportamento de esquiva ou distanciamento), e isso se torna uma bola de neve, porque nós influenciamos os outros com os nossos comportamentos.

Quando se diz respeito aos filhos, ainda é pior porque eles são os que mais são influenciados por nossos comportamentos. Se eles veem os pais se descontrolando inúmeras vezes, o que que acontece? Os neurônios-espelho deles começam a imitar seu comportamento. Eles passar a repetir o mesmo padrão de comportamento e a cada contrariedade, passam a agir com impulsividade, sem pensar.

Vou dar só mais um exemplo para ficar bem claro, porque eu quero que vocês entendam como o processo se inicia e comecem a perceber em vocês, desde o momento em que a emoção foi desencadeada, e o que a fez desencadear. Se vocês forem capazes de perceber o gatilho inicial de tudo, fica muito mais fácil controlar todo o processo e evitar o comportamento final de descontrole. Nós, muitas vezes, não podemos evitar que alguma coisa nos aconteça. Mas podemos evitar como nos sentimos em relação ao que nos aconteceu e, depois, ainda temos mais uma chance: a de evitar agirmos (comportamento) sem controle, mesmo quando, na etapa 2, não conseguimos evitar "sentir um descontrole" que a emoção de um evento nos havia gerado.

Por falar em emoções...

Existem milhares de emoções, mas as mais básicas são a alegria (ou felicidade), a tristeza, a raiva, o medo, a surpresa e o nojo. Essas são as **emoções primárias**, que são consideradas as bases das emoções mais complexas que experimentamos ao longo da vida.

A partir dela, temos as emoções secundárias e as de fundo. As **emoções secundárias** são consideradas emoções mais complexas e são formadas pela combinação ou variação das emoções primárias. Elas surgem a partir de influências culturais, experiências pessoais e interpretações individuais.

Algumas das emoções secundárias mais comumente reconhecidas são o amor, a culpa, a vergonha, o orgulho, o ciúme, a ansiedade, entre outras. Essas emoções secundárias são apenas alguns exemplos e há muitas outras emoções complexas que podem surgir a partir das combinações das emoções primárias.

Após as emoções secundárias, existem as **emoções de fundo**, que são emoções **subconscientes e persistentes** que influenciam nosso estado emocional de forma contínua, mesmo que não estejam na superfície da nossa consciência. Elas podem afetar nossa percepção, atitudes e comportamentos de maneira sutil, moldando nossa experiência emocional geral. Embora a lista de emoções de fundo possa variar, as emoções mais comuns identificadas são a autoconfiança, a insegurança, a resiliência, a ansiedade, a segurança, o desamparo, o contentamento, a gratidão, entre outras.

Essas emoções de fundo variam de pessoa para pessoa, sendo influenciadas por experiências passadas, crenças e padrões de pensamento. Elas desempenham um papel importante na maneira como nos relacionamos com o mundo e podem ser trabalhadas e transformadas através do autoconhecimento e do desenvolvimento emocional.

Voltando ao exemplo. Imagine que você está se preparando para uma apresentação importante no trabalho. Você começa a sentir ansiedade, que é a emoção desencadeada pela expectativa do evento. Essa ansiedade é uma emoção que vai desencadear hormônios no corpo – os hormônios do estresse.

Esses hormônios gerarão uma sensação de aperto no peito, coração acelerado e pensamentos preocupantes. Essa emoção de ansiedade irá gerar um sentimento de nervosismo e insegurança. Você começa a se preocupar com seu desempenho, questionando se será capaz de atender às expectativas e se sair bem na apresentação. Como resultado desse sentimento de nervosismo, você pode manifestar comportamentos como roer as unhas, falar rapidamente, ficar agressivo, evitar o contato visual ou até mesmo ficar em silêncio.

Estes comportamentos são uma resposta externa ao sentimento de nervosismo que você está experimentando. É importante notar que o mesmo evento pode desencadear emoções diferentes em pessoas diferentes, dependendo de suas percepções e experiências individuais. Além disso, a interpretação dos sentimentos e a expressão comportamental podem variar de pessoa para pessoa.

Por isso **é tão importante compreender esse processo emoção, sentimento e comportamento**. Compreendê-lo e passar a observar em nós mesmos como isso nos afeta, nos traz um autoconhecimento muito grande. Isso pode nos ajudar a ter uma maior consciência das nossas respostas emocionais e a desenvolver estratégias para lidar com elas de maneira mais saudável. Ao reconhecer e entender as emoções e os sentimentos por trás dos nossos comportamentos, podemos trabalhar na autorregulação emocional e escolher respostas mais adequadas e construtivas.

E o que que isso tem a ver com a habilidade de criar nossos filhos? Tudo. Porque quando conseguimos nos controlar emocionalmente, ou seja, nos autorregular, estaremos ensinando aos nossos filhos, através do exemplo, como eles vão se comportar diante dos desafios deles.

Outra coisa, não estaremos descontando neles os nossos problemas que poderiam, assim, criar emoções negativas neles sem motivo. Além disso, quando adquirimos essa habilidade de nos autorregular diante das emoções, conseguimos corregular nossos filhos, enquanto o córtex pré-frontal deles ainda está em formação e, isso, ajudará no aprendizado de autorregulação deles e no desenvolvimento sadio das sinapses no córtex pré-frontal em desenvolvimento.

Desenvolver paciência e compreensão com os filhos é um processo contínuo, mas começa em nós, a partir dessa autorreflexão e gerenciamento das nossas próprias emoções.

Se você passou pelo capítulo 5, você provavelmente assistiu ao vídeo sobre o que é EFT e para que ela serve. Essa técnica é fantástica para regular nossas emoções, quando não estamos conseguindo controlá-las adequadamente. Abaixo, segue o link para um exercício de EFT gravado. Assista e vá repetindo em voz alta, ao mesmo tempo que eu vou falando no vídeo e batendo nos mesmos pontos de acupuntura que eu mostro no vídeo.

Esse script de EFT foi desenvolvido para se livrar da ansiedade que alguns eventos ou gatilhos despertam em nós. Se outra emoção for despertada, no lugar da ansiedade, é só trocar a palavra "ansiedade" para a emoção que o evento ou gatilho tiver desencadeado em você, como raiva, tristeza, mágoa, entre outras.

https://youtu.be/3jqRbtF2Lhg

8.1.2 Gatilhos despertados pelos filhos

Depois que você aprendeu a se observar e controlar seus sentimentos ou comportamentos diante das suas emoções geradas por um evento ou lembrança, comece a observar porque certos comportamentos dos seus filhos podem estar desencadeando impaciência em você.

Por exemplo, se você perceber que fica impaciente quando está cansado, tente se organizar para ter um tempo de descanso adequado, para lidar melhor com as situações com seus filhos. Ou chegue em casa e peça a eles

10 minutos para descansar. Parece pouco, mas ao deitar 10 minutinhos, nossa energia é renovada.

Outro exemplo, imagine que você está em um supermercado com seu filho pequeno e ele começa a chorar e fazer birra porque quer um doce que viu na prateleira. O choro e a birra dele desencadeiam uma reação emocional em você. Neste momento, você pode perceber que seu gatilho emocional é a sensação de impotência diante do comportamento do seu filho ou a preocupação com o que as outras pessoas no supermercado estão pensando de você como mãe.

Esta situação pode despertar emoções intensas, como frustração, vergonha, raiva ou até mesmo culpa. Você pode começar a se sentir sobrecarregada e ter dificuldade em lidar com a situação de forma calma e equilibrada. Reconhecer esse gatilho emocional é o primeiro passo para lidar com ele de maneira saudável. Ao identificar que a sensação de impotência ou a preocupação com o julgamento dos outros estão por trás da sua reação emocional, você pode buscar estratégias para controlar uma birra em público ou, até mesmo, para se autorregular como, por exemplo, treinar a respiração consciente que acalma a mente e o corpo. Respirar fundo algumas vezes, antes de responder ao seu filho, pode ajudar a reduzir a intensidade das emoções e permitir que você pense com mais clareza.

Só lembrando aqui que as birras e o choro são formas normais de expressão para crianças pequenas. Ao desenvolver empatia e compreensão em relação às necessidades emocionais do seu filho, você pode respondê-lo com mais calma e paciência. Além disso, tente lembrar-se de que o julgamento dos outros não define sua capacidade como mãe. Concentre-se nas necessidades do seu filho e na conexão emocional com ele, em vez de se preocupar com o que as outras pessoas possam pensar. Lembre-se de que todas as mães enfrentam desafios e que você está fazendo o seu melhor. Ao trabalhar nesse gatilho emocional específico, você está se capacitando para responder aos episódios de choro ou birra do seu filho com mais serenidade e empatia.

Com o tempo e a prática da autorreflexão, você pode desenvolver estratégias mais eficazes para lidar com essas situações desafiadoras e criar um ambiente emocionalmente saudável para o seu filho.

Em vários momentos, os comportamentos das crianças disparam gatilhos em nós que não sabemos explicar. Para reconhecer os gatilhos emocionais, comece prestando atenção às suas reações emocionais quando seu filho se comporta de uma maneira específica. Pergunte-se: *"Por que esta situação me deixa tão irritada, frustrada ou ansiosa?"*. Faça uma pausa para refletir sobre suas emoções e procure conexões entre as experiências do passado e as respostas emocionais do presente.

Muitas vezes, estes gatilhos estão relacionados às nossas próprias experiências passadas, crenças ou expectativas sobre a maternidade. Pode ser que o comportamento do seu filho esteja tocando em feridas antigas ou despertando medos e inseguranças dentro de você.

Por exemplo, você pode nunca ter sido encorajada a manifestar suas emoções, seus sentimentos. Quando você chorava, um de seus pais provavelmente poderia falar: *"Menina, engole esse choro. Você está chorando por bobagem. Tanta gente sofrendo por coisas muito mais sérias"*. Dessa maneira, como seus sentimentos não eram validados, você pode ter passado a entender que suas emoções não importavam. Então você passou a engolir o choro diante de algumas situações e cresceu assim, sem demonstrar o que sentia. Isso pode ter criado a crença de que o choro é algo negativo ou que expressar emoções é inadequado.

Só que, ao contrário, isso não é saudável e pode, inclusive, desencadear doenças. Como consequência, hoje, quando seu filho chora ou reclama, este gatilho é disparado em você. Inconscientemente, você não quer ter que lidar com as emoções deles porque, você própria, não aprendeu a lidar com as suas. Então, identificar esses gatilhos emocionais é o primeiro passo para lidar com eles de maneira mais consciente e saudável.

Ao reconhecer seus gatilhos emocionais, você pode começar a trabalhar em estratégias de autorregulação em você para, no momento apropriado, ser capaz de responder aos comportamentos dos seus filhos de maneira mais calma e equilibrada. Por exemplo, se você percebe que fica especialmente irritada quando seu filho faz uma bagunça, reserve um momento para respirar fundo antes de reagir. Lembre-se de que a bagunça em si pode não ser o verdadeiro gatilho, mas sim a sensação de perda de controle ou o perfeccionismo que você possui.

A partir dessa autorreflexão, você passa a reconhecer quais gatilhos emocionais estão afetando a forma como você responde a um comportamento do seu filho. Somente com o autoconhecimento, você será capaz de romper com o padrão com o qual você tem reagido e proporcionar um ambiente emocionalmente saudável em casa, onde ele pode se sentir à vontade para expressar suas emoções de maneira autêntica.

Para lidar com seus gatilhos emocionais, você pode começar reconhecendo que suas experiências passadas moldaram suas crenças e reações atuais. Pratique a autocompaixão e o perdão em relação a si mesma e à sua mãe. Entenda que você está em um processo de aprendizado e crescimento, buscando criar uma abordagem diferente para a maternidade.

Em seguida, trabalhe na construção de uma nova narrativa em relação à qualquer tipo de expressão emocional do seu filho, como o choro. Lembre-se de que o choro é uma forma natural e saudável de liberar emoções e que é importante validar e acolher as emoções das crianças. Reconheça que você tem a capacidade de mudar seu padrão de resposta e proporcionar um ambiente mais aberto e amoroso para ele.

Pratique a escuta empática quando seu filho chorar. Esteja presente para ele, oferecendo um espaço seguro para que ele compartilhe suas emoções. Dê-lhe permissão para chorar, expressar suas frustrações e tristezas, e mostre a ele que você está lá para apoiá-lo emocionalmente.

Lembrando-se de que cada criança é única, você pode desenvolver uma nova abordagem ao choro, aprendendo junto com seu filho. Conforme você trabalha nesse gatilho emocional, você estará criando um ambiente emocionalmente seguro e nutritivo, no qual seu filho se sente à vontade para expressar suas emoções e construir um relacionamento de confiança com você.

Isso não quer dizer que ele vá parar de chorar. Muito pelo contrário. Ao encorajá-lo a expressar seus sentimentos, talvez ele vá expressar esses sentimentos através do choro. Então, à primeira vista, pode parecer que ele piorou, mas não. Emocionalmente ele está melhor. Para o futuro dele, isso é melhor. Agora ele se sente seguro em compartilhar suas emoções, em vez de guardá-las para si, o que pode mais tarde, até gerar doenças autoimunes, câncer, entre outros sintomas psicossomáticos.

Ao praticar a autorreflexão, você pode identificar padrões emocionais e comportamentais que precisam ser trabalhados. Isso não significa que você precisa ser perfeita o tempo todo, mas sim que está empenhada em crescer como mãe e pessoa. O processo de autorreflexão e autoconhecimento é contínuo. À medida que você se torna mais consciente dos seus gatilhos emocionais, você terá a oportunidade de crescer e se tornar uma mãe mais paciente, mais compreensiva e mais equilibrada e poderá explorar esses gatilhos emocionais de maneira mais profunda, a fim de desenvolver estratégias de autorregulação eficazes.

Seja gentil consigo mesma nesse processo, valorize seu progresso e celebre suas conquistas. Você está fazendo um trabalho incrível ao buscar se conhecer melhor e criar um ambiente emocionalmente saudável para seus filhos. Não tente ser perfeita. Ninguém é perfeito e estamos em constante aprendizado. Seja somente sua melhor versão em relação a ontem.

8.1.3   Autorreflexão na prática

A prática da autorreflexão é uma ferramenta valiosa para desenvolver uma consciência emocional mais profunda. Ao se envolver neste processo, você se permite uma oportunidade de crescimento pessoal e uma maior compreensão de si mesma. Vamos explorar algumas estratégias práticas para praticar a autorreflexão:

Reserve um tempo para si mesma: Encontre momentos tranquilos em sua rotina diária para se afastar das distrações e se conectar consigo mesma. Pode ser pela manhã, antes de todos acordarem, durante uma pausa no meio do dia ou à noite, quando as crianças estiverem dormindo. Use esse tempo para refletir sobre suas experiências, emoções e respostas ao longo do dia.

Escreva em um diário: Manter um diário é uma excelente forma de registrar seus pensamentos, sentimentos, comportamentos e as observações sobre eles. Reserve alguns minutos todos os dias para escrever sobre suas experiências maternas, desafios, alegrias e frustrações. Ao escrever, você pode se expressar livremente e explorar suas emoções de forma mais profunda e, ao escrever, é possível nos conectarmos melhor conosco e observamos melhor o que aconteceu, avaliando os nossos padrões de comportamento.

Faça perguntas poderosas: Ao refletir, faça perguntas que te ajudem a explorar sua experiência emocional. Pergunte-se: *"Por que essa situação me afetou tanto?"* ou *"Como minha própria história de vida influencia a maneira como eu reajo aos comportamentos dos meus filhos?"*. Estas perguntas te convidam a buscar respostas mais profundas e a desenvolver uma maior consciência emocional.

Procure diferentes perspectivas: Busque diferentes perspectivas para ampliar sua compreensão. Converse com outras mães, participe de grupos de apoio, leia livros e artigos sobre parentalidade e desenvolvimento emocional. Isso pode ajudá-la a enxergar suas próprias experiências sob uma nova luz e a obter *insights* valiosos.

Seja compassiva consigo mesma: A autorreflexão pode envolver confrontar aspectos desafiadores de si mesma. Lembre-se de ser gentil e compassiva nesse processo. Reconheça que todos nós temos pontos fortes e áreas em que precisamos crescer. Celebre suas conquistas e seja paciente enquanto trabalha para desenvolver uma maior consciência emocional.

À medida que você for praticando a autorreflexão regularmente, você desenvolverá uma conexão mais profunda consigo mesma e uma maior compreensão das suas próprias emoções. Isso permitirá que você responda aos comportamentos dos seus filhos de maneira mais consciente, empática e equilibrada. Lembre-se de que a autorreflexão é um processo contínuo e que cada momento de reflexão é uma oportunidade para crescer e se tornar a melhor versão de si mesma como mãe e pessoa.

8.2   Cultivando a Empatia

8.2.1   Coloque-se no lugar do outro

A empatia desempenha um papel fundamental na criação de relacionamentos saudáveis e significativos. Colocar-se no lugar do outro é uma habilidade emocional que nos permite compreender e sentir as perspectivas e emoções dos outros. Ao praticar a empatia, desenvolvemos uma conexão mais profunda com as pessoas ao nosso redor, promovendo uma comunicação mais efetiva e um ambiente de apoio emocional. Aqui estão algumas reflexões e estratégias para desenvolver essa habilidade:

Cultive a curiosidade: Abra-se para aprender mais sobre a perspectiva e a experiência do outro. Faça perguntas genuínas e mostre interesse em compreender suas emoções, necessidades e desafios. Esteja disposta a ouvir atentamente, sem julgamentos ou interrupções, permitindo que a pessoa se expresse livremente.

Pratique a escuta ativa: Além de ouvir, pratique a escuta ativa, que envolve prestar atenção não apenas às palavras, mas também à linguagem corporal, expressões faciais e tom de voz da outra pessoa. Isso permite captar nuances emocionais e compreender além do que é dito verbalmente.

Procure se colocar no lugar do outro: Faça um exercício de imaginação e tente se colocar na posição da outra pessoa. Imagine como seria estar passando pelas mesmas circunstâncias, tendo as mesmas emoções e enfrentando os mesmos desafios. Isso pode ajudar a criar empatia e compreensão.

Reconheça suas próprias experiências: Pense nas suas próprias experiências pessoais que podem ser semelhantes ou relacionadas à situação do outro. Lembre-se de como você se sentiu e como lidou com essas emoções. Isso pode ajudar a criar uma conexão emocional e fornecer outras perspectivas para oferecer apoio e orientação.

Evite fazer suposições: Evite assumir que sabe exatamente o que o outro está sentindo ou pensando. Cada pessoa é única, e suas experiências e emoções podem ser diferentes das suas. Esteja aberta para ouvir e validar os sentimentos do outro, mesmo que eles sejam diferentes dos seus.

Pratique a empatia ativa: Demonstre sua empatia verbalmente, compartilhando com o outro que você entende e se importa com o que ele está passando. Use frases como *"Eu posso imaginar que isso seja muito difícil para você"* ou *"Sinto muito que você esteja passando por isso"*. Isso mostra que você está presente emocionalmente e disposta a apoiar.

Seja paciente e compassiva: Desenvolver empatia requer prática e esforço contínuo. Lembre-se de que cada pessoa tem suas próprias experiências e ritmos emocionais. Seja paciente consigo mesma e com o processo de desenvolvimento da empatia. Esteja disposta a oferecer apoio e compreensão, mesmo quando a situação for desafiadora.

Ao colocar-se no lugar do outro, você estará construindo pontes emocionais e criando um ambiente de compreensão e apoio mútuo. Essa habilidade fortalece os relacionamentos, promove a resolução de conflitos e contribui para o crescimento emocional, tanto seu, quanto da outra pessoa. Lembre-se de praticar a empatia não apenas com os outros, mas também consigo mesma, criando um espaço seguro para expressar suas próprias emoções e necessidades.

8.2.2   Recorde sua própria infância

Recordar a própria infância é uma estratégia poderosa para cultivar a empatia e conectar-se emocionalmente com os filhos. Ao relembrar de suas próprias experiências e emoções na infância, você pode compreender melhor o mundo emocional dos seus filhos e desenvolver uma maior sensibilidade para suas necessidades e desafios. Aqui estão algumas sugestões para utilizar essa prática:

Explore suas memórias: Dedique um tempo para refletir sobre sua própria infância. Recorde as experiências, as emoções, os desafios e as alegrias que você vivenciou naquela época. Lembre-se das interações com seus pais, irmãos, amigos e professores. Perceba como essas vivências moldaram quem você é hoje.

Identifique pontos de conexão: Ao recordar a sua infância, procure por situações e emoções que se assemelham às que seus filhos estão passando atualmente. Identifique momentos em que você sentiu medo, frustração, alegria, tristeza ou qualquer outra emoção que seus filhos também possam estar experimentando. Isso o ajudará a criar um ponto de referência emocional compartilhado.

Desenvolva a empatia: À medida que você se reconecta com suas próprias experiências infantis, procure compreender as emoções que surgiram naqueles momentos. Tente lembrar como você se sentiu e como gostaria de ter sido apoiado emocionalmente. Essa reflexão pode ajudá-lo a cultivar empatia pelos seus filhos, reconhecendo suas necessidades emocionais e oferecendo suporte adequado.

Aplique o aprendizado na parentalidade: Utilize as lembranças da sua infância para informar e melhorar sua abordagem como pai ou mãe. Considere como você gostaria de ter sido tratado ou apoiado emocionalmente naquelas situações e utilize essas percepções para orientar suas interações com seus filhos. Isso pode ajudá-lo a desenvolver uma comunicação mais empática e compreensiva.

Compartilhe histórias e experiências: Ao recordar sua própria infância, compartilhe suas histórias e experiências com seus filhos de forma apropriada à idade deles. Isso não apenas fortalecerá o vínculo emocional entre vocês, mas também permitirá que seus filhos vejam que você compreende e valoriza suas emoções, já que você também passou por experiências semelhantes.

Lembrar a própria infância não significa projetar suas experiências diretamente nos seus filhos, mas sim utilizar essas memórias como um recurso valioso para criar conexões emocionais e compreender melhor as necessidades emocionais deles. Essa prática fortalece o vínculo familiar, promove a empatia mútua e ajuda a construir uma base de confiança e compreensão.

8.2.3   Como validar as emoções dos seus filhos

Validar as emoções dos filhos é um aspecto essencial da criação de um ambiente emocionalmente saudável. Quando você valida as emoções do seu filho, está demonstrando que reconhece e aceita o que ele está sentindo, sem julgamento ou minimização. Isso ajuda a fortalecer o vínculo emocional, promove a autoestima e desenvolve habilidades de autorregulação emocional.

Mas o que significa "validar" a emoção de outra pessoa?

Validar as emoções do outro significa reconhecer, aceitar e respeitar as emoções que alguém está experimentando, sem julgamento ou tentativa de invalidá-las. É uma forma de demonstrar empatia e compreensão em relação aos sentimentos da outra pessoa.

Quando validamos as emoções do outro, estamos dizendo a essa pessoa que entendemos e aceitamos como ela se sente. Isso envolve ouvir atentamente, prestar atenção aos sinais emocionais e responder de maneira sensível e respeitosa. Validar as emoções do outro pode ser especialmente importante em momentos de dificuldade, estresse ou tristeza.

Ao validar as emoções do outro, estamos enviando uma mensagem de apoio, acolhimento e validação de sua experiência emocional. Estamos reconhecendo que suas emoções são válidas e que eles têm o direito de senti-las. Isso pode ajudar a pessoa a se sentir compreendida, fortalecida e confortada.

A validação das emoções do outro não significa necessariamente concordar com todas as suas perspectivas ou ações. Trata-se de **reconhecer e validar seus sentimentos**, independentemente de concordarmos ou não com eles. Podemos ter opiniões diferentes, mas ainda assim podemos validar a experiência emocional da outra pessoa.

Por exemplo, se um amigo está passando por um momento difícil e expressa tristeza e frustração, podemos validar suas emoções dizendo coisas como: "*Entendo que você esteja se sentindo triste, é compreensível diante dessa situação*" ou "*É normal sentir-se frustrado nessas circunstâncias*". Ao fazer isso, estamos validando suas emoções, mostrando que nos importamos e que estamos presentes para apoiá-lo.

Para ficar ainda mais claro, vou dar um exemplo do oposto, ou seja, do que é **invalidação**:

Um exemplo de invalidação emocional pode ser quando alguém minimiza ou nega as emoções de outra pessoa, fazendo com que ela se sinta desvalorizada ou não levada a sério. Aqui está um exemplo:

Imagine que um amigo está compartilhando sobre um problema no trabalho que o deixou muito frustrado. Ele expressa sua irritação e desapontamento em relação a um colega de trabalho, que não está cumprindo suas responsabilidades. Em vez de validar as emoções do seu amigo, você responde de maneira inválida, dizendo:

"*Ah, não é tão ruim assim. Não se preocupe com isso. Acontece com todo mundo, você está exagerando.*"

Neste exemplo, a invalidação ocorre quando você **minimiza** a frustração do seu amigo, **desvalorizando** seus sentimentos e sugerindo que ele está exagerando. Essa resposta não reconhece, nem aceita as emoções genuínas do seu amigo e **pode fazer com que ele se sinta incompreendido ou desvalorizado.**

A **invalidação** emocional, muitas vezes, é extremamente **sutil** e quem invalida não faz por mal. Uma pessoa pode invalidar outra, inadvertidamente, em uma tentativa de acalmar o outro ou de evitar conflitos, ou talvez devido a uma falta de compreensão, falta de empatia ou

---

falta de desenvoltura, de saber o que fazer nesses momentos. No entanto, é essencial desenvolver a habilidade de reconhecer quando estamos invalidando as emoções de alguém e, em vez disso, buscar validar e apoiar suas experiências emocionais.

A invalidação emocional pode ocorrer de diferentes maneiras, como por exemplo:

<u>Desqualificar a emoção</u>:

"Você não deveria se sentir assim. Não é grande coisa".

Neste exemplo, a pessoa está desqualificando a emoção do outro, **minimizando sua importância** e sugerindo que não há motivo para se sentir daquela maneira.

<u>Comparar ou competir</u>:

"Eu já passei por coisas piores, você não deveria reclamar tanto".

Nesta situação, a pessoa está invalidando as emoções do outro, **comparando sua experiência** ou sugerindo que as emoções não são válidas comparadas a situações diferentes.

<u>Dar conselhos prematuros</u>:

"Você deveria apenas seguir em frente e não se preocupar com isso".

Aqui, a pessoa está **pulando a etapa de validar** as emoções e imediatamente oferece conselhos sem reconhecer a emoção e a experiência do outro.

<u>Ignorar ou distrair</u>:

"Não fique assim, vamos pensar em algo positivo e esquecer isso".

Neste caso, a pessoa está **evitando enfrentar** as emoções do outro, sugerindo que é melhor ignorá-las e focar em algo positivo, o que pode fazer com que a pessoa se sinta não ouvida ou compreendida.

<u>Racionalizar ou minimizar</u>:

"Isso não é motivo para se sentir triste. Pense em todas as coisas boas que você tem".

Aqui, a pessoa está tentando racionalizar as emoções do outro, **minimizando a validade de suas emoçõ**es e sugerindo que elas não são justificadas.

<u>Negar a experiência emocional</u>:

"Você não deveria sentir isso. Não há motivo para se preocupar".

Neste exemplo, a pessoa está negando a experiência emocional do outro, sugerindo que não há motivo legítimo para sentir uma determinada emoção, invalidando assim seus sentimentos.

<u>Julgar ou rotular a emoção</u>:

"Você está exagerando. Isso é ridículo".

Aqui, a pessoa está julgando a emoção do outro como exagerada ou sem sentido, o que pode fazer com que a pessoa se sinta envergonhada ou inadequada por ter expressado seus sentimentos.

<u>Invalidar com sarcasmo</u>:

"Ah, desculpe, acho que estou falando com uma especialista em drama".

Neste caso, a pessoa usa sarcasmo para invalidar a emoção do outro, tornando-a objeto de zombaria ou ridicularização, o que pode causar desconforto e mágoa emocional.

<u>Mudar o foco para si mesmo</u>:

"Eu tive um dia muito pior do que o seu. Você não sabe o que é sofrer de verdade".

Aqui, a pessoa desvia a atenção da emoção do outro, colocando-se como o centro da conversa e minimizando a experiência do outro, o que invalida seus sentimentos e necessidades emocionais.

<u>Oferecer soluções em vez de validação</u>:

"Se você fizer isso, tudo ficará bem. Não precisa se preocupar".

Nessa situação, a pessoa pula a etapa de validar as emoções do outro e imediatamente oferece soluções ou conselhos, não reconhecendo a importância de simplesmente validar os sentimentos antes de propor soluções.

Ao contrário, em vez de invalidar a emoção do outro, seguem alguns exemplos de como deveriam ser as respostas, sempre validando o que o outro está sentindo antes de oferecer ajuda ou propor soluções:

- Em vez de tentar desqualificar a emoção do outro, diga algo como:

"Eu entendo que você esteja se sentindo assim e é importante para mim compreender o que você está passando. Eu estou aqui para te apoiar, não importa o que você esteja passando ou sentindo. Cada pessoa reage de maneira diferente diante das situações e é importante para mim reconhecer sua experiência emocional. Podemos conversar mais sobre isso para eu entender melhor a sua perspectiva? Tem alguma coisa que eu possa fazer para você se sentir melhor?"

- Em vez de competir ou comparar a situação do outro com uma pior que você tenha passado, lembre-se que cada pessoa é uma e tem recursos emocionais diferentes e experiencias pessoais diferentes para lidar com cada situação. Então em vez de comparar, tente ser empática, se colocar no lugar da outra pessoa e diga algo como:

" *Eu entendo que você esteja passando por algo que parece ser muito importante para você. Cada um reage de forma única a situações diferentes, e é válido que você esteja se sentindo assim. Me conta mais o que que aconteceu para eu ver como posso te ajudar neste momento.*"

- Em vez de dar conselhos prematuros e nem deixar com que o outro se sinta no direito de sentir a dor que ele está sentindo, sem se sentir invalidado, diga algo do tipo:

"Eu entendo que você esteja passando por um momento difícil e suas preocupações são válidas. Me conta o que que aconteceu e vamos tentar, juntas, achar algum caminho possível para lidar com essa situação?"

- Em vez de tentar ignorar ou distrair o outro das emoções que ele está sentindo e pelas quais ele tem que passar para esgotar e começar a se acalmar, diga algo do tipo:

"Eu super te entendo! Esse é um momento difícil e você tem todo direito de se sentir assim. Eu estou aqui para te ouvir e te apoiar. Se quiser me falar tudo que você está sentindo, eu vou te escutar sem te julgar. Eu estou aqui para você e juntas, podemos encontrar maneiras de lidar com essa situação."

- Em vez de tentar racionalizar ou minimizar o que o outro está sentindo, o que pode deixá-lo se sentindo mal, como se o que ele sentisse não importasse, lembre-se de que se ele está chateado, é porque ele não está conseguindo lidar com essas emoções sozinho. Então primeiro você acolhe, diz que entende e, só depois, vocês tentam juntas, buscar alguma solução. Então, em vez de minimizar, diga algo do tipo:

"Eu entendo que você está sentindo isso e eu te entendo e te respeito. Você tem suas próprias razões para se sentir assim e o que você está sentindo é super válido. Eu quero que você saiba que estou aqui para te apoiar e ouvir, ok? O que que eu posso fazer para te ajudar a lidar com esses sentimentos?"

Esses modelos de respostas mostram uma abordagem mais empática, onde se busca validar as emoções da outra pessoa, demonstrar apoio e abrir espaço para que ela se sinta ouvida e compreendida. Isso ajuda a criar uma atmosfera de aceitação e fortalecimento emocional nas interações. É importante lembrar que cada situação é única e a resposta pode variar dependendo do contexto e da pessoa envolvida.

Agora que você já entendeu o que é validação e invalidação, aqui estão algumas **estratégias para validar as emoções dos seus filhos**:

Esteja presente e atento: Esteja disponível para ouvir seus filhos quando eles expressarem emoções. Dê-lhes sua atenção total, fazendo contato visual e demonstrando interesse genuíno pelo que eles estão compartilhando. Mostre que você está presente e que se importa com o que eles estão sentindo.

Exemplo: Se o seu filho está chorando porque perdeu um jogo, você pode sentar-se ao lado dele, olhá-lo nos olhos e dizer: *"Eu estou aqui com você. Sei que você está triste e é normal se sentir assim. Você quer conversar sobre o que aconteceu? Se não quiser agora, podemos conversar outra hora e pensar juntos no que você poderia ter feito diferente para evitar perder no jogo."*

Valide as emoções: Reconheça e aceite as emoções dos seus filhos, mesmo que você não concorde com o motivo ou não considere a emoção proporcional. Evite minimizar ou negar o que eles estão sentindo. Mostre que é normal e saudável ter emoções e que eles têm permissão para expressá-las.

Exemplo: Se o seu filho está com raiva porque um amigo pegou um brinquedo dele, você pode dizer:

"Eu entendo que você está com raiva. É frustrante quando alguém pega algo que é importante pra gente. Vamos encontrar uma maneira de lidar com isso juntos, ok?"

Use linguagem empática: Utilize palavras e frases que demonstrem compreensão e empatia em relação às emoções do seu filho. Demonstre que você entende como ele se sente e que está ao lado dele para apoiá-lo.

Exemplo: Se o seu filho está com medo de uma tempestade, você pode dizer:

"Eu entendo que as trovoadas podem parecer assustadoras, mas eu estou aqui para te proteger e a gente pode ficar juntos até a tempestade passar pra você ver que não acontece nada, além do susto. Eu também tinha medo quando eu era criança. Mas eu vou ficar com você aqui e todas as outras vezes que você precisar, ok? Vamos acender o abajour pra você se sentir melhor?"

Respeite o tempo e o ritmo emocional do seu filho: Cada criança processa e expressa emoções de maneira diferente. Respeite o tempo e o ritmo do seu filho, permitindo que ele expresse suas emoções sem pressão ou julgamento. Mostre que você está ali para apoiá-lo, independentemente de quanto tempo leve para ele se sentir melhor.

Exemplo: Se o seu filho está triste por não ter sido convidado para uma festa, você pode dizer:

"Eu entendo que você está se sentindo triste por não ter sido convidado. Leva tempo para superar essa decepção, e eu estou aqui para te apoiar, independentemente de quanto tempo isso levar."

Seja um modelo de validação emocional: Demonstre em suas próprias ações e palavras como você valida e lida com suas próprias emoções. Seja um modelo positivo para seus filhos, mostrando que é normal e saudável expressar e lidar com as emoções de forma construtiva.

Exemplo: Ao compartilhar suas próprias emoções com seu filho, como frustração ou tristeza, você pode dizer:

"Hoje eu tive um dia difícil no trabalho e estou me sentindo um pouco frustrada e cansada. Mas eu sei que é importante expressar minhas emoções e encontrar maneiras saudáveis de lidar com elas. Assim, eu consigo me sentir melhor."

Ao validar as emoções dos seus filhos, você está criando um ambiente seguro e acolhedor, onde eles se sentem compreendidos e aceitos. Isso fortalece o vínculo entre vocês e ajuda seus filhos a desenvolverem uma relação saudável com suas próprias emoções.

8.3   A Arte da Escuta Ativa

8.3.1   A Importância da Escuta Atenta

A escuta atenta desempenha um papel crucial na comunicação eficaz e no estabelecimento de relacionamentos saudáveis com seus filhos. Quando você se dedica a ouvir atentamente o que seus filhos têm a dizer, você cria um espaço seguro onde eles conseguem se sentir valorizados, compreendidos e respeitados. Aqui estão os principais pontos que destacam a importância da escuta atenta:

Validação das emoções: Ao ouvir atentamente seus filhos, você valida suas emoções e experiências. Isso mostra a eles que suas vozes são importantes e que você valoriza o que têm a dizer. A escuta atenta permite que você compreenda profundamente suas perspectivas, emoções e necessidades emocionais.

Fortalecimento do vínculo: Quando você se envolve em uma escuta atenta, está demonstrando seu interesse genuíno pelo mundo interno de seus filhos. Isso ajuda a fortalecer o vínculo emocional entre vocês, promovendo uma conexão mais profunda e um senso de segurança e confiança.

Compreensão aprofundada: A escuta atenta permite que você obtenha uma compreensão mais profunda do que seus filhos estão comunicando. Além das palavras, você também está atento às expressões faciais, linguagem corporal e tom de voz. Isso permite captar nuances emocionais e obter uma visão mais completa de suas experiências e necessidades.

Resolução de problemas: Através da escuta atenta, você pode identificar preocupações, desafios ou conflitos que seus filhos estão enfrentando. Compreendendo completamente suas perspectivas, você pode orientá-los na busca de soluções e na resolução de problemas de forma mais eficaz. Sua escuta atenta também os incentiva a encontrar suas próprias soluções e desenvolver habilidades de resolução de problemas.

Fomento da autoestima e autoexpressão: Quando você dedica tempo para ouvir atentamente seus filhos, eles se sentem valorizados e encorajados a expressar seus pensamentos, ideias e sentimentos. Isso ajuda a desenvolver sua autoestima, autoconfiança e habilidades de comunicação. Eles aprendem que suas vozes têm importância e que suas perspectivas são válidas.

Melhoria da comunicação: A escuta atenta é um componente essencial da comunicação eficaz. Quando você está verdadeiramente presente e atento, evita interrupções, julgamentos ou distrações, permitindo que seus filhos se expressem livremente. Isso promove uma comunicação mais clara, aberta e respeitosa, fortalecendo o relacionamento entre vocês.

Praticar a escuta atenta requer paciência, presença e dedicação. Significa desligar-se de distrações, como telefones ou outras tarefas, e concentrar-se inteiramente no seu filho. Estar aberto, receptivo e mostrar interesse genuíno nas palavras e emoções deles é fundamental para uma escuta atenta eficaz. A escuta atenta é uma maneira poderosa de demonstrar amor, apoio e respeito, construindo um relacionamento duradouro e significativo com seus filhos.

8.3.2 Técnicas de Escuta Ativa

A escuta ativa é uma habilidade fundamental para se comunicar efetivamente com seus filhos. Ela envolve não apenas ouvir as palavras que eles dizem, mas também compreender suas emoções, perspectivas e necessidades subjacentes. Aqui estão algumas técnicas de escuta ativa que você pode praticar:

Preste atenção total: Ao se envolver em uma conversa com seus filhos, dedique sua atenção total a eles. Desligue as distrações, como telefones celulares ou televisão, e concentre-se completamente no que eles estão dizendo. Faça contato visual e mostre interesse genuíno em suas palavras.

Demonstre com expressões faciais e linguagem corporal: Utilize expressões faciais e linguagem corporal para mostrar que você está envolvido emocionalmente na conversa. Sorria, acene com a cabeça e incline-se em direção ao seu filho para indicar que você está ouvindo atentamente e valoriza o que ele está dizendo.

Paráfrase e repita: Para demonstrar compreensão e validar as palavras do seu filho, paráfrase o que ele disse usando suas próprias palavras, ou seja, repita o que ele disse com suas palavras para esclarecer se o que você entendeu foi o que ele realmente falou. Muitas vezes ouvimos uma coisa, mas entendemos outra, porque colocamos nossas experiências e intepretações pessoais no que foi dito. Quando você repete o que ele disse e pergunta se foi isso mesmo que ele quis dizer, você demonstra que está prestando atenção e compreendendo suas mensagens. Você pode dizer, por exemplo, *"Então, se eu entendi bem, você está dizendo que se sente excluído quando seus amigos não te convidam para brincar, é isso?"*

Faça perguntas abertas: Use perguntas abertas para encorajar seu filho a se expressar mais e aprofundar a conversa. Perguntas como *"Como você se sentiu quando isso aconteceu?"* ou *"O que você acha que poderia ser uma solução para esse problema?"* ajudam a estimular a reflexão e o diálogo mais profundo. Em vez de fazer perguntas fechadas do tipo *"Como foi seu dia?"*, o que pode abrir margem para que ele não precise pensar, nem se comunicar, respondendo somente um *"Bom"* ou *"mais ou menos"*, faça a pergunta de uma forma que abra espaço para ele realmente responder. Então pergunte assim: *"Qual foi a melhor coisa que te aconteceu hoje?"* ou *"O que de pior te aconteceu hoje?"*. Assim, ele terá que pensar e justificar, abrindo espaço para diálogo.

Use afirmações empáticas: Demonstre empatia com afirmações que validam as emoções do seu filho. Use frases como *"Eu entendo como você se sente"* ou *"Deve ter sido difícil passar por isso"*. Isso mostra que você reconhece e respeita as emoções dele.

Evite interromper: Resista à tentação de interromper seu filho enquanto ele está falando. Dê-lhe espaço para se expressar livremente e, somente quando ele terminar, faça suas contribuições e respostas. Evite também antecipar o que ele vai dizer ou finalizar suas frases. Permita que ele encontre suas próprias palavras.

Demonstre empatia com o silêncio: Às vezes, a escuta ativa envolve ficar em silêncio e permitir que seu filho processe suas emoções ou organize seus pensamentos. Não tenha pressa para preencher as pausas com suas próprias palavras. O silêncio pode ser um espaço poderoso para a reflexão e a expressão genuína.

Evite julgamentos e conselhos imediatos: Durante a escuta ativa, concentre-se em compreender a perspectiva do seu filho, em vez de julgar ou oferecer soluções imediatas. Seu objetivo é validar suas emoções e oferecer apoio emocional, permitindo que ele encontre suas próprias soluções e aprendizados.

A escuta ativa é uma habilidade que se desenvolve com prática e paciência. Quanto mais você praticar, mais fácil será estabelecer um diálogo aberto, fortalecer o vínculo emocional com seus filhos e cultivar um ambiente de apoio e compreensão. A escuta ativa é uma forma poderosa de demonstrar amor e respeito, construindo um relacionamento saudável e significativo.

8.3.3 Aprofundando a Comunicação

Aprofundar a comunicação com seus filhos é essencial para construir relacionamentos sólidos e compreender suas emoções e necessidades de maneira mais profunda. Aqui estão algumas dicas informais para aprofundar a comunicação com seus filhos:

Faça perguntas reflexivas: Em vez de se limitar a perguntas superficiais, como *"Como foi o seu dia?"*, tente fazer perguntas mais reflexivas que incentivem seus filhos a pensar e expressar seus pensamentos e sentimentos de forma mais completa. Por exemplo, você pode perguntar: *"O que você aprendeu hoje que achou interessante? Como isso fez você se sentir?"*.

Explore as emoções por trás das palavras: Às vezes, seus filhos podem expressar suas emoções de forma indireta ou vaga. Ao aprofundar a comunicação, tente ir além das palavras e explorar as emoções que podem estar subjacentes ao que eles estão compartilhando. Por exemplo, se seu filho disser: *"Eu não gosto de ir à escola"*, você pode perguntar: *"O que faz você se sentir assim? O que aconteceu que te deixou desconfortável?"*.

Pratique a escuta empática: Mostre empatia genuína ao ouvir seus filhos, colocando-se verdadeiramente no lugar deles. Demonstre interesse e compreensão, validando suas emoções e experiências. Por exemplo, se seu filho estiver frustrado com uma tarefa de casa, você pode dizer: *"Eu entendo como pode ser difícil. Também tive momentos em que me senti frustrado com tarefas parecidas"*.

Incentive a expressão criativa: Dê espaço para que seus filhos se expressem criativamente, seja através da arte, escrita, música ou qualquer outra forma de expressão que eles prefiram. Isso pode abrir novas oportunidades de comunicação e permitir que eles expressem suas emoções e pensamentos de maneiras diferentes e significativas.

Estabeleça momentos de conexão: Crie momentos especiais em que você possa se conectar individualmente com cada um de seus filhos. Pode ser durante uma caminhada, um momento de brincadeira ou antes de dormir. Utilize esses momentos para compartilhar histórias, experiências e emoções, proporcionando um ambiente seguro e acolhedor para aprofundar a comunicação.

Seja autêntico e aberto: Mostre-se autêntico e aberto em suas próprias emoções e experiências. Compartilhe suas histórias pessoais, desafios e aprendizados, para que seus filhos se sintam à vontade para fazer o mesmo. Isso cria um ambiente de confiança e encoraja uma comunicação mais profunda.

Esteja presente e disponível: Demonstre seu compromisso em estar presente e disponível para seus filhos. Desligue dispositivos eletrônicos, dedique tempo exclusivo para se conectar com eles e mostre que você valoriza sua comunicação. Isso ajuda a fortalecer os laços emocionais e aprofundar a conexão familiar.

A comunicação é uma via de mão dupla. Aprofundar essa comunicação com seus filhos exige paciência, prática e um ambiente de respeito mútuo. Esteja aberto para ouvir, compreender e responder com empatia. Só assim ele aprenderá a fazer o mesmo com você e irá te ouvir quando você falar com ele.

8.4   Regulação Emocional

8.4.1   Autorregulação dos Pais e Corregulação dos Filhos

A parentalidade é uma jornada repleta de alegrias, desafios e uma variedade de emoções intensas. Ser pai ou mãe envolve lidar com uma série de situações complexas e exigentes, que podem despertar diversas emoções, desde amor e alegria, até frustração e estresse. Neste contexto, a autorregulação emocional dos pais desempenha um papel importantíssimo para criar um ambiente familiar saudável, principalmente porque ela exerce um papel fundamental na corregulação emocional de seus filhos.

A **autorregulação emocional** dos pais refere-se à capacidade de reconhecer, compreender e gerenciar suas próprias emoções de maneira adequada e construtiva. É a habilidade de regular suas respostas emocionais diante de situações estressantes ou desafiadoras, sem se deixar ser dominado pelas emoções intensas. Quando os pais são capazes de autorregular-se, eles se tornam um grande exemplo para os filhos, demonstrando como lidar com as emoções e o estresse de forma construtiva, sem agir impulsivamente.

Uma vez que os filhos se espelham nos pais, sua capacidade de autorregulação emocional pode influenciar diretamente a forma como as crianças aprendem a regular suas próprias emoções, criando um ambiente seguro e acolhedor, onde as crianças se sentem confortáveis em expressar suas próprias emoções e aprendem a regular seus sentimentos.

Por outro lado, a **corregulação emocional** dos filhos está intrinsecamente ligada à autorregulação dos pais. As crianças dependem dos cuidadores para ajudá-las a regular suas emoções e sentimentos.

Durante os estágios iniciais da vida, os pais desempenham um papel central na regulação emocional dos filhos, fornecendo-lhes suporte, conforto e estratégias para lidar com as emoções.

Quando os pais demonstram habilidades sólidas de autorregulação emocional, eles são capazes de responder de maneira adequada às necessidades emocionais de seus filhos, oferecendo apoio e orientação quando necessário. Ao reconhecer e validar as emoções das crianças, os pais ajudam-nas a desenvolver um senso de segurança e confiança em sua própria capacidade de regular as emoções.

É importante ressaltar que a corregulação emocional entre pais e filhos é um processo bidirecional. Enquanto os pais fornecem apoio e orientação, as crianças também têm a capacidade de influenciar as emoções dos pais, estimulando-os a praticar a autorregulação. Este processo de corregulação emocional fortalece os laços familiares, promove a conexão emocional e cria um ambiente seguro para o desenvolvimento saudável das crianças.

8.4.2   A Capacidade de se Autorregular da Criança

De acordo com a neurociência, a **capacidade de autorregulação emocional** está relacionada ao desenvolvimento do **córtex pré-frontal**, uma região do cérebro responsável por funções executivas, tomada de decisões e regulação emocional. No início da vida, o córtex pré-frontal das crianças ainda está em desenvolvimento, o que significa que elas têm um acesso limitado às habilidades de autorregulação emocional.

Durante os primeiros anos de vida, as crianças dependem principalmente dos cuidadores, especialmente dos pais, para ajudá-las a regular suas emoções, já que elas não têm essa parte do cérebro madura. Sendo assim, os pais desempenham um papel fundamental na corregulação emocional, fornecendo conforto, segurança e orientação emocional às crianças. À medida que as crianças crescem e seu cérebro se desenvolve, ocorrem mudanças significativas no córtex pré-frontal, o que lhes permite adquirir progressivamente habilidades de autorregulação.

Uma criança completamente negligenciada por seus pais não irá desenvolver um córtex pré-frontal completamente saudável. Ele será um adulto que pode apresentar vários problemas de controle emocional, porque não teve um exemplo ensinando-o a gerenciar suas emoções, tornando-se adultos sem resiliência, sem empatia, agressivos ou até narcisistas, porque não tiveram experiências adequadas para aprender a se autorregular durante a formação dessa parte do cérebro. É importante mencionar que nem só os pais são os responsáveis pelo bom desenvolvimento dessa área. Se a criança tiver outros bons exemplos que exerçam influência na sua percepção de vida, ela pode também aprender com essas outras pessoas como, por exemplo, algum parente, os avós, tios, ou alguém que lhe sirva como figura paterna e com quem ela passe bastante tempo, como um treinador, um professor, pais de amigos, entre outros.

À medida que o córtex pré-frontal amadurece, as crianças começam a desenvolver habilidades como a capacidade de inibir respostas impulsivas, controlar emoções negativas, regular o estado de ativação e adotar estratégias adaptativas para lidar com situações desafiadoras. Essas habilidades de autorregulação são fundamentais para o desenvolvimento socioemocional saudável e são a base para a capacidade de lidar com as emoções de forma adequada.

O desenvolvimento da autorregulação emocional é um processo gradual e contínuo. A maturação do córtex pré-frontal ocorre ao longo da infância e da adolescência, até os 25 anos de idade, e as habilidades de autorregulação continuam a se aprimorar à medida que a criança vivencia diferentes experiências, aprende com os pais e outros modelos e desenvolve estratégias próprias para lidar com as emoções.

Os pais desempenham um papel fundamental nesse processo, fornecendo um ambiente seguro, onde as crianças possam praticar e aprimorar suas habilidades de autorregulação. Ao oferecer orientação, ensinar estratégias de regulação emocional e modelar comportamentos saudáveis, os pais ajudam seus filhos a desenvolver a capacidade de autorregulação ao longo do tempo.

Em resumo, os filhos estão em processo de desenvolvimento da autorregulação emocional desde que nascem até os 25 anos de idade, devido ao estágio de maturação do córtex pré-frontal. À medida que essa região do cérebro amadurece, as crianças adquirem gradualmente habilidades de autorregulação, com o suporte e a modelagem adequados dos pais. É importante que os pais sejam conscientes desse processo e forneçam um ambiente favorável para promover o desenvolvimento saudável das habilidades de autorregulação emocional de seus filhos.

8.4.3 Reconhecendo as Próprias Emoções

Reconhecer e compreender suas próprias emoções é um passo fundamental para desenvolver inteligência emocional e promover um bem-estar emocional saudável. Aqui estão algumas práticas que podem ajudá-lo a reconhecer suas emoções de forma mais consciente:

Mindfulness: Pratique o *mindfulness* ou a atenção plena para estar presente no momento presente e observar suas emoções sem julgamento. Reserve alguns minutos por dia para se conectar com suas emoções, prestando atenção às sensações físicas, pensamentos e sentimentos que surgem em seu corpo e mente (veja o exercício gravado de *mindfulness* no item 7.8).

Autoobservação: Dedique um tempo regularmente para se observar e refletir sobre suas emoções. Faça perguntas a si mesmo, como "Como estou me sentindo agora?" ou "O que está contribuindo para minha emoção atual?". Essa autoobservação ajuda a aumentar sua consciência emocional.

Mantenha um diário emocional: Mantenha um diário onde você possa registrar suas emoções diárias. Anote como você se sente ao longo do dia e as situações que podem estar relacionadas a essas emoções. Isso permite identificar padrões e compreender melhor as circunstâncias que influenciam suas emoções.

Converse com alguém de confiança: Busque um amigo, parceiro ou profissional de confiança com quem você possa compartilhar suas emoções. Ao expressar e discutir suas emoções com outra pessoa, você pode ganhar novas perspectivas sobre o que está sentindo.

Faça uma pausa para autorreflexão: Reserve um tempo tranquilo para se desconectar das distrações e autorrefletir sobre suas emoções. Pode ser através de meditação, caminhada na natureza ou qualquer atividade que permita que você se conecte consigo mesmo. Use esse momento para sintonizar suas emoções e entender o que está acontecendo dentro de você.

Identifique sensações físicas: Observe as sensações físicas que acompanham suas emoções. Por exemplo, quando você se sente ansioso, pode notar um nó no estômago, batimentos cardíacos acelerados ou tensão muscular. Essas sensações físicas podem ser indicadores valiosos das suas emoções.

Aprenda o vocabulário emocional: Familiarize-se com o vocabulário emocional para identificar e rotular suas emoções com mais precisão. Quanto mais você puder nomear suas emoções, mais fácil será reconhecê-las. Explore palavras como felicidade, tristeza, raiva, medo, frustração, gratidão, entre outras.

Fique atento aos gatilhos emocionais: Observe quais situações, pessoas ou eventos desencadeiam reações emocionais em você. Isso pode ajudá-lo a identificar padrões e a compreender melhor os gatilhos que afetam suas emoções.

Pratique regularmente essas técnicas para melhorar a consciência emocional e a reconhecer suas emoções de forma mais precisa. Lembre-se de que a jornada de reconhecimento emocional é pessoal e única para cada indivíduo. Seja gentil consigo mesmo e aceite suas emoções como parte essencial de quem você é.

8.4.4 Estratégias de Regulação Emocional

A regulação emocional é fundamental para lidar de maneira saudável com as emoções, gerenciando-as de forma construtiva e equilibrada. Aqui estão algumas estratégias práticas que você pode aplicar no dia a dia para regular suas emoções:

Prática da respiração consciente: A respiração consciente é uma técnica simples, porém eficaz, para acalmar as emoções e trazer um senso de equilíbrio. Tire alguns momentos ao longo do dia para focar na sua respiração. Respire profundamente pelo nariz, segure por alguns segundos e expire lentamente pela boca. Essa prática ajuda a acalmar o sistema nervoso e reduzir a intensidade das emoções. **Exemplo:** Quando você sentir raiva ou frustração, faça uma pausa, encontre um local tranquilo e respire profundamente. Concentre-se na sensação da respiração entrando e saindo do seu corpo. Essa pausa permite que você se acalme antes de responder à situação.

Prática de atividades relaxantes: Encontre atividades que o ajudem a relaxar e aliviar o estresse. Isso pode incluir a prática de ioga, meditação, tomar um banho quente, ouvir música relaxante, fazer uma caminhada na natureza ou ler um livro. Estas atividades ajudam a acalmar a mente e reduzir a intensidade das emoções negativas. **Exemplo**: Se você estiver se sentindo ansioso ou sobrecarregado, reserve um tempo para praticar ioga em casa ou faça uma breve caminhada em um parque próximo. Essas atividades relaxantes podem ajudar a equilibrar suas emoções e promover uma sensação de calma.

Exercício físico regular: O exercício físico é uma ótima maneira de liberar tensão e regular as emoções. Encontre uma atividade física que você goste, como correr, nadar, dançar, praticar artes marciais ou fazer aulas de ginástica. O exercício libera endorfinas, hormônios responsáveis pela sensação de bem-estar, ajudando a melhorar o humor e reduzir o estresse. **Exemplo**: Quando você estiver se sentindo irritado ou ansioso, reserve um tempo para praticar uma atividade física que você goste. Pode ser uma corrida ao ar livre, uma aula de dança ou qualquer exercício que o ajude a liberar a energia acumulada e regular suas emoções.

Cultivo de pensamentos positivos: A forma como você pensa pode influenciar suas emoções. Pratique o cultivo de pensamentos positivos e otimistas, mesmo diante de desafios. Reconheça seus pontos fortes, conquistas e coisas pelas quais você é grato. Isso ajuda a melhorar seu estado emocional e promove uma perspectiva mais equilibrada. **Exemplo**: Se você estiver se sentindo desanimado ou desmotivado, faça uma lista de coisas pelas quais você é grato em sua vida. Reflita sobre suas conquistas e pense em maneiras de abordar os desafios com uma mentalidade positiva e construtiva.

Estabelecimento de limites saudáveis: Estabelecer limites saudáveis em relação às suas responsabilidades e demandas diárias é fundamental para evitar o estresse excessivo. Saiba dizer "não" quando necessário, delegue tarefas, defina prioridades e reserve tempo para cuidar de si mesmo. Isso ajuda a evitar o esgotamento emocional e a manter um equilíbrio saudável entre suas necessidades e responsabilidades. **Exemplo**: Se você estiver sobrecarregado com várias demandas, aprenda a dizer "não" de forma respeitosa quando alguém lhe pedir algo que esteja além de suas possibilidades. Defina prioridades e delegue tarefas sempre que possível. Ao estabelecer limites saudáveis, você se protege de sobrecarga emocional.

Lembrando que como cada pessoa é única, é importante encontrar as estratégias de regulação emocional que funcionam melhor para você. Explore diferentes técnicas e pratique regularmente aquelas que trazem maior bem-estar e equilíbrio emocional.

8.4.5 Modelando a Regulação Emocional

Modelar a regulação emocional é uma forma poderosa de ensinar seus filhos a gerenciar suas próprias emoções de maneira saudável. Ao demonstrar suas próprias estratégias de regulação emocional, você oferece um exemplo positivo e inspirador para que eles aprendam a lidar com suas próprias emoções. Aqui estão algumas maneiras de modelar a regulação emocional para seus filhos:

Expressão adequada de emoções: Demonstre como expressar suas emoções de maneira adequada e construtiva. Mostre que é normal sentir emoções e que todos nós passamos por momentos de tristeza, raiva, alegria, medo, entre outros. Ao compartilhar suas próprias emoções de forma respeitosa e assertiva, você ensina seus filhos a expressar suas próprias emoções sem reprimir ou explodir. **Exemplo:** Em vez de reprimir sua raiva, você pode dizer: *"Estou sentindo raiva agora, mas vou dar um tempo para me acalmar antes de conversar sobre isso"*. Dessa forma, você demonstra que é possível reconhecer e lidar com a raiva de forma controlada.

Comunicação aberta e respeitosa: Promova uma comunicação aberta e respeitosa em sua família, onde todos têm espaço para expressar suas emoções e opiniões. Demonstre como ouvir atentamente os outros, validar suas emoções e responder de maneira respeitosa e construtiva. Isso ensina seus filhos a se comunicarem de forma saudável, mantendo a calma e o respeito mútuo. Por **exemplo**, durante uma discussão em família, você pode demonstrar uma comunicação respeitosa, como dizer: *"Eu entendo que você está frustrado, mas vamos conversar sobre isso sem elevar o tom de voz. Vamos encontrar uma solução juntos"*.

Autocontrole e autorregulação: Mostre a importância do autocontrole e da autorregulação emocional. Demonstre como você lida com situações estressantes ou desafiadoras, sem se deixar levar pelas emoções intensas. Seus filhos observarão e aprenderão com suas estratégias de autorregulação. Por **exemplo**, se você estiver enfrentando um momento estressante, respire profundamente e explique para seus filhos: *"Estou me sentindo sobrecarregado agora, mas vou tirar um momento para me acalmar antes de continuar. Respire fundo comigo."*

Solução de problemas de forma calma: Ao enfrentar um problema ou desafio, mostre como lidar com ele de forma calma e resoluta. Demonstre a importância de encontrar soluções construtivas, em vez de reagir impulsivamente. Envolva seus filhos no processo de solução de problemas, incentivando-os a pensar de forma criativa e positiva. Por **exemplo**, se você estiver enfrentando um desafio, como um contratempo no trabalho, compartilhe com seus filhos como você está pensando em possíveis soluções e peça ideias. Isso ensina a importância de buscar soluções, em vez de se sentir derrotado diante dos problemas.

Prática de autorreflexão e autocuidado: Enfatize a importância da autorreflexão e do autocuidado para manter um equilíbrio emocional saudável. Mostre como você se dedica a cuidar de si mesmo, identificando suas próprias necessidades emocionais e tomando medidas para atendê-las. Por **exemplo**, reserve um tempo para si mesma todos os dias, envolvendo seus filhos nesse processo. Explique que você está praticando atividades que a ajudam a relaxar e cuidar de sua saúde emocional, como ler um livro, meditar ou fazer uma caminhada. Isso ensina a importância do autocuidado e do equilíbrio emocional.

Lembre-se de que seus filhos estão constantemente observando e aprendendo com suas ações. Ao modelar a regulação emocional de maneira consistente e positiva, você está capacitando-os a desenvolver habilidades saudáveis de gerenciamento emocional. Esteja aberto ao diálogo e incentive-os a expressar suas emoções de maneira construtiva, proporcionando um ambiente onde ele se sinta seguro para se abrir e que seja acolhedor para o seu crescimento emocional.

8.5   Autocuidado e Equilíbrio

8.5.1   O Papel do Autocuidado

O autocuidado desempenha um papel fundamental na capacidade de ser uma mãe paciente, compreensiva e presente para seus filhos. Priorizar seu próprio bem-estar físico, mental e emocional é essencial para nutrir-se e ter a energia necessária para lidar com as demandas diárias da maternidade. Aqui estão algumas reflexões e práticas relacionadas ao autocuidado que podem ajudá-la a cultivar paciência e compreensão:

Reconhecendo a importância do autocuidado: Compreenda que cuidar de si mesma não é egoísmo, mas sim uma necessidade legítima. Ao priorizar seu bem-estar, você estará melhor equipada para cuidar dos outros, incluindo seus filhos. Reconheça que você merece dedicar tempo e energia a si mesma, sem culpa.

Identificando suas necessidades: Tire um momento para refletir sobre suas próprias necessidades físicas, emocionais e mentais. O que faz você se sentir revigorada? Quais atividades ou práticas promovem seu bem-estar? Identificar suas necessidades pessoais é o primeiro passo para integrar o autocuidado em sua rotina.

Estabelecendo limites saudáveis: Defina limites claros para si mesma em relação às suas responsabilidades e demandas. Aprenda a dizer "não" quando necessário e a delegar tarefas. Isso permitirá que você reserve tempo para cuidar de si mesma sem se sentir sobrecarregada.

Praticando autorreflexão: Reserve um tempo regularmente para se conectar consigo mesma e refletir sobre como você está se sentindo. Verifique como você está emocionalmente e quais áreas de sua vida podem precisar de mais atenção. Isso ajudará você a identificar quando é hora de se cuidar e recarregar suas energias.

Encontrando atividades de autocuidado: Descubra quais atividades de autocuidado funcionam melhor para você. Pode ser praticar exercícios físicos, meditar, tomar um banho relaxante, ler um livro, passar tempo com amigos ou simplesmente desfrutar de um momento de tranquilidade. Experimente diferentes atividades e encontre as que lhe proporcionam alegria, relaxamento e rejuvenescimento.

Criando uma rotina de autocuidado: Integre o autocuidado em sua rotina diária ou semanal. Estabeleça momentos específicos para se dedicar a si mesma, seja acordando um pouco mais cedo pela manhã, reservando um tempo após colocar as crianças para dormir ou agendando um horário fixo durante a semana. Ter um tempo designado para o autocuidado torna mais provável que você o pratique regularmente.

Buscando apoio: Não tenha medo de pedir ajuda quando necessário. Conte com o suporte de familiares, amigos ou profissionais, caso precise de auxílio com os cuidados dos filhos ou deseje conversar sobre suas preocupações e desafios. O apoio de outras pessoas pode ser valioso para aliviar o fardo e permitir que você dedique tempo ao autocuidado.

Ajustando as expectativas: Reconheça que nem todos os dias serão perfeitos e que você pode precisar se adaptar às circunstâncias. Seja gentil consigo mesma e ajuste suas expectativas de acordo com as demandas do momento. Lembre-se de que você está fazendo o seu melhor e que o autocuidado é uma jornada contínua.

Ao priorizar seu próprio autocuidado, você estará investindo em sua saúde e bem-estar, o que terá um impacto positivo em sua capacidade de ser paciente e compreensiva com seus filhos. Lembre-se de que, como você é um modelo para eles, você estará lhes ensinando a importância de cuidar de si mesmos.

8.5.2   Encontrando Tempo para Si Mesmo

Encontrar tempo para si mesma é essencial para recarregar energias, reduzir o estresse e manter um equilíbrio saudável entre suas responsabilidades como mãe e suas próprias necessidades pessoais. Aqui estão algumas dicas para ajudá-la a reservar momentos de descanso e atividades prazerosas:

Planeje e estabeleça prioridades: Reserve um tempo para planejar sua semana e identificar os momentos em que você pode se dedicar a si mesma. Defina prioridades e identifique atividades que lhe tragam alegria e relaxamento. Ao estabelecer um plano, você se sentirá mais organizada e poderá encontrar tempo para si mesma com mais facilidade.

Peça ajuda e compartilhe responsabilidades: Não hesite em pedir ajuda e compartilhar as responsabilidades com seu parceiro, familiares ou amigos próximos. Delegar tarefas e compartilhar o cuidado com os filhos permitirá que você tenha tempo para si mesma sem se sentir sobrecarregada.

Crie uma rotina flexível: Estabeleça uma rotina flexível que inclua momentos dedicados a si mesma. Pode ser uma manhã tranquila nos fins de semana, um tempo reservado para um hobby, uma caminhada diária ou qualquer outra atividade que lhe traga prazer. Tenha em mente que a rotina pode variar conforme as necessidades e os compromissos familiares, mas certifique-se de reservar tempo regularmente para si mesma.

Utilize pequenos intervalos: Aproveite pequenos intervalos ao longo do dia para cuidar de si mesma. Pode ser durante uma soneca das crianças, enquanto elas estão entretidas com uma atividade ou mesmo após colocá-las para dormir. Use esses momentos para fazer algo que lhe dê prazer, como ler um livro, tomar um banho relaxante ou simplesmente descansar e recarregar suas energias.

Encontre atividades que se encaixem na sua rotina: Identifique atividades que possam ser facilmente incorporadas à sua rotina diária. Isso pode incluir exercícios físicos em casa, ouvir um podcast ou audiolivro enquanto cuida das tarefas domésticas, praticar meditação ou *mindfulness* por alguns minutos antes de dormir, ou desfrutar de um momento de silêncio enquanto toma uma xícara de chá.

Defina limites de tempo: Estabeleça limites de tempo para as atividades cotidianas e evite ceder à tentação de preencher todo o seu dia com obrigações. Respeite seus próprios limites e lembre-se de que é importante dedicar tempo a si mesma. Ao definir limites de tempo, você garantirá que haja espaço para suas atividades pessoais.

Crie um espaço pessoal: Reserve um espaço em sua casa que seja apenas seu, onde você possa relaxar e desfrutar de momentos de tranquilidade. Pode ser um cantinho de leitura, um espaço para meditação ou mesmo uma poltrona confortável onde você possa descansar e se desconectar. Esse espaço pessoal servirá como um lembrete visual de que você merece momentos de cuidado e descanso.

Lembre-se de que reservar tempo para si mesma não é um luxo, mas uma necessidade. Ao se permitir momentos de descanso e atividades prazerosas, você estará cuidando de sua saúde física e mental, fortalecendo-se como mãe e desfrutando de uma vida mais equilibrada. Ao encontrar tempo para si mesma, você será capaz de se renovar e estar mais presente e resiliente para lidar com os desafios do dia a dia.

8.5.3   Estabelecendo Limites Saudáveis

Estabelecer limites saudáveis é essencial para equilibrar suas necessidades pessoais com as demandas da vida familiar. Ao definir limites claros, você cria um ambiente saudável para si mesma e para sua família, promovendo o autocuidado e o bem-estar de todos. Aqui estão algumas dicas para ajudá-la a estabelecer limites saudáveis:

Identifique suas prioridades: Reflita sobre suas prioridades pessoais e familiares. Identifique o que é mais importante para você e para sua família. Com base nessas prioridades, estabeleça limites que protejam seu tempo e energia para se dedicar ao que é realmente significativo.

Comunique suas necessidades: Comunique claramente suas necessidades aos membros da família. Explique porque é importante para você estabelecer limites e como isso beneficia a todos. Encoraje o diálogo aberto e honesto para que todos se sintam ouvidos e compreendam a importância de respeitar os limites uns dos outros.

Defina horários e espaços dedicados a si mesma: Reserve horários específicos para se dedicar a atividades que são importantes para seu bem-estar pessoal. Pode ser uma hora para praticar exercícios físicos, um momento para ler um livro ou simplesmente ter um tempo tranquilo para relaxar. Além disso, crie espaços em sua casa que sejam designados para você, onde possa se refugiar quando precisar de um momento de paz e privacidade.

Aprenda a dizer "não": Reconheça seus próprios limites e aprenda a dizer "não" quando necessário. Não se sobrecarregue com obrigações e tarefas que vão além de suas capacidades ou que comprometam seu bem-estar. Saiba que dizer "não" é uma forma saudável de cuidar de si mesma e estabelecer limites adequados.

Delegue responsabilidades: Compartilhe as responsabilidades familiares com seu parceiro, filhos mais velhos ou outros membros da família. Delegar tarefas permite que todos se sintam responsáveis e envolvidos, aliviando sua carga e proporcionando espaço para você cuidar de si mesma.

Estabeleça tempo de qualidade em família: Embora seja importante estabelecer limites pessoais, também é essencial reservar tempo de qualidade em família. Defina momentos específicos para se conectar e desfrutar de atividades conjuntas. Isso fortalecerá os laços familiares e ajudará a criar um senso de equilíbrio entre o tempo pessoal e o tempo compartilhado.

Pratique o autocuidado regularmente: Reserve tempo para cuidar de si mesma e atender às suas próprias necessidades emocionais, físicas e mentais. Priorize o autocuidado, seja por meio de atividades relaxantes, exercícios físicos, hobbies ou qualquer outra coisa que lhe traga alegria e satisfação. Lembre-se de que, ao cuidar de si mesma, você está melhorando sua capacidade de cuidar de sua família de forma saudável e equilibrada.

Estabelecer limites saudáveis requer prática e consistência. À medida que você se torna mais assertiva e confiante em seus limites, verá os benefícios para si mesma e para sua família. Lembre-se de que estabelecer limites não é egoísmo, mas sim um ato de amor próprio e uma maneira de criar um ambiente familiar saudável e equilibrado.

9.   Lidando com Emoções

9.1   O papel das emoções no desenvolvimento infantil

As emoções são parte natural da vida de todos nós, incluindo as crianças. Elas têm uma influência significativa no desenvolvimento emocional e social dos nossos filhos. Entender isso nos ajuda a ajudá-los a lidar com as diferentes emoções que experimentam, como raiva, tristeza, medo e frustração.

Vamos começar com a raiva. A raiva é uma emoção comum e pode surgir por diferentes motivos, como quando a criança se sente injustiçada, quando algo não sai como ela queria ou quando se sente frustrada. É importante ensinar às crianças que a raiva em si não é ruim, mas é como elas lidam com essa emoção que faz a diferença.

Uma estratégia eficaz para ajudar as crianças a lidar com a raiva de forma construtiva é ensiná-las a identificar e expressar suas emoções de maneira adequada. Podemos começar conversando com elas sobre o que estão sentindo e validando essas emoções. Por exemplo, se seu filho estiver com raiva porque um colega pegou um brinquedo dele, você pode dizer algo como: *"Entendo que você está com raiva porque queria brincar com esse brinquedo. Vamos tentar encontrar uma solução juntos?"*

Quando as crianças são ensinadas a identificar e expressar suas emoções de forma adequada, isso ajuda a desenvolver a regulação emocional. A regulação emocional envolve a capacidade de controlar e lidar com as emoções de maneira saudável. Estudos mostram que a regulação emocional está relacionada com o desenvolvimento de áreas do cérebro responsáveis pelo controle emocional, como o córtex pré-frontal.

Além da raiva, também é importante apoiar nossos filhos em outras emoções, como tristeza, medo e frustração. Cada uma dessas emoções pode surgir em diferentes situações. Por exemplo, a tristeza pode ocorrer quando a criança perde algo ou sente saudades de alguém; o medo pode surgir diante de algo desconhecido ou ameaçador; e a frustração pode acontecer quando a criança enfrenta dificuldades para alcançar um objetivo.

Nos momentos em que seu filho estiver triste, você pode mostrar empatia e oferecer apoio emocional. Por exemplo, se ele estiver triste porque um amiguinho foi embora, você pode abraçá-lo e dizer: *"Eu entendo que você está se sentindo triste. Vamos lembrar dos momentos felizes que passaram juntos e podemos fazer uma ligação para ele mais tarde."*

A neurociência também nos mostra que o cérebro das crianças está em constante desenvolvimento, especialmente durante os primeiros anos de vida. A maneira como lidamos com as emoções de nossos filhos pode impactar diretamente a formação de conexões neurais e o desenvolvimento de habilidades socioemocionais.

Portanto, ao compreender as emoções e seu papel no desenvolvimento infantil, podemos auxiliar nossos filhos a desenvolverem a inteligência emocional, ou seja, a capacidade de reconhecer, compreender e lidar com as emoções de forma saudável. Isso os ajudará a estabelecer relacionamentos positivos, a regular suas emoções e a enfrentar os desafios da vida de maneira mais eficaz.

Lembre-se de que cada criança é única e pode ter diferentes formas de lidar com as emoções. O importante é fornecer um ambiente seguro e acolhedor, onde elas se sintam à vontade para expressar suas emoções e aprender a lidar com elas de maneira construtiva.

9.2 Estratégias para ajudar as crianças a lidar com a raiva de forma construtiva

A raiva é uma emoção comum e pode ser desafiadora tanto para a criança, quanto para os pais. Quando nossos filhos estão com raiva, é importante oferecer-lhes ferramentas e estratégias para que possam expressar essa emoção de maneira saudável. Aqui estão algumas sugestões práticas que você pode experimentar:

Ensine a identificar as emoções: Ajude seu filho a reconhecer quando está com raiva. Você pode falar sobre os sinais físicos, como coração acelerado, mãos fechadas, o aperto no peito, a sensação de calor ou o rosto vermelho. Dessa forma, ele aprenderá a identificar os primeiros sinais de raiva e poderá tomar medidas para lidar com ela antes que se intensifique. Além disso, incentivar a expressão verbal das emoções também é importante. Pergunte como ele está se sentindo e valide as emoções dele, dizendo algo como: *"Entendo que você está com raiva, é normal sentir-se assim às vezes."*

Incentive a expressão verbal: Ensine seu filho a expressar suas emoções por meio de palavras, em vez de agir impulsivamente. Incentive-o a falar sobre o que o deixou com raiva e ouça atentamente suas preocupações. Por exemplo, se ele estiver bravo porque alguém pegou um brinquedo dele, você pode dizer: "*Fale sobre o que aconteceu e como você está se sentindo*", ou você pode incentivá-lo a dizer: "*Por favor, devolva meu brinquedo, estou bravo porque eu estava brincando com ele.*"

Encontre alternativas de expressão: Nem sempre é fácil para as crianças expressarem suas emoções apenas com palavras e ajude-o a encontrar soluções construtivas para lidar com a situação. Pergunte a ele o que poderia ser feito para resolver o problema ou diminuir a raiva. Ofereça alternativas saudáveis, como **desenhar, escrever em um diário** ou usar um **objeto macio para desabafar a raiva**. Essas atividades podem ajudá-las a externalizar a emoção de maneira segura.

Ensine técnicas de respiração: A respiração profunda é uma técnica eficaz para acalmar a raiva. Mostre ao seu filho como respirar profundamente pelo nariz e soltar o ar pela boca. Pratiquem juntos durante momentos calmos, para que ele possa usar essa técnica quando estiver com raiva.

Ensine outras técnicas de relaxamento: Ensine ao seu filho técnicas de relaxamento para ajudá-lo a acalmar a raiva. Além dos exercícios de respiração profunda, ele pode contar até dez ou fazer uma pausa para se acalmar. Explique que essas técnicas podem ajudar a controlar a raiva e a encontrar uma solução mais adequada para o problema.

Estabeleça limites e consequências: É importante estabelecer limites claros para o comportamento agressivo. Explique que a raiva não justifica a violência ou a agressão física. Defina consequências adequadas caso esses limites sejam ultrapassados, como um tempo de pausa ou a perda temporária de um privilégio. Isso ajudará a criança a entender que há consequências para suas ações e a desenvolver autorregulação emocional.

Seja um modelo de comportamento: As crianças aprendem observando seus pais. Ao lidar com sua própria raiva, demonstre maneiras saudáveis de expressar essa emoção. Seja um exemplo de calma, use palavras adequadas, busque soluções pacíficas para os problemas e evite comportamentos agressivos. Isso ajudará seu filho a entender como lidar com a raiva de maneira positiva.

Quando as crianças aprendem a lidar com a raiva de maneira construtiva, isso contribui para o desenvolvimento do córtex pré-frontal, uma região do cérebro responsável pelo controle emocional e pela tomada de decisões. Ao praticarem essas estratégias, as conexões neurais relacionadas à regulação emocional são fortalecidas, promovendo um melhor gerenciamento da raiva ao longo do tempo.

Pesquisas mostram que a regulação emocional, que envolve a capacidade de controlar e lidar com as emoções, está relacionada com o desenvolvimento do córtex pré-frontal, a área do cérebro responsável pelo controle emocional e pela tomada de decisões, por isso as crianças muito pequenas não sabem como lidar com a raiva e acabam fazendo birra. A birra é só a pontinha do iceberg. É apenas a manifestação do que realmente está ocorrendo, que geralmente é uma raiva ou frustração.

A birra é uma explosão emocional, irracional, que é a forma como a criança sabe lidar com a raiva e frustração. Quando seu filho faz birra, em vez de ter raiva, aproveite essa oportunidade para ensiná-lo sobre como lidar com essas emoções. Mas você vai começar acolhendo-o, se ele deixar. Abrace-o, se ele permitir. Algumas crianças ficam tão irritadas que não aceitam contato físico nessas horas. Aí você se afasta, abaixe na altura dele, olhe nos olhos e valide[2] o que ele está sentindo:

"meu filho, mamãe te ama muito e eu sei que você está muito bravo (triste, irritado, frustrado) por "tal, tal, tal". Eu sei que é muito ruim mesmo quando isso acontece. Já que você não quer que eu te abrace, eu vou ficar aqui do seu lado, pode?"

Se ele não quiser sua presença, você sai de perto, mas antes, diga abaixada,

"mamãe está saindo porque você não quer que eu fique com você, mas eu vou estar ali do lado caso você precise de mim, ok? Se precisar é só me chamar. Quando você se acalmar, a gente conversa, ok?"

E aí, depois que ele se acalmar, ou até em outro dia você diz:

---

[2] Para relembrar como validar seu filho, volte ao item 8.2.3

"sabe aquela hora que você ficou com muita raiva (ou triste, frustrado, chateado) porque aquilo aconteceu? Pois é. Da próxima vez que isso acontecer, ou qualquer outra coisa que te deixe muito chateado, vamos combinar de você fazer algumas coisas antes em vez de fazer birra? Sabe por que? Porque fazer birra não vai adiantar. Nada resolve com birra. As pessoas em volta ficam sem paciência e não vão resolver o seu problema. Tem outras formas de você resolver isso. Você quer me ajudar a achar algumas formas de lidar com a raiva?"

Aí você senta com ele e anota as formas que ele for te sugerindo. E você sugere também tipo contar até 10, fazer respiração consciente, ir para o cantinho da calma, ir correr até acalmar, tomar uma ducha, socar almofadas. E então vocês escrevem, ou desenham (dependendo da idade), as opções que ele tem para fazer quando estiver bravo. Aí você faz uma roda com ele, no papel, estilo pizza, e desenham ou escrevem em cada uma das fatias as opções que ele tem. Aí você pede a ele para colorir, pode colocar um papel *contact* para essa roda durar mais e, em seguida, pendura em algum lugar do quarto dele. Toda vez que ele sentir raiva, você pede para ele ir lá checar o que ele quer escolher fazer naquele momento para aliviar a raiva.

Lidar com a raiva de forma construtiva não significa suprimir a emoção, mas sim aprender a expressá-la de maneira adequada, sem ser agressivo física ou emocionalmente com alguém, sem magoar ou fazer algo com alguém que você vá se arrepender mais tarde. Significa encontrar soluções e aprender com a experiência.

Lembre-se de que cada criança é única, e as estratégias que funcionam para uma podem não funcionar para outra. Experimente diferentes abordagens e observe como seu filho responde. O importante é criar um ambiente seguro e de apoio, onde a expressão emocional seja encorajada e a raiva seja direcionada de maneira construtiva.

⇨ **Algumas estratégias da psicologia positiva para lidar com a raiva de crianças pequenas:**

Abordagem da respiração do balão: Ensine a seu filho uma técnica de respiração chamada "respiração do balão". Peça para ele imaginar que está enchendo um balão com ar pelo nariz e soltando o ar pela boca devagar, como se estivesse esvaziando o balão. Pratiquem juntos essa respiração sempre que ele estiver com raiva, para ajudá-lo a se acalmar.

Uso de ferramentas visuais: Crie uma "caixa da raiva" ou um "pote de calma" junto com seu filho. A caixa da raiva pode ser preenchida com pequenos objetos ou desenhos que representem coisas que o ajudam a se acalmar, como uma bola macia para apertar, uma foto de um momento feliz ou uma imagem relaxante. Quando a criança estiver com raiva, você pode sugerir que ela escolha um objeto ou imagem da caixa para ajudá-la a se acalmar.

Criar um espaço de calma: Estabeleça um cantinho especial em casa, onde seu filho possa se retirar quando estiver sentindo raiva. Coloque almofadas macias, livros ou brinquedos calmantes nesse espaço. Incentive-o a ir até lá quando estiver com raiva, para que ele possa se acalmar sozinho e retornar quando estiver pronto para conversar.

Utilização de técnicas de distração: Em momentos de raiva intensa, distrair a atenção da criança pode ser útil. Você pode sugerir atividades que envolvam movimento, como dançar, pular ou brincar de "estátua". Essas atividades podem ajudar a liberar a energia acumulada e redirecionar o foco da raiva para algo mais positivo.

Uso de histórias e metáforas: Contar histórias ou usar metáforas pode ser uma forma eficaz de ajudar as crianças a compreender e lidar com a raiva. Por exemplo, você pode contar a história de um "dragão da raiva" que vive dentro de cada pessoa e cresce quando a raiva não é controlada. Explique que todos têm esse dragão, mas que podemos aprender a acalmá-lo com estratégias como a respiração e a expressão de sentimentos.

Praticar a gratidão: Ensine seu filho a identificar coisas pelas quais ele é grato, mesmo nos momentos de raiva. Incentive-o a listar três coisas pelas quais ele é grato em um caderno ou em um quadro. Essa prática da gratidão pode ajudar a mudar o foco da raiva para os aspectos positivos da vida.

Reforço positivo: Reconheça e elogie seu filho quando ele lidar com a raiva de forma construtiva. Por exemplo, se ele conseguir se acalmar antes de agir impulsivamente, diga-lhe o quanto você está orgulhoso dele por tomar essa decisão. O reforço positivo ajuda a reforçar comportamentos saudáveis e incentiva a criança a continuar a lidar com a raiva de maneira construtiva.

Estimular a prática de atividades físicas: O exercício físico é uma excelente maneira de liberar energia acumulada e reduzir a intensidade da raiva. Incentive seu filho a se envolver em atividades físicas que ele goste, como correr, pular corda, praticar esportes ou até mesmo dançar. Estas atividades ajudam a canalizar a energia e promovem a liberação de endorfinas, substâncias químicas que ajudam a melhorar o humor e reduzir a tensão emocional.

Além disso, as atividades físicas também estimulam o desenvolvimento do cérebro, promovendo uma melhor regulação emocional e habilidades de autorregulação. Elas proporcionam uma saída positiva para a energia e emoções intensas, ajudando a criança a se acalmar e a encontrar equilíbrio.

Você pode reservar um tempo regularmente para praticar atividades físicas com seu filho, seja ao ar livre, em um parque ou até mesmo dentro de casa. Esta prática regular não apenas ajuda a lidar com a raiva, mas também promove uma vida ativa e saudável, contribuindo para o bem-estar geral da criança.

Lembre-se de que cada criança é única, então é importante observar as preferências individuais do seu filho. Algumas crianças podem se beneficiar mais de atividades físicas intensas, enquanto outras podem preferir atividades mais calmas, como yoga ou tai chi. A chave é encontrar o que funciona melhor para o seu filho e incentivar a prática regular dessas atividades.

Ao utilizar essas diferentes estratégias práticas, você estará proporcionando um conjunto de ferramentas valiosas para que seu filho lide com a raiva de forma construtiva. Lembre-se de ser um modelo positivo e paciente, oferecendo apoio emocional e encorajamento durante esse processo de aprendizado.

⇨ **Para adolescentes:**

As estratégias para ajudar os adolescentes a lidarem com a raiva podem ser adaptadas às suas necessidades e estágio de desenvolvimento. Aqui estão algumas abordagens práticas para auxiliar os adolescentes na gestão da raiva:

Encoraje a comunicação aberta: Estabeleça um ambiente de diálogo aberto em casa, onde seu adolescente se sinta à vontade para expressar suas emoções, incluindo a raiva. Incentive-o a falar sobre o que está sentindo e ouça atentamente, sem julgamento. Às vezes, apenas ter a oportunidade de desabafar e ser ouvido pode ajudar a reduzir a intensidade da raiva.

Ensine habilidades de autorregulação: Auxilie seu adolescente a desenvolver habilidades de autorregulação emocional. Isso pode incluir técnicas de respiração profunda, meditação, prática de *mindfulness* ou outras estratégias de relaxamento que funcionem para ele. O objetivo é ajudá-lo a encontrar maneiras saudáveis de lidar com a raiva, reduzir o estresse e promover o equilíbrio emocional.

Estimule a prática de atividades físicas: Como nos exemplos anteriores, a prática regular de atividades físicas continua sendo uma excelente estratégia para lidar com a raiva na adolescência. Incentive seu filho a se envolver em esportes, exercícios aeróbicos, artes marciais ou qualquer outra atividade física que ele goste. Além de liberar a energia acumulada, o exercício físico também promove a liberação de endorfinas, que contribuem para a sensação de bem-estar e redução do estresse.

Desenvolva habilidades de resolução de problemas: Ajude seu adolescente a adquirir habilidades de resolução de problemas, para que ele possa lidar com as situações que o deixam com raiva de forma mais construtiva. Incentive-o a identificar o gatilho da raiva, a refletir sobre alternativas de reação e a buscar soluções práticas. Orientá-lo na busca por soluções eficazes pode ajudá-lo a se sentir mais capacitado para lidar com a raiva.

Promova o autocuidado: Enfatize a importância do autocuidado para ajudar na gestão da raiva. Incentive seu adolescente a cuidar de si mesmo através de atividades prazerosas, como hobbies, leitura, escuta de música, prática de arte ou qualquer outra atividade que traga relaxamento e satisfação pessoal. Estimule-o a buscar momentos de descanso e lazer, o que pode ajudar a reduzir o estresse e manter a saúde mental equilibrada.

Busque apoio profissional, se necessário: Se a raiva do seu adolescente estiver interferindo significativamente em sua vida diária, relacionamentos ou bem-estar emocional, considere buscar o suporte de um profissional de saúde mental, como um psicólogo ou terapeuta. Eles têm experiência em trabalhar com adolescentes e podem fornecer estratégias adicionais e orientação personalizada para ajudar seu filho a lidar com a raiva de maneira saudável.

Lembre-se de que a adolescência é um período de grandes mudanças e desafios emocionais. Seja um apoio constante, oferecendo compreensão, empatia e suporte emocional durante esse processo. Ajudar seu filho a desenvolver habilidades eficazes de gestão da raiva não apenas beneficiará seu relacionamento com ele, mas também promoverá seu crescimento e desenvolvimento emocional saudável.

9.3 Apoio emocional para superar a tristeza, medo e frustração nas diferentes situações

Quando nossos filhos enfrentam tristeza, medo ou frustração, é essencial fornecer um apoio emocional adequado para ajudá-los a lidar com essas emoções de maneira saudável. Os exemplos são mais ou menos os mesmos de como lidar com a raiva. Qualquer emoção negativa pode ser tratada da mesma forma. Vou compartilhar algumas estratégias práticas que você pode aplicar e, ao final, vou deixar o link para um script gravado de EFT[3] para que você possa fazer com ele ou mostrar o vídeo para que ele faça sozinho:

Validar as emoções: É importante validar as emoções do seu filho, reconhecendo e aceitando o que ele está sentindo. Por exemplo, se ele está triste porque um amigo não quis brincar com ele, você pode dizer: "*Entendo que você está se sentindo triste. É normal se sentir assim quando alguém rejeita nosso convite.*" A validação das emoções ajuda a criança a se sentir compreendida e aceita, o que é crucial para o desenvolvimento emocional saudável.

Estudos mostram que a validação emocional promove a ativação do córtex pré-frontal, uma região do cérebro associada ao processamento emocional. Isso ajuda a criança a regular suas emoções de forma mais eficaz e a desenvolver resiliência emocional ao longo do tempo.

Oferecer um espaço seguro para expressão: Crie um ambiente acolhedor e seguro onde seu filho se sinta confortável para expressar suas emoções. Pode ser útil reservar momentos específicos para conversar sobre sentimentos, como durante uma refeição ou antes de dormir. Encoraje-o a

---

[3] Para saber mais sobre o que é a EFT e como ela funciona, veja o link ao final do cap. 5

compartilhar o que está acontecendo e esteja presente para ouvi-lo sem julgamentos. Às vezes, apenas ter um espaço para se expressar, pode ajudar a criança a aliviar sua tristeza, medo ou frustração.

Desenvolver habilidades de resolução de problemas: Ajude seu filho a desenvolver habilidades de resolução de problemas para lidar com situações que o deixam triste, com medo ou frustrado. Incentive-o a identificar o problema, a pensar em possíveis soluções e a considerar as consequências de cada opção. Ofereça orientação, mas também permita que ele tome suas próprias decisões e aprenda com os resultados. Isso ajuda a criança a se sentir mais capacitada para enfrentar desafios futuros.

Na perspectiva da neurociência, ao enfrentar desafios e buscar soluções, as crianças ativam o córtex pré-frontal e outras regiões cerebrais envolvidas na tomada de decisões e no processamento cognitivo. Com o tempo e a prática, essas conexões neurais se fortalecem, promovendo o desenvolvimento de habilidades de resolução de problemas mais eficazes.

Promover atividades positivas e de relaxamento: Estimule seu filho a se envolver em atividades que promovam emoções positivas e ajudem a aliviar a tristeza, o medo ou a frustração. Isso pode incluir brincadeiras, hobbies, exercícios físicos, ouvir música, praticar arte ou qualquer outra atividade que ele aprecie. Essas atividades estimulam a liberação de neurotransmissores como a serotonina e a dopamina, que estão relacionados ao bem-estar e ao prazer, ajudando a melhorar o humor e a reduzir o estresse.

Modelar a resiliência emocional: Seja um modelo de resiliência emocional para seu filho, mostrando como você lida com suas próprias emoções desafiadoras. Compartilhe suas experiências e como você superou a tristeza, o medo ou a frustração. Isso ajudará seu filho a ver que essas emoções são normais, passageiras e que é possível superá-las. Além disso, você estará transmitindo a mensagem de que é importante cuidar da saúde emocional e buscar apoio quando necessário.

À medida que seu filho aprende a superar a tristeza, o medo e a frustração, ocorrem mudanças no cérebro. A regulação emocional fortalece as conexões neurais no córtex pré-frontal e em outras áreas envolvidas no processamento emocional. Isso facilita a adaptação às mudanças, o desenvolvimento de resiliência e a capacidade de lidar com emoções desafiadoras de forma mais eficaz.

Ao oferecer apoio emocional para ajudar seu filho a superar a tristeza, o medo e a frustração, você estará capacitando-o a desenvolver habilidades emocionais essenciais e promovendo um ambiente saudável para seu crescimento e bem-estar emocional.

10. Abordagens Psicológicas Atuais

10.1 Psicologia Positiva

A psicologia positiva é uma área de estudo dentro da psicologia, que se concentra em aspectos prósperos da experiência humana, incluindo emoções positivas, traços positivos e instituições positivas. Este campo enfatiza a promoção da saúde mental, em vez de focar apenas na doença mental. Aqui, eu irei falar especificamente sobre a aplicação da psicologia positiva no contexto infantil e na educação emocional.

10.1.1 Psicologia Positiva e Bem-Estar Infantil

A psicologia positiva é um campo relativamente novo na psicologia, sendo o psicólogo americano Martin Seligman amplamente reconhecido como seu fundador. Seligman começou a moldar o campo da psicologia positiva no final dos anos 90, com o objetivo de mudar o foco da psicologia de um modelo baseado em doenças, para um modelo baseado em pontos fortes e bem-estar. Seligman argumentou que a psicologia deveria se concentrar não apenas em tratar doenças mentais, mas também em cultivar a felicidade e outras características positivas.

Os primeiros anos de vida de uma criança desempenham um papel fundamental na formação de suas capacidades emocionais, cognitivas e sociais. A psicologia positiva pode ser aplicada para promover o bem-estar infantil, incentivando as crianças a se concentrarem em seus pontos fortes e a cultivarem uma visão positiva de si mesmas e do mundo ao seu redor.

Estudos mostraram que a prática da psicologia positiva pode levar a um aumento na autoestima, na motivação para aprender, na resiliência e na capacidade de lidar com o estresse e a adversidade. Além disso, através do cultivo de emoções positivas, como alegria, gratidão e entusiasmo, a psicologia positiva pode promover um melhor bem-estar emocional e mais satisfação com a vida.

Muito se fala hoje na "positividade tóxica", que é um termo usado para fazer referência a uma abordagem exageradamente positiva da vida, na qual as emoções negativas ou difíceis são consistentemente ignoradas, minimizadas ou invalidadas em favor de uma perspectiva sempre otimista e alegre. A positividade tóxica surge da crença de que o único estado emocional aceitável é o de ser feliz ou positivo o tempo todo.

Embora seja importante cultivar uma perspectiva positiva e buscar a felicidade, a positividade tóxica pode se tornar problemática quando ignora a realidade das emoções humanas e da experiência humana, que inclui uma variedade de emoções, tanto positivas quanto negativas. Todas as emoções, mesmo as desconfortáveis ou dolorosas, têm valor e importância e são partes fundamentais do que significa ser humano.

A positividade tóxica pode ser prejudicial porque desvaloriza e invalida experiências e emoções legítimas, o que pode levar a sentimentos de culpa ou vergonha por experimentar emoções negativas, além do que, pode também impedir o desenvolvimento de habilidades de resiliência e enfrentamento, já que evitar ou negar as emoções negativas não nos permite aprender a lidar com elas de forma saudável.

A psicologia não tenta defender essa ideia de ter que ser positivo o tempo todo. Em vez disso, ela reconhece a importância de todas as emoções e promove uma visão equilibrada que inclui lidar com emoções negativas de maneira saudável e construtiva, ao mesmo tempo que se esforça para cultivar emoções positivas e bem-estar.

Neurocientificamente falando, a psicologia positiva tem se mostrado eficaz na promoção do bem-estar infantil. Estudos de neuroimagem mostram que a ativação de áreas do cérebro associadas à recompensa e à emoção positiva, como o córtex pré-frontal ventromedial, está ligada à felicidade e ao bem-estar. Além disso, a prática de estratégias de psicologia positiva, como a gratidão e a meditação da bondade amorosa, tem sido mostrada para aumentar a atividade nessas áreas do cérebro.

Por outro lado, a neurociência também gerou descobertas sobre como a psicologia positiva pode promover a resiliência. Estudos mostram que a resiliência está associada à maior flexibilidade neural e à capacidade de ativar redes cerebrais associadas ao manejo de estresse e à regulação emocional.

Estratégias de psicologia positiva que promovem a resiliência, como a **prática da atenção plena** e a **reestruturação cognitiva**, podem ajudar a fortalecer estas redes cerebrais e a promover a capacidade da criança de se adaptar a adversidades.

Portanto, quando aplicada adequadamente, a psicologia positiva pode ser uma ferramenta eficaz para promover o bem-estar e a resiliência infantil.

10.1.2 Os princípios da psicologia positiva na educação emocional

A educação emocional é crucial para o desenvolvimento saudável das crianças. Trata-se de ensinar as crianças a entender e gerir as suas emoções de forma eficaz, permitindo-lhes reagir a situações de forma adequada e construtiva. A psicologia positiva, com seus princípios centrados na promoção de emoções, atitudes e comportamentos positivos, tem um papel fundamental a desempenhar neste contexto.

Princípios da Psicologia Positiva

Os princípios da psicologia positiva podem ser divididos em três categorias principais: emoções positivas, engajamento e relações.

Emoções Positivas: Este princípio se concentra em promover sentimentos de felicidade, contentamento, amor, gratidão e otimismo. Ao ensinar as crianças a cultivar e valorizar essas emoções positivas, estamos encorajando-as a construir uma visão de mundo mais positiva e resiliência emocional.

Engajamento: Este princípio envolve encorajar as crianças a se envolverem totalmente em suas atividades, sejam elas acadêmicas, artísticas ou sociais. Quando as crianças estão profundamente engajadas em uma atividade, elas entram em um estado de fluxo, onde se tornam completamente absorvidas pelo que estão fazendo e perdem a noção do tempo. Este estado de fluxo está ligado a altos níveis de satisfação e bem-estar.

Relações: Este princípio enfatiza a importância de construir relacionamentos positivos e significativos. Ensinar as crianças a se relacionarem efetivamente com os outros, a se comunicarem de forma eficaz e a mostrar empatia e compreensão, são aspectos fundamentais deste princípio.

Educação Emocional através da Psicologia Positiva

A educação emocional tem como objetivo equipar as crianças com as habilidades e conhecimentos necessários para compreender e gerir as suas emoções. A psicologia positiva pode ser integrada na educação emocional através do ensino de habilidades como a regulação emocional, a autoconsciência, a empatia e a gratidão.

Por exemplo, a autocompaixão, que envolve tratar a si mesmo com bondade e compreensão durante os tempos difíceis, é uma habilidade que pode ser cultivada através da psicologia positiva. Pesquisas têm mostrado que a autocompaixão está ligada a maiores níveis de bem-estar e resiliência.

Neurociência e Psicologia Positiva

A neurociência proporciona uma valiosa visão de como a psicologia positiva funciona no nível cerebral. As emoções positivas, por exemplo, têm sido associadas a uma maior ativação do córtex pré-frontal esquerdo, uma área do cérebro que está ligada à regulação emocional e à resiliência ao estresse.

Estudos também têm mostrado que a prática regular de gratidão, um dos princípios fundamentais da psicologia positiva, está associada a mudanças no cérebro que aumentam os sentimentos de bem-estar. Estas mudanças incluem um aumento na densidade de matéria cinzenta no córtex pré-frontal e uma maior atividade no hipocampo, uma área do cérebro que está envolvida na aprendizagem e na memória.

Além disso, estudos de neuroimagem revelaram que quando as crianças estão engajadas em atividades que amam e encontram significado, ocorre uma maior ativação em áreas do cérebro associadas à motivação, ao foco e ao prazer, como o córtex pré-frontal e o sistema de recompensa do cérebro.

Portanto, a aplicação dos princípios da psicologia positiva na educação emocional, não só tem o potencial de promover o bem-estar e a resiliência das crianças, mas também é apoiada por uma rica evidência neurocientífica.

10.1.3 Cultivando emoções positivas e resiliência nas crianças

A capacidade de cultivar emoções positivas e resiliência é fundamental para o bem-estar emocional e psicológico das crianças. Ambos os elementos, **emoções positivas** e **resiliência**, não só ajudam as crianças a lidar com adversidades, mas também contribuem para o seu desenvolvimento saudável.

1. Emoções Positivas

Emoções positivas como alegria, interesse, orgulho e amor são essenciais para o bem-estar emocional das crianças. Estas emoções não só fornecem prazer imediato, mas também têm vários benefícios a longo prazo. Por exemplo, elas podem ajudar a aliviar o estresse, melhorar o pensamento criativo e até mesmo aumentar a longevidade.

As emoções positivas também desempenham um papel importante na neuroplasticidade - a capacidade do cérebro de mudar e se adaptar em resposta à experiência. Pesquisas de neurociência têm demonstrado que as emoções positivas estão associadas à ativação do córtex pré-frontal esquerdo, uma área do cérebro envolvida na regulação emocional. Isso sugere que a experiência de emoções positivas pode promover a formação de novas conexões neurais que suportam a regulação emocional.

2. Resiliência

A resiliência é a capacidade de se recuperar de adversidades e se adaptar a situações estressantes ou difíceis. Crianças resilientes são capazes de lidar melhor com o estresse, superar desafios e se recuperar mais rapidamente de situações negativas.

Do ponto de vista da neurociência, a resiliência tem sido associada a várias características cerebrais. Por exemplo, a resiliência está ligada à flexibilidade neural, que é a capacidade do cérebro de se adaptar em resposta ao estresse. Estudos também mostraram que as pessoas resilientes tendem a ter maior ativação em áreas do cérebro envolvidas na regulação do estresse e das emoções, como o córtex pré-frontal e a amígdala.

3. Cultivando Emoções Positivas e Resiliência

Existem várias estratégias que podem ser usadas para cultivar emoções positivas e resiliência nas crianças. Algumas dessas estratégias incluem:

Prática da gratidão: Estimular as crianças a refletir sobre as coisas pelas quais são gratas pode ajudá-las a cultivar emoções positivas. A pesquisa de neurociência mostrou que a prática regular de gratidão pode levar a alterações no cérebro associadas ao aumento dos sentimentos de bem-estar.

Mindfulness: A prática de *mindfulness*, que envolve prestar atenção ao presente de uma forma não julgadora, tem sido mostrada para promover emoções positivas e resiliência. Neurocientificamente, a *mindfulness* tem sido associada à maior ativação do córtex pré-frontal e a mudanças na amígdala que indicam uma melhor regulação do estresse (veja o exercício gravado de *mindfulness* no item 7.8).

Ensino de habilidades de enfrentamento: Ensinar às crianças estratégias eficazes de enfrentamento, como a resolução de problemas e a reestruturação cognitiva, pode ajudá-las a lidar com o estresse e a se recuperar de adversidades. Essas habilidades podem promover a resiliência, permitindo que as crianças se adaptem a situações estressantes e lidem com emoções negativas de maneira saudável.

Portanto, a promoção de emoções positivas e a resiliência é essencial para o bem-estar emocional e psicológico das crianças, e a neurociência fornece um valioso entendimento de como esses processos funcionam no cérebro.

10.1.4 Estratégias para promover o otimismo e a gratidão

O **otimismo** e a **gratidão** são duas **emoções positivas** que desempenham papéis cruciais no bem-estar emocional e psicológico. São também habilidades que podem ser cultivadas e fortalecidas através de práticas regulares e direcionadas. Vamos explorar algumas estratégias que ajudam a promover o otimismo e a gratidão, bem como a ciência da neurociência que está por trás dessas práticas.

1. **Otimismo**

O otimismo é uma perspectiva geralmente positiva sobre o futuro. As pessoas otimistas acreditam que coisas boas acontecerão a elas e que podem superar os desafios que encontram. Essa atitude pode ser ensinada e encorajada em crianças por meio de várias estratégias:

Reestruturação Cognitiva: Esta é uma habilidade que envolve identificar pensamentos negativos e substituí-los por pensamentos mais positivos e realistas. Ensinar as crianças a reestruturar suas crenças e perspectivas pode ajudá-las a desenvolver uma visão de mundo mais otimista.

Modelagem de Papel: As crianças aprendem observando os outros. Os adultos podem modelar o otimismo, mostrando como lidar com situações difíceis de uma maneira positiva.

Metas de estabelecimento: Incentivar as crianças a definir e trabalhar em direção a metas significativas pode aumentar seu otimismo ao dar-lhes uma sensação de propósito e controle sobre suas vidas.

Do ponto de vista da neurociência, o otimismo tem sido associado a uma maior atividade no córtex pré-frontal, a área do cérebro responsável pela tomada de decisões e resolução de problemas. Isso sugere que o otimismo pode ser cultivado ao treinar o cérebro para se engajar em pensamentos positivos e solução de problemas.

2. Gratidão

A gratidão é uma emoção positiva que envolve o reconhecimento e a apreciação das coisas boas da vida. Estudos têm mostrado que a prática regular da gratidão pode levar a maiores níveis de felicidade, satisfação com a vida e bem-estar. Aqui estão algumas estratégias para cultivar a gratidão nas crianças:

Diários de gratidão: Encorajar as crianças a manter um diário de gratidão, onde escrevem regularmente sobre as coisas pelas quais são gratas, pode ajudá-las a focar mais nas partes positivas de suas vidas.

Expressão verbal de gratidão: Encorajar as crianças a expressar gratidão verbalmente pode fortalecer seus sentimentos de gratidão. Isso pode ser tão simples quanto dizer "obrigado" com mais frequência ou expressar gratidão por uma pessoa ou coisa específica.

Cartas de gratidão: Escrever e entregar cartas de gratidão para pessoas que tiveram um impacto positivo em suas vidas pode aumentar a sensação de gratidão das crianças.

No nível da neurociência, a prática da gratidão tem sido associada a mudanças no cérebro que promovem o bem-estar. Por exemplo, a gratidão pode aumentar a atividade no córtex pré-frontal e no hipocampo, áreas do cérebro envolvidas na regulação emocional, aprendizagem e memória. Isso sugere que a gratidão pode ajudar a fortalecer as conexões neurais que promovem emoções positivas.

Em resumo, o otimismo e a gratidão são emoções que podem ser cultivadas e fortalecidas através de estratégias regulares e direcionadas. Além disso, a neurociência fornece descobertas valiosas sobre como essas práticas afetam o cérebro e promovem o bem-estar emocional e psicológico.

10.2   Comunicação Não Violenta

Neste capítulo eu vou falar da Comunicação Não Violenta (CNV), uma abordagem de comunicação que prioriza o respeito, a empatia e a honestidade na interação entre as pessoas. Vou citar sua origem, seus fundamentos, e como as habilidades de escuta empática e empatia ativa contribuem para uma comunicação mais eficaz e harmoniosa. E por fim vou dar exemplos de como a CNV pode ser aplicada na resolução de conflitos, tanto no contexto familiar, como em outras esferas da vida. Espero que você goste. Isso serve, não só para se relacionar com seu filho, mas com todos as pessoas com quem você costuma interagir e, principalmente, quando você precisa ter aquelas conversas difíceis com os outros, sem perder o respeito, a cabeça e sem descer do salto.

10.2.1   Comunicação Não-Violenta

A Comunicação Não Violenta (CNV) é um processo de comunicação desenvolvido pelo psicólogo norte-americano Marshall Rosenberg, na década de 1960. Seu objetivo era fornecer uma maneira de promover a empatia e a compreensão mútua, para evitar violência e conflitos. Daí o seu nome. O trabalho de Rosenberg tem sido disseminado globalmente por organizações e indivíduos que reconhecem a importância da CNV na construção de relacionamentos mais saudáveis e pacíficos.

A CNV se caracteriza por quatro componentes fundamentais:

Observação: descrever a situação sem julgamento ou avaliação.

Sentimento: expressar como nos sentimos em relação ao que observamos.

Necessidade: identificar nossas necessidades ou desejos não atendidos relacionados à situação.

Pedido: solicitar de forma clara e positiva o que gostaríamos que fosse feito para satisfazer nossas necessidades.

A Comunicação Não Violenta tem um papel crucial na educação dos filhos. Através dela, os pais e educadores podem compreender melhor as necessidades das crianças, ajudá-las a expressar suas emoções e necessidades de maneira mais eficaz e construir relacionamentos baseados no respeito mútuo e na empatia. A CNV promove uma interação familiar mais saudável e harmoniosa, o que pode beneficiar o desenvolvimento socioemocional das crianças.

Do ponto de vista da neurociência, a CNV está relacionada a diversas áreas. Estudos de neuroimagem indicam que a prática da empatia, um componente chave da CNV, está associada à ativação de áreas do cérebro envolvidas na compreensão do ponto de vista dos outros, como a rede de neurônios-espelho e a área de Broca, que está ligada à produção da fala. A CNV também pode ajudar a regular o estresse, diminuindo a atividade da amígdala, a parte do cérebro responsável por gerar respostas de luta ou fuga. Portanto, a CNV, não apenas facilita a comunicação mais eficaz e a resolução de conflitos, mas também pode promover a saúde mental e emocional.

10.2.2 Os fundamentos da comunicação não-violenta

Os fundamentos da Comunicação Não Violenta (CNV) consistem em quatro componentes essenciais que guiam o processo de comunicação. Esses componentes, conforme concebidos por Marshall Rosenberg, ajudam a promover a empatia, a compreensão mútua e a resolução pacífica de conflitos.

Observação: O primeiro passo na CNV envolve observar a situação sem inserir julgamento ou avaliação pessoal. A observação deve ser baseada em fatos objetivos e deve descrever o que é percebido através dos sentidos. Isso evita o uso de linguagem crítica ou avaliativa que possa causar defensividade ou conflito. Por exemplo, em vez de dizer *"você é desorganizado"*, você pode dizer *"notei que seus livros e papéis estão espalhados pela mesa"*.

Sentimento: O segundo passo envolve expressar os sentimentos que a situação observada evoca. Em vez de se concentrar no outro, o foco aqui está nas próprias emoções. Esse componente permite a expressão de emoções de uma maneira que não culpe ou critique o outro. Por exemplo, *"eu me sinto frustrado"* em vez de *"você me faz sentir frustrado"*.

Necessidade: O terceiro passo da CNV envolve identificar as necessidades ou desejos não atendidos que estão por trás dos sentimentos expressos. Isso requer autoconsciência e capacidade de nomear e entender as próprias necessidades. Por exemplo, "*eu sinto frustração porque tenho uma necessidade de ordem e previsibilidade*".

Pedido: O último passo da CNV é expressar um pedido claro e específico que, se atendido, pode ajudar a satisfazer a necessidade identificada. É importante que o pedido seja formulado de maneira positiva, ou seja, dizendo o que você quer que aconteça, em vez do que você não quer e, também, que este pedido seja realista. Você não pode pedir algo que sabe que a criança não terá tempo hábil ou condições de fazer sozinha, sem ajuda ou direcionamento. Então, em vez de dizer *"Que bagunça!! Quando eu voltar, eu NÃO quero ver esses livros desarrumados."*. Então, em vez de ser ríspido e dizer o que você NÃO quer ver, no caso, a bagunça, você diz o que você quer que aconteça, como "*você poderia arrumar seus livros e papéis até antes de eu voltar?*". Quando você julga e critica, o cérebro age com reatividade e não vai querer fazer. Ao contrário, quando você age assertivamente, dizendo o que você quer, o cérebro da criança vai imediatamente buscar solução para resolver porque, no fundo, ela quer te agradar, ainda mais quando você está esperando algo dela, sem ameaçá-la ou agredi-la emocionalmente.

Esses quatro componentes da CNV formam a base para uma comunicação aberta, respeitosa e eficaz. Ao usá-los, é possível expressar-se honesta e claramente, ao mesmo tempo que se compreende e respeita as perspectivas e necessidades dos outros. Isso pode facilitar a resolução de conflitos e melhorar a qualidade dos relacionamentos interpessoais.

10.2.3 Habilidades de escuta empática e empatia ativa

A escuta empática e a empatia ativa são duas habilidades fundamentais para a eficácia da Comunicação Não Violenta (CNV) e são essenciais para estabelecer e manter relacionamentos saudáveis e produtivos.

Escuta empática: Escutar de forma empática é ouvir com a intenção de compreender verdadeiramente a perspectiva e os sentimentos do outro. Isso vai além de simplesmente ouvir as palavras que estão sendo ditas. Inclui prestar atenção à linguagem corporal, tom de voz e qualquer outra coisa que possa fornecer pistas sobre o que a pessoa está tentando comunicar. Por exemplo, se uma criança diz *"Eu odeio matemática!"*, em vez de reagir defensivamente ou descartar o sentimento da criança, a escuta empática envolveria reconhecer e validar o sentimento da criança, talvez dizendo: *"Parece que você está realmente frustrado com a matemática agora. Você quer falar sobre isso?"*

Empatia ativa: A empatia ativa vai um passo além da escuta empática. Envolve não apenas ouvir e entender a perspectiva do outro, mas também comunicar essa compreensão de volta para a pessoa. Isso pode envolver parafrasear o que a pessoa disse para garantir que você entendeu corretamente, ou expressar entendimento e empatia pelos sentimentos da pessoa. Por exemplo, se um colega de trabalho diz *"Estou sobrecarregado com todos esses projetos"*, uma resposta empática ativa poderia ser: *"Parece que você está realmente sentindo a pressão com todas essas responsabilidades. Isso deve estar sendo bem difícil para você"*.

Essas habilidades de comunicação não apenas facilitam o entendimento mútuo, mas também ajudam a construir confiança e respeito. Elas permitem que as pessoas se sintam ouvidas e compreendidas, o que pode levar a uma maior abertura e cooperação.

10.2.4 Resolução de conflitos através da comunicação não violenta

A Comunicação Não Violenta (CNV) é uma ferramenta poderosa para a resolução de conflitos. Ela permite que as partes envolvidas expressem suas necessidades e sentimentos, de forma clara e respeitosa, favorecendo a empatia e a compreensão mútua, ao invés da defensividade e da escalada do conflito.

Exemplo 1:

Comunicação violenta: *"Você nunca lava a louça! É sempre eu quem tenho que fazer tudo nessa casa!"*

Comunicação não violenta: *"Notei que a louça tem se acumulado na pia nos últimos dias (observação). Eu me sinto sobrecarregada e um pouco frustrada (sentimento), porque eu valorizo a cooperação e a partilha de responsabilidades domésticas (necessidade). Você poderia lavar a louça hoje à noite? (pedido)"*

Exemplo 2:

Comunicação violenta: *"Você está sempre atrasado! Você não se importa com o meu tempo!"*

Comunicação não violenta: *"Quando você chegou 30 minutos atrasado para o nosso encontro hoje (observação), eu me senti desrespeitada e ansiosa (sentimento), pois* *eu valorizo a pontualidade e a consideração pelo tempo dos outros (necessidade). Da próxima vez, você poderia tentar chegar na hora combinada ou me avisar se você estiver atrasado? (pedido)"*

<u>Exemplo 3:</u>

Comunicação violenta: *"Você é tão egoísta! Só pensa em si mesmo!"*

Comunicação não violenta: *"Quando você pegou o último pedaço de bolo sem perguntar se alguém mais queria (observação), eu me senti desconsiderada e chateada (sentimento), pois acredito na importância de compartilhar e de ser atenciosa com os outros (necessidade). Da próxima vez, você poderia perguntar se alguém mais gostaria de um pedaço antes de pegar o último? (pedido)"*

Estes exemplos ilustram como a CNV pode transformar um conflito potencialmente hostil em uma oportunidade para a compreensão e a cooperação mútuas. Ela permite que as pessoas expressem suas necessidades e sentimentos de uma maneira que promova o respeito e a empatia, em vez de causar defensividade e resistência.

No contexto da Comunicação Não Violenta (CNV), a **"necessidade"**(*) se refere ao desejo ou valor fundamental que está por trás dos sentimentos que uma pessoa está experimentando. Ao invés de ser uma necessidade imediata ou concreta (como a necessidade de água ou comida), neste caso, as necessidades são frequentemente psicológicas ou emocionais em natureza e têm a ver com a satisfação pessoal, bem-estar emocional, e a realização de valores importantes para o indivíduo.

Por exemplo, em cada um dos exemplos de conflito mencionados anteriormente, a necessidade identificada foi um valor ou desejo subjacente:

"Eu valorizo a cooperação e a partilha de responsabilidades domésticas."

"Eu valorizo a pontualidade e a consideração pelo tempo dos outros."

"Eu acredito na importância de compartilhar e ser atencioso com os outros."

Em cada um desses exemplos, a pessoa está expressando uma necessidade emocional ou valor que está sendo desatendido, o que está levando a sentimentos de frustração, desrespeito ou desconsideração. Identificar e expressar essas necessidades é um passo crítico na CNV, pois isso ajuda a pessoa a entender suas próprias emoções, sentimentos e necessidades e a comunicá-los de forma eficaz, dizendo o que precisa para sentir-se respeitada e satisfeita. Isso também facilita a empatia, uma vez que necessidades são universais e podem ser entendidas e compartilhadas por todos, independentemente das circunstâncias específicas.

(*) Necessidades humanas universais

As necessidades humanas universais são conceitos fundamentais para a compreensão de motivos e comportamentos humanos. Embora existam diferentes teorias sobre quais necessidades são "universais", muitos psicólogos e estudiosos reconhecem um conjunto comum de necessidades humanas que se aplicam a todas as pessoas, independentemente de sua cultura ou circunstâncias individuais.

Um dos modelos mais amplamente reconhecidos é a hierarquia de necessidades de Abraham Maslow, que inclui:

Necessidades fisiológicas: Estas são as necessidades básicas para a sobrevivência humana, como alimentação, água, sono e abrigo.

Necessidades de segurança: Estas incluem a necessidade de segurança física e emocional, estabilidade, ordem e proteção contra elementos perigosos ou prejudiciais.

Necessidades sociais ou de pertencimento: Estas incluem a necessidade de se sentir amado e aceito, de formar relacionamentos íntimos e de ter um senso de comunidade.

Necessidades de estima: Estas são as necessidades de se sentir valorizado e respeitado, de ter autoestima e respeito dos outros, e de ter confiança e competência.

Necessidades de autorealização: Estas são as necessidades de realizar o próprio potencial, de buscar o crescimento pessoal e a autodescoberta, e de buscar significado e propósito na vida.

Outras necessidades humanas universais que são frequentemente mencionadas incluem a necessidade de autonomia, a necessidade de dar e receber empatia, a necessidade de celebração e lazer, a necessidade de criatividade e aprendizado, e a necessidade de justiça e equidade. Estas necessidades são consideradas universais no sentido de que se aplicam a todas as pessoas, embora a forma como cada pessoa busca satisfazer essas necessidades possa variar dependendo de suas circunstâncias individuais e culturais.

⇨ **Exemplos de comunicação violenta com crianças pequenas** e, logo em seguida, formas de se comunicar de forma não violenta.

Exemplo 1:

Comunicação violenta: *"Você é muito desorganizado! Olhe para o estado do seu quarto!"*

Comunicação não violenta: *"Quando vejo brinquedos espalhados por todo o quarto (observação), me sinto preocupada (sentimento,) porque o quarto pode ficar perigoso e alguém pode se machucar (necessidade). Você poderia guardar os brinquedos em suas caixas, por favor? (pedido)"*

Exemplo 2:

Comunicação violenta: *"Pare de chorar! Isso não é nada de mais!"*

Comunicação não violenta: *"Vejo que você está chorando (observação). Parece que você está se sentindo muito triste (sentimento). É importante para mim entender seus sentimentos (necessidade). Você pode me contar o que aconteceu? (pedido)"*

Exemplo 3:

Comunicação violenta: *"Você é muito preguiçoso! Você sempre deixa o dever de casa para a última hora!"*

Comunicação não violenta: *"Notei que você tem feito o dever de casa pouco antes de ir para a cama (observação). Isso me deixa preocupado (sentimento), pois eu valorizo a gestão do tempo e a responsabilidade (necessidade). Que tal se começarmos a fazer o dever de casa logo após o jantar? (pedido)".*

A chave para a Comunicação Não-Violenta (CNV) é expressar suas **observações, sentimentos, necessidades** e **pedidos** de uma maneira que seja respeitosa e empática. Isso permite que você comunique suas preocupações de uma maneira que seja mais provável que você seja ouvida e entendida, e menos provável que seja recebida com defensividade ou resistência. Além disso, a CNV fornece um modelo de comunicação eficaz para as crianças, ajudando-as a aprender a expressar seus próprios sentimentos e necessidades de maneira respeitosa e produtiva.

⇨ **Exemplos de como você pode usar a Comunicação Não Violenta com crianças pequenas de até 3 anos:**

Exemplo 1:

Comunicação violenta: *"Pare de fazer birra!"*

Comunicação não violenta: *"Vejo que você está muito chateado agora (observação). Parece que você está frustrado (sentimento). Eu entendo que você quer* *brincar mais, mas agora é hora de dormir (necessidade). Podemos brincar mais amanhã, tudo bem? (pedido)".*

Exemplo 2:

Comunicação violenta: *"Você é muito desobediente! Você não pode desenhar na parede!"*

Comunicação não violenta: *"Notei que você desenhou na parede (observação). Fico preocupada (sentimento) porque as paredes da casa precisam ser mantidas limpas (necessidade). Vamos desenhar no papel da próxima vez, ok? (pedido)".*

Exemplo 3:

Comunicação violenta: *"Pare de jogar comida!".*

Comunicação não violenta: *"Quando vejo comida sendo jogada (observação), me sinto um pouco frustrado (sentimento), pois é importante para mim que a gente mantenha a mesa e a cozinha limpas (necessidade). Podemos manter a comida no prato, por favor? (pedido)".*

Não se esqueça que as crianças pequenas ainda estão aprendendo sobre o mundo e suas habilidades de comunicação ainda estão em desenvolvimento. Elas expressam suas necessidades da melhor maneira que sabem que, muitas vezes, é através de seu comportamento. Usar a CNV com crianças pequenas requer paciência e repetição, e é importante modelar o comportamento que você deseja ver.

⇨ **Com adolescentes**: A Comunicação Não-Violenta (CNV) também é uma ferramenta útil ao lidar com adolescentes, um grupo que, muitas vezes, é mal compreendido, devido às alterações no seu desenvolvimento cerebral e à sua busca por independência. Aqui estão alguns exemplos de como você pode usar a CNV com adolescentes:

Exemplo 1:

Comunicação violenta: *"Você é tão irresponsável! Por que você não fez seu trabalho de casa?"*

Comunicação não violenta: *"Notei que o trabalho de casa não foi feito (observação). Isso me deixa preocupada (sentimento) porque eu valorizo a responsabilidade e a educação (necessidade). Você pode me ajudar a entender o que aconteceu? (pedido)".*

Exemplo 2:

Comunicação violenta: *"Você está sempre no telefone! Isso é ridículo!"*

Comunicação não violenta: *"Vejo que você passa muito tempo no telefone (observação). Isso me deixa um pouco frustrada (sentimento) porque eu acredito na importância do tempo de qualidade juntos e na moderação do uso de tecnologia (necessidade). Você acha que podemos chegar a um acordo sobre o tempo de uso do telefone? (pedido)"*.

<u>Exemplo 3:</u>

Comunicação violenta: *"Você é muito egoísta! Você só pensa em si mesmo!"*

Comunicação não violenta: *"Percebo que você tem passado muito tempo sozinho recentemente (observação). Isso me deixa um pouco triste e preocupada (sentimento), porque eu valorizo a conexão e a cooperação em família (necessidade). Você está aberto para passarmos algum tempo juntos esta semana? (pedido)"*.

Lembre-se que os adolescentes estão em uma fase de mudanças, explorando sua identidade e autonomia. Só essa lembrança já pode te ajudar a aumentar sua paciência e empatia durante a comunicação. Utilizar a CNV pode abrir espaço para diálogo aberto, compreensão mútua e resolução de conflitos.

⇨ ***De acordo com a neurociência, quais as consequências a longo prazo para uma criança que foi criada por pais que só usavam a comunicação violenta?***

A neurociência nos mostra que a exposição crônica à comunicação violenta e ao estresse, em uma idade jovem, pode ter consequências duradouras para uma criança. Isso se deve à maneira como nosso cérebro responde ao estresse e aos estímulos negativos, durante períodos críticos de desenvolvimento. Aqui estão algumas possíveis consequências:

Disfunção do sistema de resposta ao estresse: A exposição crônica ao estresse, incluindo a comunicação violenta, pode levar ao que é chamado de "hiperativação" do sistema de resposta ao estresse do corpo. Isso pode levar a uma resposta ao estresse que é ativada com muita facilidade, causando uma variedade de problemas de saúde mental e física, como ansiedade, depressão e doenças do coração.

Dificuldades de aprendizado e memória: Estudos mostraram que a exposição crônica ao estresse pode afetar negativamente o hipocampo, uma área do cérebro que é fundamental para a aprendizagem e a memória. Como resultado, as crianças que são expostas a altos níveis de estresse podem ter mais dificuldades na escola.

Dificuldades de relacionamento: A comunicação violenta pode levar a problemas de relacionamento mais tarde na vida. As crianças aprendem a se comunicar e a resolver conflitos por meio de seus pais e, se são expostas à comunicação violenta, podem ter dificuldades em desenvolver habilidades saudáveis de comunicação e resolução de conflitos.

Baixa autoestima e autoimagem negativa: As mensagens recebidas durante a comunicação violenta podem levar a criança a formar uma autoimagem negativa, acreditando que ela é "ruim" ou "inadequada". Isso pode levar a uma baixa autoestima e a problemas de saúde mental mais tarde na vida, incluindo ansiedade e depressão.

Desregulação emocional: A comunicação violenta pode levar à desregulação emocional, onde a criança tem dificuldade em gerir suas emoções de maneira saudável. Isso pode resultar em comportamentos impulsivos, agressivos ou autodestrutivos.

A neurociência nos ajuda a entender a importância de fornecer um ambiente seguro, estável e emocionalmente saudável para as crianças. Isso inclui usar formas de comunicação que respeitem a dignidade e a individualidade da criança, e que a ajudem a desenvolver habilidades emocionais e sociais saudáveis.

⇨ *Descobertas sobre o impacto da comunicação violenta no desenvolvimento cerebral e comportamento das crianças*

As descobertas sobre o impacto da comunicação violenta no desenvolvimento cerebral e comportamento das crianças surgem de várias áreas de pesquisa, incluindo neurociência, psicologia do desenvolvimento, pediatria e epidemiologia. Aqui estão algumas das maneiras pelas quais essas descobertas foram feitas:

Estudos de imagem cerebral: Usando técnicas de imagem cerebral, como ressonância magnética funcional (fMRI) e ressonância magnética estrutural (sMRI), os pesquisadores podem examinar as diferenças estruturais e funcionais no cérebro de indivíduos expostos à comunicação violenta ou ao estresse crônico.

Estudos longitudinais: Estes estudos seguem os indivíduos ao longo de um longo período de tempo, muitas vezes, desde a infância até a idade adulta. Isso permite aos pesquisadores analisar o impacto da comunicação violenta ou do estresse crônico ao longo do tempo e identificar quaisquer problemas de saúde mental ou comportamental que possam surgir.

Estudos de caso-controlado: Nestes estudos, os pesquisadores comparam indivíduos que foram expostos à comunicação violenta (o grupo de "casos") com aqueles que não foram (o grupo de "controle"). Eles então olham para as diferenças entre os dois grupos em termos de resultados de saúde mental ou comportamental.

Estudos com animais: Estudos com animais, especialmente roedores, são úteis para entender os mecanismos subjacentes de como o estresse crônico pode afetar o cérebro e o comportamento. Por exemplo, os pesquisadores podem expor animais a estressores e depois examinar as mudanças no cérebro e no comportamento.

Medições bioquímicas e genéticas: As medições de hormônios do estresse, como o cortisol, ou a análise de marcadores genéticos e epigenéticos, também podem fornecer *insights* sobre os efeitos do estresse crônico no organismo.

Todos esses métodos de pesquisa contribuem para o nosso entendimento dos efeitos duradouros da comunicação violenta e do estresse crônico no desenvolvimento cerebral e comportamental.

⇨ ***Estudos que constaram esses casos***

Vários estudos têm examinado os efeitos da exposição ao estresse crônico e à violência na infância. Embora a pesquisa específica que liga a "comunicação violenta" às mudanças cerebrais e comportamentais possa ser limitada, a pesquisa relacionada fornece um quadro bastante claro dos impactos potenciais. Aqui estão alguns estudos significativos nessa área:

Estudos do Estresse Tóxico: O Dr. Jack Shonkoff e colegas, do *"Center on the Developing Child"*, na Universidade de Harvard, têm conduzido uma extensa pesquisa sobre os efeitos do "estresse tóxico" na infância, que inclui experiências adversas contínuas, sem apoio adequado de adultos. Este trabalho tem demonstrado que o estresse tóxico pode levar a mudanças duradouras no desenvolvimento cerebral, afetando o aprendizado, o comportamento e a saúde física e mental ao longo da vida (Shonkoff et al., 2012).

Estudo da Adversidade na Infância (ACE Study): Este grande estudo, conduzido pelo CDC e pela Kaiser Permanente, nos Estados

Unidos, examinou a relação entre a exposição a adversidades na infância (incluindo abuso e negligência) e uma série de problemas de saúde e bem-estar na vida adulta. Os pesquisadores descobriram que a exposição a adversidades na infância estava associada a um risco aumentado de uma série de problemas, incluindo depressão, doenças cardíacas e diabetes (Felitti et al., 1998).

Estudos de Neuroimagem de Estresse na Infância: Vários estudos de neuroimagem têm mostrado que a exposição ao estresse na infância pode levar a diferenças no desenvolvimento cerebral. Por exemplo, um estudo de 2009, publicado na "*Nature Neuroscience*", descobriu que crianças que tinham sido criadas em ambientes de cuidados institucionais tinham volumes do hipocampo menores do que aquelas que tinham sido criadas em famílias biológicas (Tottenham et al., 2009).

Lembre-se de que esses estudos geralmente examinam a exposição a formas severas de estresse ou adversidade. No entanto, eles ajudam a destacar a importância de fornecer ambientes seguros, estáveis e acolhedores para as crianças crescerem.

⇨ *E o que diz a neurociência sobre pais que tratam filhos com comunicação não violenta?*

A neurociência sugere que a criação de filhos com uma abordagem baseada na Comunicação Não-Violenta (CNV) pode ter efeitos positivos duradouros no desenvolvimento cerebral das crianças.

A CNV estimula o uso de linguagem empática, a qual está diretamente relacionada com a regulação emocional e com a habilidade de compreender os próprios sentimentos e os dos outros. Isso pode estimular o desenvolvimento da chamada "mente teoria" nas crianças, que é a capacidade de entender que outras pessoas têm pensamentos, sentimentos e perspectivas que são diferentes das suas próprias. Este desenvolvimento tem sido associado à maior atividade na junção temporo-parietal do cérebro, uma área associada à empatia e à compreensão das perspectivas dos outros.

Além disso, pais que usam a CNV geralmente evitam castigos e críticas punitivas, que podem criar um ambiente estressante para as crianças. A exposição ao estresse crônico na infância tem sido associada a mudanças no desenvolvimento do hipocampo e da amígdala, áreas cerebrais relacionadas à memória e às respostas emocionais, respectivamente. Ao contrário, a criação de um ambiente seguro e acolhedor pode ajudar a promover um desenvolvimento cerebral saudável.

No entanto, é importante notar que ainda há muito que não sabemos sobre os efeitos específicos da CNV no desenvolvimento cerebral. Grande parte do que sabemos, se baseia em pesquisas sobre estresse tóxico, empatia e regulação emocional e não sobre a CNV especificamente. Como sempre, mais pesquisas são necessárias para entender completamente esses efeitos.

10.3 Educação Respeitosa

A educação respeitosa é um conceito emergente que desafia os paradigmas tradicionais de aprendizado, encorajando a participação, autonomia e responsabilidade. Focada na dignidade e nos direitos das crianças, ela promove uma abordagem equitativa e inclusiva à educação, enfatizando o respeito mútuo entre educadores e alunos. É um paradigma que dá ênfase à construção do caráter e ao desenvolvimento emocional dos estudantes, ao invés de se concentrar exclusivamente em metas acadêmicas.

10.3.1 Educação Respeitosa e Democrática

A educação respeitosa e democrática é um conceito que foi significativamente influenciado pelo trabalho do educador e filósofo John Dewey, que começou a formular suas ideias sobre democracia e educação no início do século XX. Dewey defendia uma educação que promovesse a participação ativa dos alunos no processo de aprendizagem, incentivando-os a serem cidadãos engajados e pensadores críticos.

Este enfoque tem o respeito como alicerce, considerando o aluno como um indivíduo com direitos e capacidades, e não apenas como um receptor passivo de conhecimento. Aqui, o educador atua mais como um facilitador, promovendo um ambiente que permite a expressão livre de ideias e a construção coletiva de conhecimento.

Do ponto de vista da neurociência, a abordagem respeitosa e democrática à educação tem recebido suporte significativo. Pesquisas em neurociência educacional mostram que quando os estudantes se sentem respeitados e envolvidos, eles se tornam mais motivados, engajados e, consequentemente, mais capazes de aprender. Isso ocorre porque um ambiente de aprendizagem positivo e inclusivo pode diminuir o estresse e a ansiedade dos alunos, liberando mais energia cognitiva para o aprendizado. Adicionalmente, a autonomia no aprendizado - um princípio-chave da educação democrática - está ligada a um maior desenvolvimento da autoeficácia e do pensamento crítico, habilidades essenciais para o século 21.

10.3.2 O Respeito como Base da Educação Emocional

O respeito é um pilar fundamental na educação emocional, pois proporciona um ambiente propício para o desenvolvimento pleno e saudável do indivíduo. Respeitar alguém é reconhecer e valorizar sua dignidade, suas características individuais, sentimentos e pensamentos. Na sala de aula, esse respeito se manifesta na maneira como os professores se relacionam com os alunos e vice-versa, bem como na relação entre os próprios alunos.

A educação emocional, que tem como objetivo ajudar os alunos a entender e gerenciar suas emoções, é aprimorada quando o respeito é promovido. Esse ambiente respeitoso oferece um espaço seguro para os alunos expressarem suas emoções, sem medo de represensões ou julgamentos. A educação emocional incentiva a autoconsciência, o autogerenciamento, a empatia e as habilidades sociais, todas construídas sobre a fundação do respeito mútuo.

Quando os professores respeitam os sentimentos e perspectivas dos alunos, eles estão implicitamente ensinando-os sobre a importância do respeito no relacionamento com os outros. Isso permite que os alunos pratiquem a empatia e a compreensão, essenciais para o desenvolvimento de habilidades socioemocionais sólidas. O respeito também contribui para a autoestima do aluno, permitindo que ele se sinta valorizado e aceito, o que pode promover uma maior motivação e engajamento na aprendizagem.

O respeito, como base da educação emocional, não é apenas um componente vital para um ambiente de aprendizagem positivo, mas também uma ferramenta crucial para preparar os alunos para a vida fora da sala de aula. Ele permite que os alunos desenvolvam uma compreensão mais profunda de si mesmos e dos outros, aprimorando sua capacidade de lidar com situações sociais complexas e desafiadoras de maneira mais eficaz e compassiva.

Em resumo, um ambiente educacional que promove o respeito, não só facilita a aprendizagem acadêmica, mas também contribui significativamente para o desenvolvimento emocional e social dos alunos.

10.3.3 Os Princípios da Educação Democrática

A educação democrática é uma filosofia pedagógica que promove o envolvimento ativo dos estudantes no processo de aprendizado. Esta abordagem prioriza o diálogo, a participação e a inclusão, respeitando as ideias e opiniões de cada indivíduo. A seguir, são apresentados alguns dos princípios fundamentais da educação democrática:

1. **Participação ativa**: Na educação democrática, os alunos são incentivados a serem participantes ativos em seu processo de aprendizagem. Isso pode incluir a tomada de decisões sobre o que aprender, como aprender e a avaliação de seu próprio aprendizado. Este princípio encoraja a autogestão e a autonomia, preparando os alunos para serem cidadãos ativos e participativos na sociedade.

2. **Igualdade e Respeito:** Todos na sala de aula, independentemente de sua idade ou status, são vistos como iguais. As ideias de cada pessoa são valorizadas e levadas em consideração. Isso cria um ambiente onde os alunos se sentem respeitados e valorizados, promovendo o respeito mútuo e a compreensão.

3. **Diálogo Aberto**: A educação democrática prioriza a comunicação aberta e honesta. As salas de aula se tornam espaços seguros para expressar opiniões, fazer perguntas e discutir ideias. O diálogo aberto incentiva o pensamento crítico, a resolução de problemas e a habilidade de argumentação.

4. **Responsabilidade Social**: A educação democrática incentiva os alunos a entenderem e a se envolverem com questões sociais. Eles são encorajados a refletir sobre questões de justiça, igualdade e cidadania, e a buscar soluções para os desafios que a sociedade enfrenta.

5. **Aprendizado Baseado em Projetos**: Muitas escolas democráticas implementam um modelo de aprendizado baseado em projetos, que

permite aos alunos explorarem suas paixões e interesses. Este método promove a aprendizagem prática, a resolução de problemas, o trabalho em equipe e a criatividade.

6. **Avaliação Holística**: Em vez de se concentrar exclusivamente em notas e testes, a educação democrática tende a favorecer uma avaliação mais holística que leva em conta o progresso geral do aluno. Isso pode incluir habilidades sociais, criatividade, resolução de problemas, entre outros aspectos.

A educação democrática procura criar um ambiente de aprendizado em que o respeito, a colaboração e a responsabilidade sejam a norma. Ao fazer isso, ela não apenas prepara os alunos para serem bem-sucedidos academicamente, mas também os equipa com as habilidades necessárias para serem cidadãos ativos e engajados.

10.3.4 Educação Democrática no Ambiente Familiar

A educação democrática também pode ser aplicada no ambiente familiar, oferecendo um contexto de aprendizado enriquecedor e empoderador para as crianças. Dentro de casa, os princípios da educação democrática podem ser adaptados para promover uma abordagem respeitosa, participativa e inclusiva na criação dos filhos. A seguir, são apresentados os principais aspectos da educação democrática no ambiente familiar:

1. **Participação ativa**: Na educação democrática familiar, é encorajado que as crianças sejam envolvidas ativamente nas decisões que afetam suas vidas. Isso pode incluir a participação na elaboração de regras da casa, a escolha de atividades e a participação em discussões familiares. Dessa forma, as crianças aprendem a tomar decisões, desenvolvem autonomia e se sentem valorizadas como membros da família.

2. **Diálogo e Escuta**: O diálogo aberto e a escuta ativa são aspectos cruciais da educação democrática no ambiente familiar. Os pais são incentivados a ouvir as perspectivas e opiniões das crianças, levando-as em consideração nas discussões e decisões familiares. Isso promove a construção de relacionamentos saudáveis e fortalece a confiança mútua.

3. **Negociação e Resolução de Conflitos**: A educação democrática familiar valoriza a resolução de conflitos de forma pacífica e justa. Em vez

de impor autoridade unilateralmente, os pais são incentivados a envolver as crianças na busca de soluções, por meio de negociação e cooperação. Isso ajuda as crianças a desenvolverem habilidades de resolução de problemas, empatia e a compreensão de diferentes perspectivas.

4. **Autonomia e Responsabilidade**: A educação democrática familiar incentiva o desenvolvimento da autonomia e da responsabilidade nas crianças. Os pais proporcionam às crianças a oportunidade de tomar decisões apropriadas para sua idade e encorajam-nas a assumir responsabilidade por suas ações e tarefas domésticas. Isso ajuda a promover a independência, o senso de responsabilidade e a construção de habilidades para a vida.

5. **Aprendizado Significativo**: A educação democrática familiar valoriza o aprendizado baseado nas necessidades e interesses das crianças. Os pais podem envolver as crianças na definição de metas e projetos de aprendizado, permitindo que elas explorem áreas que despertam seu interesse. Isso torna o aprendizado mais significativo, incentivando a curiosidade e a motivação intrínseca.

6. **Respeito e Igualdade**: O respeito mútuo e a igualdade são pilares fundamentais da educação democrática familiar. Os pais estabelecem um ambiente onde todas as vozes são valorizadas, independentemente da idade, promovendo a compreensão, a tolerância e o respeito pelas diferenças individuais.

A educação democrática no ambiente familiar oferece às crianças a oportunidade de se tornarem membros ativos e responsáveis de suas famílias. Ela promove relacionamentos saudáveis, habilidades socioemocionais e o desenvolvimento de um senso de justiça e igualdade. Ao criar um ambiente democrático em casa, os pais capacitam as crianças a se tornarem cidadãos conscientes e participativos na sociedade.

10.3.5 Estimulando a autonomia e a responsabilidade nas crianças

A autonomia e a responsabilidade são habilidades essenciais que as crianças precisam desenvolver para se tornarem indivíduos independentes e autônomos. A educação respeitosa e democrática desempenha um papel fundamental nesse processo, fornecendo um ambiente adequado para promover a autonomia e a responsabilidade nas crianças. A seguir, irei destacar como estas habilidades podem ser estimuladas:

1. **Estabelecendo limites e expectativas claras**: Para promover a autonomia e a responsabilidade, é importante que os pais e educadores estabeleçam limites e expectativas claras. Isso fornece uma estrutura necessária para as crianças entenderem seus papéis e responsabilidades dentro do ambiente familiar ou educacional. Limites adequados ajudam as crianças a desenvolverem um senso de direcionamento e compreenderem os limites necessários para uma convivência saudável.

2. **Oferecendo escolhas e permitindo a tomada de decisões**: Proporcionar oportunidades para que as crianças façam escolhas apropriadas para sua idade é fundamental para desenvolver sua autonomia. Isso pode envolver permitir que elas escolham suas roupas, atividades extracurriculares ou o que desejam comer no jantar. Ao tomar decisões, as crianças aprendem a considerar as consequências, a lidar com as escolhas feitas e a assumir responsabilidade por elas.

3. **Promovendo a autorreflexão e o autoconhecimento**: A autonomia e a responsabilidade estão intrinsecamente ligadas ao autoconhecimento. Incentive as crianças a refletirem sobre suas ações, emoções e consequências, ajudando-as a desenvolver a consciência de si mesmas. Encoraje a autorreflexão por meio de perguntas abertas, como "*O que você aprendeu com isso?*" ou "*Como você poderia fazer diferente da próxima vez?*". Isso ajuda as crianças a se tornarem mais conscientes de suas escolhas e a assumirem a responsabilidade por suas ações.

4. **Delegando tarefas e responsabilidades apropriadas:** Dar às crianças tarefas e responsabilidades adequadas à sua idade é uma maneira eficaz de promover a autonomia e a responsabilidade. Isso pode incluir ajudar nas tarefas domésticas, cuidar de um animal de estimação ou assumir responsabilidade por suas tarefas escolares. Ao cumprir essas responsabilidades, as crianças desenvolvem um senso de propósito e aprendem a importância de contribuir para o bem-estar da família ou comunidade.

5. **Incentivando a resolução de problemas e o pensamento crítico:** Estimule as crianças a encontrar soluções para os desafios que enfrentam, promovendo a autonomia e o pensamento crítico. Em vez de

oferecer soluções prontas, faça perguntas orientadoras que as ajudem a pensar de forma independente e a considerar diferentes perspectivas. Isso fortalece sua capacidade de enfrentar obstáculos e encontrar soluções criativas.

6. **Fornecendo apoio e encorajamento:** À medida que as crianças desenvolvem autonomia e assumem responsabilidades, é fundamental oferecer apoio e encorajamento. Reconheça seus esforços, elogie suas conquistas e esteja presente para ajudá-las quando necessário. Isso fortalece a confiança das crianças em suas próprias habilidades e promove um senso de responsabilidade.

Fomentar a autonomia e a responsabilidade nas crianças é um processo contínuo que requer paciência, consistência e apoio adequado. A educação respeitosa e democrática oferece um ambiente favorável para que as crianças desenvolvam essas habilidades, capacitando-as para se tornarem indivíduos autônomos, responsáveis e confiantes em suas capacidades.

10.4   Educação Consciente

A educação consciente é um paradigma emergente que desafia as abordagens tradicionais de educação e parentalidade. Ela se concentra em nutrir a consciência emocional e a autenticidade, tanto nos pais quanto nas crianças, promovendo um ambiente de aprendizado mais saudável e equilibrado. Este capítulo explora os princípios da Educação Consciente propostos pela Dra. Shefali, a integração desses princípios nas práticas parentais diárias e a promoção da consciência emocional e autenticidade como pais conscientes.

10.4.1 Os princípios da Educação Consciente

A educação consciente foi proposta pela Dra. Shefali Tsabary, uma renomada psicóloga clínica, especialista em terapia familiar e de casais. Ela é autora de vários livros, incluindo "*The Conscious Parent*" e "*The Awakened Family*", que se tornaram best-sellers do New York Times. A Dra. Shefali é uma defensora apaixonada da educação consciente, uma abordagem que ela desenvolveu a partir de suas experiências profissionais e pessoais.

A educação consciente proposta por ela é baseada em vários princípios fundamentais. Primeiro, ela acredita que a parentalidade não é sobre controlar as crianças, mas sobre os pais se tornarem conscientes de suas próprias emoções e comportamentos. Em segundo lugar, ela enfatiza a importância de tratar as crianças como indivíduos, respeitando suas personalidades e necessidades únicas. Terceiro, ela defende a ideia de que os pais devem ser modelos de comportamento para seus filhos, demonstrando como lidar com emoções e desafios de maneira saudável.

A Dra. Shefali desenvolveu esses princípios em resposta às falhas que ela percebeu nas abordagens tradicionais de parentalidade que, muitas vezes, se concentram em disciplinar e controlar o comportamento das crianças, em vez de entender e nutrir seu desenvolvimento emocional. Ela acredita que essa abordagem consciente pode levar a uma relação mais saudável e harmoniosa entre pais e filhos, promovendo o crescimento e o desenvolvimento emocional de ambos.

A neurociência oferece um respaldo científico para a abordagem da Dra. Shefali. Pesquisas mostram que o cérebro das crianças é altamente maleável e que as experiências emocionais na infância podem ter um impacto significativo em seu desenvolvimento cerebral. Quando os pais respondem às necessidades emocionais de seus filhos de maneira consciente e atenciosa, eles podem ajudar a promover o desenvolvimento de áreas cerebrais associadas à regulação emocional, empatia e resiliência. Além disso, os pais que praticam a educação consciente podem se beneficiar ao se tornarem mais conscientes de suas próprias emoções e padrões de comportamento, o que pode levar a melhorias em sua própria saúde mental e bem-estar.

10.4.2 Integrando a Educação Consciente com práticas parentais diárias

A integração da educação consciente nas práticas parentais diárias é um processo contínuo que requer reflexão, paciência e prática. Aqui estão algumas maneiras de aplicar os princípios da educação consciente no dia a dia.

1. **Autoconsciência:** A educação consciente começa com os pais se tornando mais conscientes de suas próprias emoções e reações. Por

exemplo, se uma criança se recusa a fazer a lição de casa e isso provoca raiva ou frustração nos pais, é importante que os pais reconheçam e reflitam sobre essas emoções antes de responder. Isso pode envolver a prática de técnicas de *mindfulness*, como a respiração profunda ou a meditação, para ajudar a acalmar a mente e o corpo.

2. **Comunicação Empática**: A educação consciente envolve a comunicação de maneira aberta e empática com as crianças. Por exemplo, se uma criança está chateada porque não pode sair para brincar com os amigos devido à chuva, em vez de simplesmente dizer "*é assim que é*", os pais podem reconhecer e validar os sentimentos da criança, dizendo algo como "*Eu entendo que você está desapontado porque estava ansioso para brincar com seus amigos. É difícil quando as coisas não saem como planejamos.*"

3. **Respeito pela Individualidade da Criança**: A educação consciente também envolve o respeito pela individualidade da criança. Isso significa reconhecer que cada criança é única e tem suas próprias necessidades, interesses e ritmo de desenvolvimento. Por exemplo, se uma criança está lutando com matemática, em vez de compará-la com seus irmãos ou colegas, os pais podem procurar maneiras de apoiar seu aprendizado individual, talvez encontrando recursos de aprendizado mais visuais ou práticos, ou procurando ajuda extra fora da escola.

4. **Modelagem de Comportamento**: Os pais conscientes reconhecem que são modelos para seus filhos e se esforçam para demonstrar comportamentos e atitudes saudáveis. Por exemplo, se os pais querem que seus filhos pratiquem gratidão, eles podem começar expressando gratidão em suas próprias vidas, talvez mantendo um diário de gratidão ou expressando agradecimento por pequenas coisas no dia a dia.

5. **Estabelecimento de Limites com Amor**: Embora a educação consciente envolva respeito e empatia pelas emoções das crianças, isso não significa que as crianças devam ter permissão para fazer o que quiserem. Os pais conscientes estabelecem limites claros e consistentes, mas fazem isso de uma maneira amorosa e respeitosa. Por exemplo, se uma criança quer um doce antes do jantar, em vez de simplesmente dizer "*não*", os pais podem explicar o motivo do limite, dizendo algo como "*Eu entendo que você quer um doce agora, mas comer doces antes do jantar pode estragar seu apetite. Você pode ter um doce depois do jantar.*"

Integrar a educação consciente nas práticas parentais diárias pode ser um desafio, mas os benefícios para a relação entre pais e filhos e para o desenvolvimento emocional da criança podem ser profundos.

10.4.3 Promovendo a consciência emocional e a autenticidade como pais conscientes

A consciência emocional e a autenticidade são dois pilares fundamentais da educação consciente. Elas não apenas ajudam a criar um ambiente emocionalmente seguro e nutritivo para as crianças, mas também permitem que os pais vivam de maneira mais autêntica e satisfeita. Aqui estão algumas maneiras de promover a consciência emocional e a autenticidade na parentalidade consciente.

1. **Reconhecimento e validação das emoções**: A consciência emocional começa com o reconhecimento e a validação das emoções, tanto as suas próprias como as de seus filhos. Isso significa permitir que as emoções existam sem julgamento, mesmo que sejam desconfortáveis. Por exemplo, se seu filho está com raiva porque não pode ter um brinquedo que quer, <u>em vez de dizer</u> *"não há motivo para ficar com raiva"*, <u>você pode dizer</u> *"eu vejo que você está muito chateado porque queria aquele brinquedo. É difícil quando não conseguimos o que queremos."*

2. **Expressão emocional saudável**: Promover a consciência emocional também envolve ensinar e modelar a expressão emocional saudável. Isso pode envolver a demonstração de como expressar emoções de maneira apropriada e respeitosa, e encorajar as crianças a fazer o mesmo. Por exemplo, se você está se sentindo frustrada, pode dizer *"Estou me sentindo frustrada agora, então vou dar uma caminhada para me acalmar."*

3. **Autenticidade(*)**: Ser autêntico como pai consciente significa viver de acordo com seus valores e ser verdadeiro consigo mesmo. Isso pode envolver a expressão de suas próprias necessidades e sentimentos de maneira honesta e respeitosa, e encorajar seus filhos a fazer o mesmo. Por exemplo, se você precisa de algum tempo sozinho, pode dizer *"Estou me sentindo um pouco cansado e preciso de algum tempo sozinho para recarregar. Vamos ler juntos depois do jantar, tudo bem?"*

4. **Reflexão e crescimento pessoal**: A promoção da consciência emocional e da autenticidade também envolve a reflexão contínua e o

crescimento pessoal. Isso pode envolver a prática de *mindfulness*, a busca de *feedback* de pessoas de confiança, ou a busca de terapia ou *coaching* para ajudar a explorar e entender melhor suas emoções e comportamentos.

5. **Criação de um ambiente seguro e amoroso**: Finalmente, promover a consciência emocional e a autenticidade envolve a criação de um ambiente seguro e amoroso onde as crianças se sintam valorizadas e aceitas por quem são. Isso pode envolver a expressão regular de amor e apreço, a escuta ativa e empática, e a criação de rotinas e rituais que ajudem a nutrir a conexão e a segurança emocional.

Promover a consciência emocional e a autenticidade, como pais conscientes, pode ser um desafio, mas os benefícios para a relação entre pais e filhos e para o bem-estar emocional de todos os envolvidos podem ser profundos.

⇨ **(*) Uma observação sobre a autenticidade:**

Ensinar a **autenticidade** a uma criança é um processo delicado, que envolve equilibrar a expressão honesta de sentimentos e pensamentos, com a consideração pelos sentimentos dos outros. Aqui estão algumas estratégias que podem ajudar:

1. Modelagem de Comportamento: Demonstre autenticidade em suas próprias interações. As crianças aprendem muito observando os adultos em suas vidas. Seja honesto sobre seus sentimentos, mas faça isso de uma maneira que seja respeitosa e atenciosa com os sentimentos dos outros.

2. Ensine a Empatia: A empatia é a capacidade de entender e compartilhar os sentimentos dos outros. Ensine seu filho a considerar como suas palavras e ações podem afetar os outros. Isso pode ser feito através de conversas, leitura de histórias e jogos de *role-playing*.

3. Comunicação Não Violenta: A Comunicação Não Violenta (CNV) é uma técnica que pode ajudar as crianças a expressar suas necessidades e sentimentos de maneira autêntica sem machucar os outros. A CNV envolve expressar como você se sente, o que você precisa e fazer um pedido específico. Por exemplo, em vez de dizer *"Você é egoísta!"*, uma criança pode aprender a dizer *"Eu me senti chateado quando você pegou meu brinquedo. Eu preciso que você peça antes de pegar minhas coisas. Você pode fazer* *isso da próxima vez?"*

4. Prática de *Mindfulness*: A prática de *mindfulness* pode ajudar as crianças a se tornarem mais conscientes de seus próprios sentimentos e pensamentos, o que é um passo importante para a autenticidade. Isso pode ser feito através de atividades como a respiração consciente, a meditação ou o yoga para crianças (veja o exercício gravado de *mindfulness* no item 7.8).

5. Espaço para Erros: É importante que as crianças saibam que está tudo bem cometer erros. Aprender a ser autêntico é um processo e haverá momentos em que eles podem dizer algo que machuca os sentimentos de outra pessoa. Quando isso acontece, ajude-os a reconhecer o erro, a se desculpar e a pensar em como eles podem fazer as coisas de maneira diferente no futuro.

Lembre-se, a autenticidade não é sobre ser brutalmente honesto o tempo todo, mas sobre ser verdadeiro consigo mesmo e com os outros, de uma maneira que seja respeitosa e atenciosa.

10.5 Educação Baseada na Neurociência

10.5.1 A interação entre a neurociência e a educação infantil

A interação entre a neurociência e a educação infantil tem sido uma área de crescente interesse e pesquisa nos últimos anos. A compreensão do funcionamento do cérebro e seu impacto no desenvolvimento cognitivo, emocional e social das crianças, tem proporcionado *insights* valiosos para educadores e profissionais da área da educação.

Sabemos que o cérebro infantil passa por uma rápida e intensa reorganização durante os primeiros anos de vida, formando conexões neurais fundamentais, que sustentarão o aprendizado ao longo da vida. A compreensão desses processos ajuda os educadores a projetar experiências de aprendizado adequadas ao estágio de desenvolvimento das crianças.

A neurociência ressalta a importância de um ambiente rico em estímulos positivos para o desenvolvimento cerebral saudável. Experiências positivas, interações afetivas e oportunidades de aprendizado desafiadoras têm o poder de fortalecer as conexões neurais e promover um desenvolvimento cognitivo e emocional robusto nas crianças.

A interação entre a neurociência e a educação infantil destaca a importância das emoções no processo de aprendizagem, uma vez que as emoções desempenham um papel fundamental na atenção, motivação, tomada de decisão e memória. Um ambiente educacional que valoriza e promove a regulação emocional contribui para o engajamento e o sucesso acadêmico das crianças.

A neurociência também auxilia na informação da escolha dos estilos de ensino mais eficazes. Por exemplo, pesquisas indicam que a aprendizagem ativa, baseada em projetos e experiências, está mais alinhada com os princípios de funcionamento do cérebro, pois envolve a participação ativa dos alunos, promovendo a retenção e a aplicação do conhecimento de maneira mais significativa.

Além disso, a neurociência demonstra que o cérebro é altamente maleável e possui uma capacidade única de se adaptar e mudar ao longo da vida, conhecida como neuroplasticidade. Essa descoberta é uma mensagem encorajadora para a educação infantil, pois significa que as crianças têm o potencial de desenvolver novas habilidades e superar desafios, mesmo que enfrentem dificuldades iniciais.

A pesquisa em neurociência também tem o potencial de informar intervenções educacionais direcionadas a crianças com necessidades especiais de aprendizado. Compreender as bases neurais de certos distúrbios e dificuldades de aprendizado pode ajudar na identificação precoce e na implementação de estratégias e suportes adequados para promover o sucesso acadêmico dessas crianças.

10.5.2 Aplicando os princípios da neurociência para promover a autonomia e a colaboração

A neurociência oferece *insights* valiosos que podem ser aplicados para promover a autonomia e a colaboração na educação. Ao entender como o cérebro funciona e como ele se desenvolve, podemos criar ambientes de aprendizagem que incentivem as crianças a se tornarem aprendizes autônomos e colaborativos.

As principais formas de se fazer isso, incluem:

1. Promover a Autonomia

A autonomia refere-se à capacidade de um indivíduo de tomar decisões independentes e de se autogerir. A neurociência nos mostra que a autonomia é uma parte importante do aprendizado eficaz. Quando as crianças têm a oportunidade de fazer escolhas e tomar decisões sobre seu próprio aprendizado, elas se tornam mais engajadas e motivadas.

Por exemplo, pesquisas demonstraram que quando as crianças têm a oportunidade de fazer escolhas significativas sobre o que e como estão aprendendo, elas tiveram uma maior ativação em áreas do cérebro associadas à motivação e ao engajamento. Isso sugere que a autonomia pode desempenhar um papel importante na promoção do aprendizado eficaz.

Para promover a autonomia, os educadores podem fornecer oportunidades para as crianças tomarem decisões sobre seu aprendizado. Isso pode envolver permitir que elas escolham os tópicos que desejam explorar, os projetos que desejam realizar, ou as estratégias que desejam usar para resolver um problema.

2. Promover a Colaboração

A colaboração é outra habilidade importante que pode ser apoiada pela neurociência. Pesquisas demonstraram que quando as crianças trabalham juntas em uma tarefa, elas apresentam maior ativação em áreas do cérebro associadas à compreensão social e à resolução de problemas.

Além disso, a colaboração pode ajudar a promover uma série de outras habilidades importantes, como a comunicação, a empatia e a capacidade de ver as coisas a partir de diferentes perspectivas. Isso pode, por sua vez, ajudar a promover o desenvolvimento socioemocional e a aprendizagem eficaz.

Para promover a colaboração, os educadores podem criar oportunidades para o trabalho em grupo e a resolução de problemas cooperativos. Isso pode envolver a organização de projetos de grupo, jogos de equipe, ou discussões em grupo.

Em resumo, ao aplicar os princípios da neurociência, podemos criar ambientes de aprendizagem que promovam a autonomia e a colaboração. Isso pode, por sua vez, ajudar a promover o aprendizado eficaz e o desenvolvimento integral das crianças.

10.5.3 Estabelecendo uma educação respeitosa que leve em consideração o desenvolvimento cerebral das crianças

A educação que respeita e considera o desenvolvimento cerebral das crianças é fundamental para promover a aprendizagem eficaz e o bem-estar emocional. Isso envolve entender como o cérebro das crianças se desenvolve e como este desenvolvimento pode ser influenciado pelas experiências de aprendizagem.

Primeiramente, é importante reconhecer que o cérebro das crianças está em constante crescimento e mudança. Durante os primeiros anos de vida, o cérebro forma novas conexões neurais a uma taxa incrível. Isso significa que as experiências de aprendizagem, durante esse período, podem ter um impacto significativo no desenvolvimento cerebral.

Para respeitar esse processo de desenvolvimento, é crucial fornecer às crianças experiências de aprendizagem que sejam apropriadas para a sua idade e estágio de desenvolvimento. Isso pode envolver a utilização de métodos de ensino que se alinhem com a forma como as crianças aprendem melhor. Por exemplo, sabemos que as crianças aprendem eficazmente através do jogo e da exploração, portanto, esses elementos devem ser incorporados na prática pedagógica.

Além disso, é importante considerar o bem-estar emocional das crianças. Pesquisas nesta área demonstram que o estresse e a ansiedade podem interferir no desenvolvimento cerebral e na aprendizagem. Portanto, é crucial criar um ambiente de aprendizagem que seja seguro e acolhedor, onde as crianças se sintam valorizadas e apoiadas.

A educação também deve ser flexível e adaptável, capaz de responder às necessidades individuais de cada criança. Cada criança é única e pode ter diferentes estilos de aprendizagem, interesses e ritmos de desenvolvimento. Ao adaptar a educação para atender a estas diferenças individuais, podemos ajudar todas as crianças a alcançar seu potencial máximo.

Em resumo, uma educação respeitosa, que leve em consideração o desenvolvimento cerebral das crianças, envolve a criação de ambientes de aprendizagem que sejam seguros, acolhedores, apropriados para a idade e estágios de desenvolvimento, e que sejam flexíveis e adaptáveis às necessidades individuais de cada criança. Ao fazer isso, podemos promover a aprendizagem eficaz e o desenvolvimento saudável do cérebro.

11. Críticas a cada uma das abordagens atuais

Neste capítulo, eu irei tecer algumas críticas a cada um dos tipos de educação apresentados anteriormente. Sabemos que nada é perfeito. Por mais que tentemos encontrar uma solução definitiva e perfeita, a educação das crianças é uma caminhada contínua, longa e com vários obstáculos. Como apresentei várias abordagens, gostaria aqui de demonstrar as principais críticas à cada uma delas. Quando temos consciência das partes negativas de algo, se torna mais fácil entender as dificuldades que enfrentaremos em certas abordagens e mudar a rota quando necessário. Estando conscientes de alguns dos problemas e deficiências de cada uma delas, temos maior poder de decisão para não escolher uma, ou outra estratégia, que não se adeque à nossa família em particular.

11.1 Críticas em relação à educação consciente

A educação consciente, como qualquer abordagem pedagógica, tem seus críticos. Aqui estão algumas das críticas mais comuns:

1. **Demanda de tempo e energia**: A educação consciente requer que os pais estejam presentes e atentos, o que pode ser desafiador em meio às demandas da vida moderna. Alguns críticos argumentam que essa abordagem pode ser muito exigente para os pais que já estão sobrecarregados.

2. **Falta de estrutura e disciplina**: Alguns críticos argumentam que a educação consciente pode levar a uma falta de estrutura e disciplina, pois enfatiza a compreensão e a aceitação das emoções das crianças, em vez de estabelecer limites claros. No entanto, os defensores da educação consciente argumentam que ela não exclui a disciplina, mas promove a disciplina que seja respeitosa e compreensiva.

3. **Dificuldade de implementação**: A educação consciente requer uma mudança de mentalidade que pode ser difícil para alguns pais. Alguns críticos argumentam que essa abordagem pode ser difícil de implementar sem o apoio adequado, como treinamento ou terapia.

4. **Falta de pesquisa empírica**: Embora haja alguma pesquisa sugerindo que a educação consciente possa ter benefícios, a quantidade de

pesquisa empírica é limitada. Alguns críticos argumentam que mais pesquisas são necessárias, para estabelecer a eficácia dessa abordagem.

5. **Não é adequado para todas as situações**: Alguns críticos argumentam que a educação consciente pode não ser adequada para todas as situações ou para todas as crianças. Por exemplo, pode ser menos eficaz em situações onde a segurança é uma preocupação imediata, ou para crianças com certas condições de saúde mental ou comportamental.

11.2   Críticas em relação à educação positiva

A educação positiva, que se concentra em promover a positividade, a resiliência e o bem-estar das crianças, também tem suas críticas. Aqui estão algumas das mais comuns:

1. **Ignorando emoções negativas**: Uma crítica comum à educação positiva é que ela pode levar a ignorar ou minimizar as emoções negativas. Embora a intenção seja promover a positividade, é importante que as crianças aprendam a lidar com todas as emoções, incluindo as negativas. Ignorar ou suprimir emoções negativas pode levar a problemas de saúde mental a longo prazo.

2. **Pressão para ser positivo**: Outra crítica é que a educação positiva pode criar uma pressão para ser sempre positivo. Isso pode ser especialmente problemático para crianças que estão lidando com problemas de saúde mental, como depressão ou ansiedade. A pressão para ser sempre positivo pode fazer com que essas crianças se sintam ainda pior sobre si mesmas, se não conseguirem atender a estas expectativas.

3. **Falta de estrutura e disciplina**: Assim como a educação consciente, a educação positiva também foi criticada por potencialmente levar a uma falta de estrutura e disciplina. Alguns argumentam que a ênfase na positividade e no bem-estar pode levar a uma falta de limites claros e de consequências para o comportamento inadequado.

4. **Falta de pesquisa empírica**: Embora haja alguma pesquisa sugerindo que a educação positiva possa ter benefícios, a quantidade de pesquisa empírica é limitada. Alguns críticos argumentam que mais pesquisas são necessárias para estabelecer a eficácia dessa abordagem.

5.   **Não é adequado para todas as situações**: Alguns críticos argumentam que a educação positiva pode não ser adequada para todas as situações ou para todas as crianças.

11.3   Críticas em relação à CNV

A educação baseada na Comunicação Não-Violenta (CNV), que se concentra em promover a empatia, a autenticidade, a compaixão, a compreensão, a conexão entre as pessoas e a resolução de conflitos, assim como todas as outras abordagens de educação, também apresenta críticas. Aqui estão algumas das mais comuns:

1.   **Simplificação excessiva**: Alguns críticos argumentam que a CNV pode simplificar demais os desafios complexos da comunicação e dos relacionamentos, tornando-a inadequada para lidar com situações mais complicadas.

2.   **Ênfase na empatia unilateral**: A CNV enfatiza a empatia e a compreensão das necessidades dos outros, mas alguns críticos argumentam que isso pode levar a uma falta de equilíbrio nos relacionamentos, com uma atenção desproporcional dada às necessidades dos outros, em detrimento das próprias necessidades.

3.   **Abordagem individualista**: A CNV também recebe algumas críticas por ser excessivamente focada no indivíduo, negligenciando as influências estruturais e sociais que podem contribuir para conflitos e desigualdades.

4.   **Falta de evidências científicas sólidas**: Alguns críticos argumentam que a CNV carece de uma base sólida de evidências científicas, que comprovem sua eficácia em comparação com outras abordagens de comunicação e resolução de conflitos.

É importante notar que as críticas não invalidam necessariamente a utilidade ou os benefícios da CNV, mas destacam pontos de debate e áreas em que a abordagem pode ser aprimorada. Como em qualquer metodologia, é importante avaliar criticamente e adaptar as abordagens educacionais de acordo com as necessidades e contextos individuais.

11.4   Críticas em relação à educação democrática

A abordagem de educar os filhos de forma respeitosa e democrática, permitindo que eles participem de todas as decisões da família, é uma prática que tem ganhado popularidade. No entanto, como todas as abordagens de educação e parentalidade, ela tem suas críticas. Aqui estão algumas das mais comuns:

1. **Crianças não estão preparadas para tomar certas decisões**: Uma das críticas mais comuns é que as crianças, especialmente as mais jovens, não têm a maturidade ou a experiência de vida para tomar decisões informadas sobre certos assuntos. Por exemplo, elas podem não entender completamente as implicações financeiras de uma decisão de família ou as implicações de saúde de certas escolhas alimentares.

2. **Pode levar a uma falta de estrutura**: Outra crítica é que permitir que as crianças participem de todas as decisões pode levar a uma falta de estrutura ou rotina, o que pode ser desestabilizador para algumas crianças. As crianças, muitas vezes, se beneficiam de limites claros e previsibilidade.

3. **Pode criar uma carga indevida sobre as crianças**: Algumas pessoas argumentam que envolver as crianças em todas as decisões da família pode colocar uma carga indevida sobre elas, fazendo com que se sintam responsáveis por coisas que estão além de seu controle ou compreensão.

4. **Pode levar a um desequilíbrio de poder**: Embora a intenção seja criar um ambiente de respeito mútuo, alguns críticos argumentam que essa abordagem pode levar a um desequilíbrio de poder se as crianças começarem a sentir que têm o controle total.

5. **Pode ser impraticável**: Finalmente, alguns críticos argumentam que essa abordagem pode ser impraticável em certas situações. Por exemplo, em uma situação de emergência, pode não ser apropriado ou seguro envolver as crianças na tomada de decisões.

Apesar dessas críticas, muitas famílias encontram valor em alguns dos vários aspectos de cada uma dessas abordagens. Cada uma delas apresenta pontos muito positivos, que podem ser integrados no nosso dia a dia para promover relações mais saudáveis e respeitosas entre pais e filhos, promover a autonomia, o respeito mútuo, a empatia, o bem-estar e a resiliência das crianças, tornando-as mais habilidosas socialmente. Desta forma, a possibilidade delas se tornarem adultos mais felizes é muito maior, já que somos seres grupais que, querendo ou não, precisamos uns dos outros, valorizamos as boas companhias e precisamos ser conscientes dos nossos limites e dos limites dos outros para conseguirmos viver bem em comunidade.

Então é importante que, em qualquer uma dessas abordagens ou formas de parentalidade, cada família encontre o que funciona melhor para suas circunstâncias e necessidades individuais, de acordo com as idades das crianças, seu temperamento e fases de vida, tanto dos pais, quanto dos filhos.

O importante é sempre estar aprendendo e fazendo o "nosso" melhor. Mas para isso, antes de tudo, a gente precisa compreender que somos seres imperfeitos e assumir nosso lado vulnerável. A gente tem que abraçar essa imperfeição, sem medo do julgamento alheio. Só você sabe os sacrifícios que você faz para dar conta de tudo e tentar ser sua melhor versão dia após dia.

Então não se culpe e nem se renda a insinuações, comparações ou rótulos. Só tente ser boa para você mesmo, para seus filhos, ame-os com toda a intensidade, demonstre isso para eles, assuma seus erros, afinal eles não encontrarão perfeição no mundo e nem devem aprender a tentar ser perfeitos, pois isso só causará uma autocobrança muito grande, seguida de infelicidade.

Se eu puder te aconselhar a alguma coisa é que você seja leve, feliz e uma boa pessoa. Assim você modela o comportamento do seu filho, para que ele também seja leve, feliz e bom. Não tente ser igual a todo mundo, e nem tente ser perfeito. A perfeição não existe e, se existisse, seria muito chata. A beleza da humanidade é isso – sermos diferentes para nos completarmos nas nossas diferenças.

12.   Educação Emocional

No capítulo anterior, eu abordei críticas às diversas estratégias de educação. Ainda que bem-intencionadas, é preciso reconhecer que cada criança e contexto familiar são únicos, tornando impossível a implementação plena de todas as estratégias. Elas possuem falhas, mas servem como exemplos inspiradores.

Todas as abordagens citadas compartilham um elemento — a importância da consciência e da inteligência emocional. **Precisamos aprender a lidar com nossas emoções, identificá-las, compreender suas causas** e **validar nossos sentimentos**, para então, fazer o mesmo pelas nossas crianças.

Cada um de nós tem uma história única de vida, repleta de experiências e traumas pessoais. Portanto, quando vemos alguém sofrendo por algo que consideramos insignificante, devemos lembrar que não temos o direito de julgar. Em vez disso, deveríamos ser gratos por não compartilhar da mesma dor.

Esta gratidão revela duas coisas: nossa experiência de vida e a forma como fomos educados. Ambos podem ter nos tornado resilientes ou, alternativamente, desenvolvemos inteligência emocional, seja através do aprendizado inconsciente, de terapia, de autoconhecimento ou de interações interpessoais.

O objetivo deste livro é alertar que as estratégias ideais para educar nossos filhos não se aplicam uniformemente. Cada filho é único, mesmo dentro da mesma família. As circunstâncias de cada gestação, as diferentes experiências e até a ordem de nascimento podem influenciar na personalidade da criança. Portanto, a maneira como educamos um filho pode não ser ideal para o outro.

Ao longo do desenvolvimento das crianças, podemos ajustar nosso enfoque, semelhante à analogia do veleiro no item 3.8, onde ajustamos a rota de acordo com o vento. Cada filho será exposto a ambientes, professores e situações distintas, que juntamente com influências genéticas e de gestação, moldam seus comportamentos e suas personalidades. Cada criança será única, seja mais organizada, extrovertida ou impulsiva, e devemos reconhecer e abraçar estas diferenças.

O foco da educação emocional é tirar o melhor de cada uma das outras abordagens. É entender e assimilar as várias estratégias e descobrir, com base na sua dinâmica familiar, o que funciona melhor para você e sua família, levando em consideração as necessidades do seu filho nas diferentes épocas da vida dele.

O **mais importante**, e isso é unânime em todas as abordagens, é **saber identificar nossas emoções e sentimentos, dar nome a eles**, passar a **observar o gatilho** para aquela emoção, seja um evento externo ou interno, como um pensamento disfuncional, **entender** o que há por trás na camada abaixo das emoções primárias, ou seja, **qual necessidade humana sua não está sendo atendida** (carinho, necessidade de reconhecimento, necessidade de acolhimento, de ser compreendida, entre outras), a ponto de despertar aquela emoção, e saber **desafiar os pensamentos que geraram os seus sentimentos** para conseguir **regular suas emoções**.

O objetivo principal da educação emocional é extrair os pontos fortes de cada método disponível. Ao compreender e absorver diversas táticas, fica mais fácil fazer uma escolha, com base na dinâmica específica da sua família, a que melhor se adequa às suas necessidades e àquelas do seu filho, considerando suas demandas específicas em variadas fases da vida.

12.1   Como desafiar seus pensamentos

Ao tentar identificar nossas emoções, nomeando-a, observando seu gatilho, (seja um evento externo, sua interpretação sobre ele ou um pensamento), entendendo a causa subjacente por trás do gatilho, a técnica mais eficaz para regular suas emoções é desafiando seus pensamentos, para entender se eles são legítimos, reais e proporcionais ao evento.

Para desafiar um pensamento disfuncional, você pode usar algumas **perguntas chave,** que te ajudarão a reavaliar a situação de uma perspectiva mais objetiva e equilibrada:

Realidade: Pergunte-se: *"Este pensamento é baseado em fatos ou é uma interpretação minha da realidade?"*

Evidências: *"Quais são as evidências que sustentam esse pensamento? Quais evidências contradizem esse pensamento?"*

Alternativas: *"Existe uma explicação alternativa ou uma maneira diferente de ver a situação?"*

Implicações: *"Se o meu pensamento é verdadeiro, qual é a real importância disso a longo prazo?"*

Utilidade: *"Este pensamento é útil ou benéfico para mim? Ele me ajuda a atingir meus objetivos ou me impede de alcançá-los?"*

Perspectiva: *"Como eu veria essa situação se estivesse do lado de fora? O que eu diria a um amigo que tivesse esse mesmo pensamento?"*

Generalização: *"Estou generalizando a partir de um incidente isolado? Estou aplicando esse único evento a todas as situações similares?"*

Estas perguntas são projetadas para ajudar a quebrar o ciclo de pensamentos negativos automáticos, promovendo uma visão mais realista e equilibrada da situação.

Desafiar um pensamento disfuncional envolve **identificar pensamentos negativos automáticos, questionar a sua validade** e **substituí-los por interpretações mais realistas** e equilibradas. Aqui estão alguns **exemplos**:

Identificação: Imagine que você tenha feito uma apresentação no trabalho e a reação não foi como esperada. O pensamento disfuncional poderia ser: *"Fui péssimo, todos acham que sou um fracasso."*

Questionamento: Em seguida, questione essa interpretação. Pergunte a si mesmo: *"Isso é realmente verdade? Todos reagiram negativamente ou estou focando apenas na reação de algumas pessoas? Houve algum feedback positivo que estou ignorando?"*

Evidências: Reúna evidências que suportam ou que refutam seu pensamento. No exemplo, isso pode incluir a lembrança de outros momentos de sucesso no trabalho ou a percepção de que outros aspectos da apresentação correram bem.

Reinterpretação: Com base em suas respostas às questões anteriores, desenvolva uma interpretação mais equilibrada. Em vez de *"Fui péssimo, todos acham que sou um fracasso"*, você pode pensar: *"Essa apresentação não saiu como eu esperava, mas isso não define meu valor ou habilidade profissional. Tenho tido sucesso em muitas outras tarefas e posso aprender com essa experiência para melhorar no futuro."*

Essa abordagem é o componente central da terapia cognitivo-comportamental (TCC) e pode ser uma ferramenta eficaz para lidar com a ansiedade, a depressão e outras formas de angústia emocional.

Ao aprender e ficar bom em desafiar seus pensamentos disfuncionais, você poderá, mais tarde, desafiar, com as mesmas perguntas, os pensamentos disfuncionais dos seus filhos, que os levam à ansiedade.

13. Estratégias para educar emocionalmente seu filho

A educação emocional na infância é de extrema importância para o desenvolvimento saudável das crianças. Estabelecer um apego seguro entre pais e filhos é um dos primeiros passos para construir uma criança com boa inteligência emocional. O apego seguro promove a segurança emocional, regulação emocional e empatia, fornecendo uma base sólida para o desenvolvimento das habilidades emocionais e sociais da criança. Através da educação emocional, as crianças aprendem a compreender, a expressar e a lidar com suas emoções de forma saudável, desenvolvendo habilidades como empatia, resolução de conflitos e tomada de decisões conscientes. Estas habilidades são essenciais para construir relacionamentos saudáveis e enfrentar os desafios emocionais da vida com resiliência e bem-estar.

13.1 Construindo um Estilo de Apego Seguro

Criar um apego seguro em bebês é um processo contínuo e fundamental para o seu desenvolvimento emocional saudável. Aqui estão algumas **estratégias** específicas, divididas **por faixa etária**, que podem ajudar a promover um apego seguro:

⇨ **Recém-nascido a 6 meses:**

Contato físico e proximidade: Mantenha contato físico próximo com seu bebê, como carregá-lo no colo, embalá-lo suavemente e fazer contato pele a pele. Isso promove a sensação de segurança e de conexão emocional.

Responsividade: Responder prontamente aos sinais e necessidades do bebê é fundamental para estabelecer um vínculo de apego seguro. Seja alimentando, trocando a fralda ou oferecendo conforto quando chora, mostramos a ele nossa presença constante e disponibilidade. É um equívoco pensar que atender imediatamente o bebê pode "mimar" ou acostumá-lo mal. Na verdade, uma falta de resposta ou acolhimento pode conduzir a um fenômeno chamado "desamparo aprendido". Nesse cenário, o bebê pode cessar o choro, não porque aprendeu a ser tranquilo, mas por desistir de buscar ajuda. Esta situação pode afetar seu padrão de apego e influenciar relacionamentos futuros. O choro do bebê é sua principal ferramenta de comunicação. Ele pode expressar necessidades físicas, como fome, sono, temperatura ou desconforto; e também emocionais, como a busca por carinho e conexão. Atender prontamente a essas demandas não só reforça o vínculo afetivo, mas também é vital para o seu desenvolvimento saudável. A consistência nesse cuidado é crucial para solidificar esse vínculo e assegurar um crescimento emocional positivo para o bebê.

⇨ **6 meses a 12 meses:**

Brincadeiras interativas: Engaje-se em brincadeiras interativas com seu bebê, como jogos de esconder, cócegas suaves e imitação de sons e expressões faciais. Isso estimula a conexão emocional e fortalece o vínculo entre vocês.

Exploração segura: Permita que seu bebê explore o ambiente de forma segura, acompanhando-o durante suas explorações. Isso cria confiança e mostra que você está lá para apoiá-lo.

⇨ **12 meses a 18 meses:**

Comunicação afetuosa: Use uma linguagem suave e afetuosa ao falar com seu bebê. Faça contato visual frequente e sorria para transmitir amor e conexão emocional.

Rotinas consistentes: Estabeleça rotinas diárias consistentes para alimentação, sono e atividades, proporcionando previsibilidade e segurança ao seu bebê. Isso fortalece a sensação de segurança e confiança.

⇨ **18 meses a 24 meses:**

Estabelecimento de limites: Defina limites claros e consistentes para o comportamento do seu bebê. Use abordagens suaves e firmes para ensinar limites e ajudá-lo a compreender o que é seguro e apropriado.

Brincadeiras compartilhadas: Engaje-se em brincadeiras compartilhadas que envolvam imitação, turnos e interação mútua. Isso fortalece a conexão e a sensação de parceria entre vocês.

Lembre-se de que essas estratégias são apenas algumas sugestões e cada bebê é único. Observe as reações e sinais do seu bebê para adaptar as estratégias às suas necessidades individuais. O mais importante é oferecer amor, carinho e apoio emocional consistente, estabelecendo uma base sólida para um apego seguro desde os primeiros meses de vida.

⇨ **24 meses em diante:**

Continue com as rotinas e rituais: As crianças se sentem seguras quando sabem o que esperar. Estabelecer rotinas diárias, como horários de alimentação e sono, pode ajudar a criar uma sensação de segurança e previsibilidade para o seu filho.

Seja presente e responsivo: Esteja presente emocionalmente para o seu filho. Responda prontamente às suas necessidades físicas e emocionais, fornecendo conforto e apoio quando necessário. Isso demonstrará ao seu filho que ele pode contar com você para obter apoio e proteção.

Crie um ambiente seguro: Certifique-se de que o cuidador, caso você não vá ficar a maior parte do dia com ele, assim como o ambiente físico em que seu filho irá passar a maior parte do tempo seja seguro e adequado para o seu desenvolvimento. Isso inclui manter a casa livre de perigos e criar áreas seguras para a exploração e o brincar.

Esteja presente e ouça ativamente: Demonstre interesse genuíno pelas experiências e sentimentos do seu filho. Esteja presente durante as interações, ouvindo com atenção e respondendo de forma sensível.

Comunique-se com empatia: Mostre ao seu filho que você entende e valida suas emoções. Use linguagem adequada para a idade da criança e ajude-a a identificar e expressar seus sentimentos.

Pratique a comunicação não verbal: A comunicação não verbal, como o contato visual, o toque afetuoso e a linguagem corporal, desempenha um papel fundamental na construção do apego seguro. Utilize essas formas de comunicação para transmitir amor, cuidado e apoio ao seu filho.

Seja claro e consistente ao estabelecer limites: Estabeleça expectativas claras para o comportamento do seu filho e mantenha-se consistente ao aplicar as regras. Isso ajudará a criança a entender o que é esperado dela e a desenvolver um senso de segurança em relação aos limites estabelecidos.

Ofereça explicações e orientações: Em vez de simplesmente impor regras, explique ao seu filho por qual motivo certos comportamentos são adequados ou inadequados. Dê orientações sobre alternativas positivas e ofereça elogios quando a criança seguir as regras.

Seja firme, mas amoroso: Estabelecer limites não significa ser excessivamente rígido ou punitivo. Encontre um equilíbrio entre ser firme ao aplicar as regras e mostrar amor e apoio ao seu filho. Isso ajudará a criança a entender que as limitações são estabelecidas por seu bem-estar e segurança.

Esteja presente nas emoções do seu filho: Mostre interesse e apoio emocional quando seu filho estiver passando por momentos difíceis. Demonstre compreensão e ofereça consolo e suporte durante os desafios emocionais.

Incentive a autonomia e a tomada de decisões: Permita que seu filho tome decisões apropriadas para a sua idade e encoraje a independência. Isso ajudará a desenvolver a confiança e a autoestima da criança.

Celebre as conquistas: Reconheça e elogie os esforços e conquistas do seu filho. Isso fortalecerá sua autoconfiança e incentivo ao aprendizado contínuo.

13.2   Estabelecendo uma conexão emocional sólida

Estabelecer uma conexão emocional sólida com seu filho é essencial para promover um relacionamento saudável e fortalecer o vínculo afetivo. Neste item, vamos ver a importância de estabelecer uma conexão emocional sólida com seu filho, o papel do tempo de qualidade juntos, a criação de momentos especiais e de memórias positivas, e a promoção do diálogo aberto e honesto.

A conexão emocional sólida é construída por meio de interações afetuosas e atenção genuína. Aqui estão algumas estratégias para estabelecer uma conexão emocional sólida com seu filho:

1. Presença atenta: Esteja verdadeiramente presente durante as interações com seu filho. Dedique atenção total e evite distrações, como celulares ou outras tarefas. Demonstre interesse genuíno em suas experiências e emoções.

2. Comunicação não verbal: Utilize a linguagem corporal, expressões faciais e contato visual para transmitir amor, carinho e apoio emocional ao seu filho. Mostre que você está ouvindo e entendendo o que ele está comunicando.

3. Empatia e validação: Demonstre empatia pelas emoções e experiências do seu filho. Valide seus sentimentos e mostre que você o compreende. Isso ajuda a fortalecer a conexão emocional e a construir confiança.

4. Passe tempo de qualidade juntos: O tempo de qualidade juntos é um componente essencial para criar uma conexão profunda com seu filho. Aqui estão algumas maneiras de aproveitar o tempo de qualidade juntos:

Brincadeiras e atividades compartilhadas: Encontre atividades que vocês possam desfrutar juntos, como jogos, leitura de histórias, caminhadas ao ar livre ou artesanato. Esses momentos compartilhados fortalecem a conexão emocional e criam memórias duradouras.

Momentos de conversa: Reserve momentos para conversas significativas com seu filho. Dê a ele a oportunidade de expressar seus pensamentos, sentimentos e ideias. Mostre interesse pelo que ele tem a dizer e responda com empatia.

5. Crie momentos especiais e memórias positivas: A criação de momentos especiais e de memórias positivas fortalece o vínculo afetivo e constrói uma base sólida para a conexão emocional. Aqui estão algumas sugestões para criar momentos especiais:

Tradições familiares: Estabeleça tradições familiares significativas, como comemorações de datas especiais, rituais antes de dormir ou passeios regulares em família. Esses rituais e tradições criam uma sensação de pertencimento e criam memórias felizes.

Celebração de conquistas: Reconheça e celebre as conquistas do seu filho, por menores que sejam. Isso demonstra que você valoriza suas realizações e fortalece a conexão emocional.

6. Promova o diálogo aberto e honesto: A comunicação aberta e honesta é fundamental para uma conexão emocional saudável com seu filho. Aqui estão algumas estratégias para promover o diálogo aberto:

Ambiente acolhedor: Crie um ambiente onde seu filho se sinta à vontade para compartilhar seus pensamentos, sentimentos e preocupações. Mostre interesse e escute atentamente sem julgamentos.

Comunicação clara e assertiva: Utilize uma linguagem clara e adequada à idade do seu filho ao se comunicar. Seja honesto e assertivo em suas conversas, expressando suas próprias emoções e opiniões com respeito.

Ao estabelecer uma conexão emocional sólida com seu filho, através do tempo de qualidade juntos, momentos especiais e memórias positivas, e uma comunicação aberta e honesta, você fortalece o vínculo afetivo e promove um relacionamento saudável. Essa conexão emocional profunda é fundamental para o bem-estar emocional e o desenvolvimento saudável do seu filho.

13.3   A importância do sono

O sono desempenha um papel crucial no bem-estar emocional das crianças. Neste item, vamos explorar a importância do sono para o bem-estar emocional, discutir a importância de estabelecer uma rotina de sono saudável e fornecer estratégias para lidar com dificuldades relacionadas ao sono.

1.   **A importância do sono para o bem-estar emocional das crianças:** O sono adequado é essencial para o bem-estar emocional das crianças. Durante o sono, o **corpo** e a mente se recuperam, restaurando o equilíbrio emocional e promovendo o desenvolvimento saudável. Aqui estão alguns pontos importantes sobre a importância do sono:

Regulação emocional: O sono adequado desempenha um papel vital na regulação emocional das crianças. Quando estão bem descansadas, as crianças têm maior capacidade de lidar com emoções negativas, gerenciar o estresse e manter um equilíbrio emocional saudável.

Atenção e concentração: O sono adequado melhora a atenção e a concentração das crianças. Uma boa noite de sono permite que elas estejam mais alertas e engajadas durante o dia, facilitando o aprendizado e o bom desempenho acadêmico.

Comportamento adequado: A privação do sono pode levar a mudanças no comportamento das crianças, como irritabilidade, agitação e dificuldades de autorregulação. Um sono adequado contribui para um comportamento mais calmo, estável e equilibrado.

2. **Estabelecendo uma rotina de sono saudável:** Uma rotina de sono saudável é essencial para garantir um sono adequado e promover o bem-estar emocional das crianças. Aqui estão algumas estratégias para estabelecer uma rotina de sono saudável:

Horários consistentes: Estabeleça horários consistentes para ir para a cama e acordar. Isso ajuda a regular o relógio interno da criança e facilita o sono regular e restaurador.

Ritual de sono: Crie um ritual de sono relaxante antes de dormir. Pode incluir atividades como um banho morno, leitura de histórias ou música suave. Isso ajuda a preparar o corpo e a mente da criança para o sono.

Ambiente propício ao sono: Crie um ambiente tranquilo, confortável e escuro no quarto da criança. Evite a presença de dispositivos eletrônicos, luz intensa ou ruídos perturbadores. Isso ajuda a promover um sono mais tranquilo e reparador.

3. **Estratégias para lidar com dificuldades relacionadas ao sono:** Algumas crianças podem enfrentar dificuldades relacionadas ao sono. Aqui estão algumas estratégias para lidar com essas dificuldades:

Problemas de insônia: Se a criança tiver dificuldade em adormecer ou se ela costuma acordar frequentemente durante a noite, é importante investigar possíveis causas subjacentes, como ansiedade, estresse ou desconforto físico. Consulte um profissional de saúde para obter orientação adequada.

Pesadelos e medos noturnos: Se a criança tiver pesadelos ou medos noturnos, ofereça conforto e tranquilidade quando ela acordar assustada. Ajude-a a se acalmar e a retomar o sono, oferecendo apoio emocional e tranquilizando-a.

Resistência ao sono: Algumas crianças podem resistir ao sono e criar uma rotina prolongada de hora de dormir. Estabeleça limites claros e consistentes, mantendo-se firme na rotina de sono estabelecida. Ofereça conforto e tranquilidade, mas não ceda a demandas excessivas.

Adapte essas estratégias às necessidades individuais do seu filho. Promover um sono adequado e estabelecer uma rotina de sono saudável contribui para o bem-estar emocional, ajuda a regular as emoções, promove um comportamento adequado e ajuda a desenvolver habilidades cognitivas de maneira saudável.

13.4   A importância das rotinas

As rotinas têm um papel extremamente importante na educação emocional. Neste item, vamos explorar os benefícios das rotinas, discutir como estabelecer rotinas diárias efetivas e abordar a importância da flexibilidade e adaptabilidade nas rotinas.

1.   **Benefícios das rotinas na educação emocional dos filhos:** As rotinas fornecem estrutura, previsibilidade e segurança para as crianças. Aqui estão alguns benefícios das rotinas na educação emocional:

Sentimento de segurança: As rotinas criam uma sensação de segurança nas crianças, pois elas sabem o que esperar em determinados momentos do dia. Isso promove a estabilidade emocional e ajuda as crianças a lidar com mudanças e transições de forma mais tranquila.

Regulação emocional: As rotinas ajudam as crianças a regular suas emoções. Ao estabelecer rotinas consistentes, as crianças desenvolvem um senso de previsibilidade e controle sobre seu ambiente, o que facilita a autorregulação emocional.

Autonomia e responsabilidade: As rotinas proporcionam às crianças a oportunidade de desenvolver autonomia e responsabilidade. Ao seguir rotinas diárias, as crianças aprendem a cumprir tarefas, como se vestir, escovar os dentes ou arrumar a mochila, o que fortalece sua autoconfiança e senso de competência.

2.   **Estabelecendo rotinas diárias efetivas:** Para estabelecer rotinas diárias efetivas, é importante considerar as necessidades e características individuais da criança. Aqui estão algumas estratégias para criar rotinas diárias efetivas:

Consistência: Mantenha rotinas consistentes, seguindo horários e sequências regulares de atividades. Isso proporciona um senso de ordem e previsibilidade para a criança.

Comunicação clara: Explique as rotinas à criança de forma clara e adequada à sua idade. Utilize uma linguagem simples e objetiva para que ela compreenda as expectativas e etapas das atividades.

Envolvimento da criança: Incentive a participação ativa da criança na execução das rotinas. Permita que ela faça escolhas apropriadas dentro das rotinas, o que promove o senso de autonomia e responsabilidade.

3. **Flexibilidade e adaptabilidade nas rotinas:** Embora a consistência seja importante nas rotinas, também é essencial ter flexibilidade e adaptabilidade. Aqui estão algumas considerações:

Necessidades individuais: Esteja aberto para ajustar as rotinas de acordo com as necessidades individuais da criança. Reconheça que diferentes dias podem exigir adaptações e esteja disposto a fazer pequenas modificações quando necessário.

Equilíbrio: Encontre um equilíbrio entre a consistência e a flexibilidade. Manter a estrutura geral das rotinas é importante para a estabilidade emocional, mas também permita espaço para pequenas variações ou exceções ocasionais.

Comunicação aberta: Mantenha uma comunicação aberta com a criança sobre as mudanças nas rotinas. Explique antecipadamente as alterações planejadas e esteja disposto a ouvir suas opiniões e preocupações.

Ao estabelecer rotinas diárias efetivas, equilibrando consistência, flexibilidade e adaptabilidade, você cria um ambiente seguro e previsível para seu filho e isso ajudará a desenvolver a regulação emocional, a autonomia e a responsabilidade.

13.5   Expressões Faciais e Linguagem Corporal

Já que as expressões faciais e a linguagem corporal desempenham um papel importante na comunicação emocional, neste item, eu vou destacar o papel das expressões faciais e da linguagem corporal na comunicação emocional, discutir como interpretar e responder adequadamente às expressões do seu filho e abordar a importância de promover a consciência emocional por meio da expressão não verbal.

1. **O papel das expressões faciais e linguagem corporal na comunicação emocional:** As expressões faciais e a linguagem corporal são formas poderosas de comunicação não verbal. Elas nos permitem transmitir e compreender emoções, mesmo sem palavras. Aqui estão alguns pontos importantes sobre o papel das expressões faciais e linguagem corporal na comunicação emocional:

Comunicação instantânea: As expressões faciais e a linguagem corporal são formas instantâneas de comunicação emocional. Elas permitem que as crianças expressem suas emoções e necessidades, mesmo que ainda não tenham desenvolvido habilidades verbais completas.

Compreensão emocional: As expressões faciais e a linguagem corporal também nos permitem compreender as emoções dos outros. Ao observar as expressões e os gestos do seu filho, você pode identificar seus sentimentos e responder de forma adequada e empática.

Influência recíproca: As expressões faciais e a linguagem corporal também podem influenciar as emoções. Por exemplo, sorrir para seu filho pode transmitir felicidade e aumentar sua sensação de bem-estar emocional.

2. **Como interpretar e responder adequadamente às expressões do seu filho:** É importante aprender a interpretar as expressões faciais e a linguagem corporal do seu filho para responder de maneira adequada. Aqui estão algumas sugestões para interpretar e responder adequadamente às expressões do seu filho:

Observe atentamente: Esteja atento às expressões faciais e aos gestos do seu filho. Observe mudanças sutis em suas expressões, como sobrancelhas franzidas, lábios trêmulos ou tensão muscular, para compreender suas emoções.

Valide as emoções: Ao identificar as emoções do seu filho por meio de suas expressões faciais e linguagem corporal, valide esses sentimentos. Demonstre compreensão e empatia, e diga ao seu filho que você entende como ele se sente.

Responda adequadamente: Responda às expressões emocionais do seu filho de forma adequada e empática. Ofereça conforto e apoio, se ele estiver chateado, ou celebre com entusiasmo, se ele estiver feliz. Essa resposta ajuda a fortalecer a conexão emocional entre vocês.

3. **Promovendo a consciência emocional por meio da expressão não verbal**: A expressão não verbal, incluindo expressões faciais e linguagem corporal, é uma maneira eficaz de promover a consciência emocional em seu filho. Aqui estão algumas maneiras de promover a consciência emocional por meio da expressão não verbal:

Modelagem: Seja um modelo de expressão emocional saudável. Demonstre uma ampla gama de emoções e comunique-as de forma apropriada. Isso ajuda seu filho a aprender sobre a expressão emocional positiva e a compreender suas próprias emoções.

Exploração conjunta: Incentive seu filho a explorar e identificar diferentes expressões faciais e gestos corporais. Faça jogos de imitação e converse sobre o que cada expressão pode significar. Isso ajuda a promover a consciência emocional e a compreensão das emoções dos outros.

Comunicação aberta: Encoraje seu filho a expressar suas emoções por meio de expressões faciais e linguagem corporal. Mostre interesse em suas expressões e pergunte sobre o que ele está sentindo. Isso promove a comunicação emocional aberta e fortalece a conexão entre vocês.

Ao entender o papel das expressões faciais e linguagem corporal na comunicação emocional, você pode interpretar e responder adequadamente às expressões do seu filho. Promova a consciência emocional por meio da expressão não verbal para ajudar seu filho a compreender e comunicar suas emoções de forma saudável, fortalecendo sua inteligência emocional e o relacionamento com você.

13.6 Lidando com as birras

As birras são um dos maiores desafios, no entanto, é um dos mais comuns na educação das crianças. Neste item, vamos compreender as birras e seu propósito emocional, discutir maneiras de lidar com birras de forma respeitosa e efetiva, e explorar alternativas saudáveis para lidar com as emoções intensas durante as birras.

1. **Compreendendo as birras e seu propósito emocional**: As birras são explosões emocionais intensas que as crianças experimentam quando estão frustradas, cansadas, com fome ou incapazes de expressar suas

necessidades e desejos. É importante compreender que as birras são uma forma de comunicação para as crianças, uma vez que elas ainda não possuem habilidades de autorregulação emocional totalmente desenvolvidas. Aqui estão alguns pontos importantes sobre as birras e seu propósito emocional:

1.1 **Liberação emocional:** As birras permitem que as crianças liberem emoções intensas, como raiva, frustração e tristeza. É uma forma de expressão emocional quando elas se sentem sobrecarregadas e incapazes de lidar com suas emoções de outra maneira.

1.2 **Expressão de necessidades:** As birras podem ser um meio de comunicação quando as crianças têm dificuldade em expressar suas necessidades e desejos verbalmente. É importante reconhecer que a birra é um sinal de que a criança está lutando para se fazer entender.

1.3 **Busca por atenção:** Em alguns casos, as birras podem ser uma forma de buscar atenção ou obter uma resposta dos pais ou cuidadores. É importante identificar os padrões comportamentais da criança e entender se a birra está sendo usada como uma estratégia para obter atenção.

2. **Lidando com birras de forma respeitosa e efetiva:** Lidar com as birras requer uma abordagem respeitosa e efetiva para ajudar as crianças a lidar com suas emoções. Aqui estão algumas sugestões para lidar com as birras de forma respeitosa:

2.1 **Mantenha a calma:** É essencial manter a calma durante as birras. Responder com raiva ou frustração pode piorar a situação. Lembre-se de que as crianças estão buscando apoio e orientação emocional.

2.2 **Ofereça empatia:** Demonstre empatia pelas emoções da criança. Mostre compreensão e valide seus sentimentos, mesmo que não concorde com o comportamento. Isso ajuda a criança a se sentir compreendida e acolhida.

2.3 **Estabeleça limites claros:** Defina limites claros e consistentes para o comportamento durante as birras. Comunique de forma firme e respeitosa quais são as expectativas e as consequências de comportamentos inadequados.

3. **Alternativas saudáveis para lidar com as emoções intensas durante as birras:** Durante as birras, as crianças estão experimentando emoções intensas e podem se sentir descontroladas. É importante oferecer

alternativas saudáveis para ajudá-las a lidar com essas emoções. Aqui estão algumas alternativas **saudáveis**:

3.1 **Respiração profunda:** Ensine a criança a fazer respirações profundas e lentas durante as birras. Isso ajuda a acalmar o sistema nervoso e promover a autorregulação emocional.

3.2 **Redirecionamento de atenção:** Ofereça distrações positivas durante as birras, como brincadeiras, músicas ou atividades que ajudem a desviar o foco da criança das emoções intensas.

3.3 **Ofereça escolhas:** Quando você oferece escolhas plausíveis durante uma birra, você ajuda seu filho a sentir que tem algum controle sobre a situação. Isso, por si só, pode ajudá-lo a se acalmar. Além disso, ao oferecer alternativas ao que ele deseja no momento da birra, você redireciona sua atenção do cérebro emocional e reativo para o córtex pré-frontal, onde ele pode ponderar e fazer a escolha. Essa mudança de foco para o cérebro racional ajuda a acalmar o cérebro emocional. Ao mesmo tempo, seu filho se sente mais no controle da situação, fazendo uma escolha apropriada, dentre as opções que são razoáveis para você.

3.4 **Tempo de pausa/resfriamento:** Se a criança estiver em um ambiente seguro, permita que ela tenha um tempo de pausa ou resfriamento dos ânimos. Isso pode envolver ir para um local tranquilo e confortável até que ela se acalme.

Lidar com as birras de forma respeitosa, oferecendo alternativas saudáveis para lidar com as emoções intensas nesses momentos ajuda as crianças a desenvolver habilidades de autorregulação emocional. Lembre-se de que cada criança é única e a cada idade ela pode responder de maneira diferente às estratégias. Esteja disposto a ajustar suas abordagens e oferecer apoio emocional consistente para ajudar seu filho a aprender a lidar com suas emoções de maneira saudável.

3.7   Corregulação

A corregulação emocional desempenha um papel fundamental na relação entre pais e filhos. Ele é o primeiro passo para você ensinar seu filho a se autorregular quando ele estiver maior e com o cérebro mais desenvolvido de modo a conseguir, sozinho, se autorregular. Neste item, vamos explorar o poder da corregulação emocional na relação pais-filhos, discutir como ajudar seu filho a regular suas emoções e fornecer estratégias práticas de corregulação para momentos desafiadores, ok? Não pula esse tópico porque ele é dos mais importantes para as nossas crianças. Eu sei que você já deve estar cansada, mas imagina eu então, que estou escrevendo...

1. **O poder da corregulação emocional na relação pais-filhos:**

A corregulação emocional refere-se à capacidade dos pais de ajudar seus filhos a regular suas emoções. Essa habilidade é super importante para o desenvolvimento emocional saudável da criança e para fortalecer o vínculo afetivo entre pais e filhos. Aqui estão alguns pontos importantes sobre o poder da corregulação emocional:

Segurança emocional: A corregulação emocional proporciona um senso de segurança emocional para a criança. Quando os pais estão presentes e demonstram empatia, ajudando a criança a regular suas emoções, ela se sente amada e apoiada.

Modelagem de comportamento saudável: Ao praticar a corregulação emocional, os pais modelam comportamentos saudáveis de expressão e regulação emocional para seus filhos. Isso ajuda as crianças a aprender a identificar, expressar e regular suas próprias emoções.

Fortalecimento do vínculo afetivo: A corregulação emocional fortalece o vínculo afetivo entre pais e filhos. Quando os pais estão presentes e respondem de forma compassiva às emoções do filho, isso fortalece a confiança e a conexão emocional.

2. **Como ajudar seu filho a regular suas emoções:**

Existem várias maneiras de ajudar seu filho a regular suas emoções. Aqui estão algumas sugestões práticas:

Conexão e empatia: Esteja presente e demonstre empatia pelas emoções do seu filho. Valide seus sentimentos e mostre que você está lá para apoiá-lo. Ofereça um ambiente seguro para que ele possa expressar suas emoções abertamente.

Rotina e previsibilidade: Estabeleça rotinas diárias consistentes para fornecer um senso de segurança e previsibilidade para a criança. Isso ajuda a regular suas emoções, fornecendo um ambiente estável.

Ensine habilidades de autorregulação: Ensine ao seu filho habilidades de autorregulação emocional, como respiração profunda, técnicas de relaxamento ou estratégias de resolução de problemas. Ajude-o a identificar e nomear suas emoções para que ele possa expressá-las de forma adequada.

3. **Estratégias práticas de corregulação para momentos desafiadores:**

Existem momentos desafiadores em que seu filho pode ter dificuldade em regular suas emoções. Aqui estão algumas estratégias práticas de **corregulação**:

Ofereça apoio físico: Abrace, segure a mão ou acaricie seu filho suavemente para ajudá-lo a se acalmar. O contato físico pode transmitir segurança e conforto emocional.

Use palavras calmantes: Fale de forma suave e tranquila para ajudar seu filho a acalmar-se. Use frases como *"Eu estou aqui com você"* ou *"Respire fundo, vai ficar tudo bem"*. Isso transmite tranquilidade e apoio emocional.

Redirecione a atenção: Em momentos de intensa emoção, distraia a atenção do seu filho redirecionando-o para algo positivo, como uma atividade favorita, música relaxante ou uma história divertida.

Ao praticar a corregulação emocional, você ajuda seu filho a aprender a regular suas emoções e fortalece o vínculo afetivo entre vocês. A corregulação emocional é um processo contínuo que requer paciência e prática, então não desista na primeira tentativa, esteja presente, seja compassivo e ofereça apoio emocional consistente para ajudar seu filho a desenvolver habilidades saudáveis de autorregulação emocional.

13.8 Regulação Emocional

A regulação emocional é uma habilidade essencial no desenvolvimento das crianças. Apesar de já ter falado bastante sobre esse tema no capítulo sobre habilidade emocionais para os pais e sua própria regulação e também como ferramenta para corregular com os filhos, de modo a ensiná-los a se autorregular (item 8.4), neste tópico agora, eu senti necessidade de novamente falar sobre isso, por conta daquelas pessoas que, assim como eu, não leem o livro de forma linear. Como este capítulo é focado somente em estratégias voltadas para a criança, tive que repetir aqui alguns conceitos, mas agora, com estratégias mais específicas. Para quem veio direto para cá e não leu o item 8.4, vale a pena voltar lá por conta dos exemplos que não vou repetir aqui. Então, aqui, nós vamos explorar o desenvolvimento da regulação emocional nas crianças, por faixa etária, discutir maneiras de promover habilidades de autorregulação emocional e fornecer estratégias práticas para ajudar seu filho a lidar com as emoções de forma saudável. Além disso, vou abordar como a neurociência explica o desenvolvimento dessa habilidade, citando as faixas etárias e o respectivo desenvolvimento do córtex pré-frontal.

1. **O desenvolvimento da regulação emocional nas crianças:** A regulação emocional é um processo que envolve a capacidade de **identificar**, compreender e gerenciar as próprias emoções. Nas crianças, esta habilidade se desenvolve gradualmente ao longo do tempo. Aqui estão alguns aspectos importantes do desenvolvimento da regulação emocional:

⇨ **Primeira Infância (0-2 anos):** Durante os primeiros anos de vida, as crianças dependem dos cuidadores para regular suas emoções. Elas começam a reconhecer expressões faciais e gestos que indicam diferentes emoções. Nesta fase, a regulação emocional é principalmente corregulada pelos pais ou cuidadores.

⇨ **Idade Pré-Escolar (3-5 anos):** As crianças começam a desenvolver habilidades de autorregulação emocional, mas ainda podem ter dificuldades em controlar emoções intensas. Elas aprendem a nomear suas emoções básicas e a expressá-las de forma mais adequada.

⇨ **Idade Escolar (6-12 anos):** Nesta faixa etária, as crianças continuam a aprimorar suas habilidades de regulação emocional. Elas começam a entender melhor as causas e as consequências das emoções, desenvolvendo estratégias mais eficazes para lidar com elas.

2. **Promovendo habilidades de autorregulação emocional:** É fundamental promover habilidades de autorregulação emocional nas crianças para que possam lidar com suas emoções de maneira saudável. Aqui estão algumas maneiras de promover essas **habilidades:**

Ensine a identificação emocional: Ajude seu filho a reconhecer e nomear suas emoções. Incentive-o a expressar o que está sentindo e ofereça um ambiente seguro para que ele possa compartilhar suas emoções abertamente.

Pratique a autorregulação: Modelar habilidades de autorregulação emocional é essencial. Demonstre como você lida com as suas próprias emoções de maneira saudável, utilizando técnicas como respiração profunda, pausas e atividades relaxantes.

Promova a empatia: Ajude seu filho a desenvolver empatia e compreensão emocional em relação aos outros. Isso inclui encorajá-lo a pensar sobre as emoções dos outros e como suas ações podem afetar o bem-estar emocional dos demais.

3. **Estratégias práticas para ajudar seu filho a lidar com as emoções de forma saudável:** Existem várias estratégias práticas que podem ajudar seu filho a lidar com as emoções de forma saudável. Aqui estão algumas sugestões:

Respire fundo: Ensinar seu filho a fazer respirações profundas pode ajudá-lo a se acalmar em momentos de emoções intensas.

Ensine técnicas de relaxamento: Introduza técnicas de relaxamento, como a prática de *mindfulness* ou exercícios de relaxamento muscular progressivo (veja o exercício gravado de *mindfulness* no item 7.8).

Promova atividades de autorregulação: Incentive seu filho a participar de atividades que ajudem a regular as emoções, como desenho, escrever um diário, praticar esportes ou ouvir música (ou as técnicas ensinadas no item 8.4).

A neurociência explica o desenvolvimento dessa habilidade através do estudo do córtex pré-frontal, uma região do cérebro responsável pelo controle das emoções e do comportamento. Durante a infância e adolescência, o córtex pré-frontal está em desenvolvimento, e suas conexões neurais se fortalecem à medida que a criança adquire habilidades de regulação emocional. A maturação do córtex pré-frontal permite que a criança desenvolva estratégias mais sofisticadas para regular suas emoções e controlar impulsos.

É importante lembrar que o desenvolvimento da regulação emocional é gradual e individual. Cada criança pode ter seu próprio ritmo de progresso. Ofereça apoio, paciência e consistência durante o processo, reconhecendo as conquistas e incentivando a prática regular das habilidades de autorregulação emocional. Ao promover o desenvolvimento da regulação emocional, você está capacitando seu filho a lidar de maneira saudável com as emoções ao longo da vida.

13.9 Validação das Emoções

Neste tópico, vou explicar a importância da validação emocional, discutir técnicas de validação para apoiar as emoções do seu filho e abordar a importância de evitar a minimização ou negação dos sentimentos dele. Além disso, vou explicar porque é importante, de acordo com a neurociência, validar os sentimentos das crianças em vez de reprimi-los.

1. **A importância da validação emocional para o desenvolvimento saudável:** A validação emocional é o ato de reconhecer, aceitar e valorizar os sentimentos de uma criança. É fundamental para o desenvolvimento saudável das crianças por várias razões. Aqui estão alguns pontos importantes sobre a importância da validação emocional:

Fortalece o vínculo emocional: Quando você valida os sentimentos do seu filho, demonstrando que está presente e disposto a entender suas emoções, isso fortalece o vínculo emocional entre vocês e cria um ambiente seguro e acolhedor.

Promove a autoaceitação e autoestima: Ao validar os sentimentos do seu filho, você o ajuda a desenvolver uma compreensão saudável de si mesmo. Isso promove a autoaceitação, a confiança e a autoestima, permitindo que a criança se sinta valorizada e amada.

Desenvolve a inteligência emocional: A validação emocional ajuda a criança a reconhecer, compreender e regular suas próprias emoções. Ela aprende que suas emoções são válidas e importantes, o que contribui para o desenvolvimento da inteligência emocional.

2. **Técnicas de validação para apoiar as emoções do seu filho:** Existem várias técnicas de validação que podem ser utilizadas para apoiar as emoções do seu filho. Aqui estão algumas sugestões práticas:

Escuta ativa: Ouça atentamente o que seu filho está expressando, prestando atenção não apenas às palavras, mas também à linguagem corporal e às emoções subjacentes. Demonstre interesse genuíno pelo que ele está sentindo.

Repetição e validação: Repita as palavras do seu filho para mostrar que você compreende o que ele está dizendo. Valide suas emoções ao expressar compreensão e empatia, como *"Entendo que você está se sentindo triste porque..."*, ou *"Sei que isso te deixou chateado"*.

Ofereça suporte emocional: Mostre que você está lá para apoiar seu filho emocionalmente. Ofereça abraços, toque suave ou palavras de conforto para ajudá-lo a se sentir seguro e acolhido.

3. **Evitando a minimização ou negação dos sentimentos**: É importante evitar a minimização ou negação dos sentimentos do seu filho, pois isso pode ter consequências negativas para seu desenvolvimento emocional. Aqui estão algumas razões pelas quais é importante evitar essas abordagens, de acordo com a neurociência:

Estresse tóxico: A minimização ou negação dos sentimentos pode levar a um aumento do estresse tóxico na criança. Isso ocorre porque ela não se sente compreendida ou apoiada, o que pode ter impactos negativos na saúde mental e emocional.

Inibição emocional: Quando as emoções são minimizadas ou negadas repetidamente, a criança pode aprender a reprimir suas emoções, o que pode levar à inibição emocional e à dificuldade em expressar e lidar com as emoções de forma saudável.

Desconexão emocional: A minimização ou negação dos sentimentos pode levar a uma desconexão emocional entre pais e filhos. Isso pode prejudicar o desenvolvimento de um vínculo emocional forte e afetar a confiança e o senso de segurança da criança.

Ao validar os sentimentos do seu filho, você o ajuda a desenvolver uma compreensão saudável de suas emoções e a fortalecer o vínculo emocional entre vocês. Isso contribui para seu desenvolvimento emocional saudável, promovendo a autoaceitação, a inteligência emocional e a confiança. Evitando a minimização ou negação dos sentimentos, você cria um ambiente seguro e acolhedor para que seu filho possa expressar suas emoções de forma saudável e se desenvolver plenamente.

Para maiores informações sobre formas de validação e o seu oposto, a invalidação, retorne ao item 8.2.3.

13.10 Mochila de Emoções - Reconhecendo, Expressando e Lidando com as Emoções

Apesar de já descrito o conceito de regulação emocional no item 13.8, neste tópico eu vou explicar a metáfora da "mochila de emoções" como uma abordagem para ajudar as crianças a reconhecer, expressar e lidar com suas emoções de maneira saudável. A metáfora da mochila de emoções é uma ferramenta valiosa da psicologia para promover a autopercepção emocional e o bem-estar emocional geral. Vamos discutir estratégias para construir essa mochila de emoções, bem como práticas para a expressão saudável das emoções.

O conceito de "mochila de emoções" é frequentemente associado à abordagem da educação emocional. Embora não haja uma única fonte ou origem específica atribuída ao conceito, ele tem sido amplamente utilizado e adaptado em diversos contextos educacionais e terapêuticos para auxiliar crianças e adultos a compreender e lidar com suas emoções.

A metáfora da "mochila de emoções" refere-se à ideia de que todos nós carregamos uma mochila imaginária onde guardamos nossas emoções. Essas emoções podem ser positivas, como alegria, amor e esperança, ou negativas, como raiva, tristeza e medo. A mochila de emoções representa o acúmulo e a expressão dessas emoções ao longo do tempo.

O conceito da mochila de emoções visa ensinar às pessoas, especialmente crianças, a importância de reconhecer, compreender e expressar suas emoções de maneira saudável. Ele promove a consciência emocional, incentivando os indivíduos a reconhecer e nomear suas emoções, a aceitá-las como parte natural da experiência humana e a desenvolver habilidades para lidar com elas de forma construtiva.

Embora a origem exata do termo "mochila de emoções" seja difícil de rastrear, é importante destacar que a educação emocional é um campo de estudo e prática em constante evolução. Diversos teóricos, educadores e profissionais têm contribuído para o desenvolvimento de abordagens e ferramentas relacionadas à educação emocional, incluindo o uso da metáfora da mochila de emoções como uma maneira de ajudar as pessoas a explorar e gerenciar suas emoções.

Hoje em dia, a mochila de emoções é frequentemente utilizada como uma metáfora lúdica em programas de educação emocional, terapia infantil e atividades de promoção do bem-estar emocional. Através dessa metáfora, as crianças são encorajadas a reconhecer suas emoções, compartilhá-las com os outros, quando necessário, e desenvolver estratégias saudáveis para lidar com elas, promovendo assim o crescimento emocional e o bem-estar geral.

1. **Ensinando seu filho a reconhecer e lidar com as emoções:**

Identificação emocional: Ajude seu filho a identificar diferentes emoções, fornecendo exemplos concretos e incentivando-o a nomear o que está **sentindo**. Por exemplo, *"Você parece estar frustrado porque não conseguiu resolver o quebra-cabeça"*.

Comunicação emocional: Incentive seu filho a expressar suas emoções de maneira assertiva e respeitosa, encorajando-o a falar sobre o que está sentindo e por quê. Crie um ambiente acolhedor e livre de julgamentos para que ele se sinta confortável em compartilhar suas emoções.

Validar as emoções: Demonstre empatia e validação quando seu filho compartilhar suas emoções. Isso ajuda a construir confiança emocional e fortalece a conexão entre vocês. Por exemplo, *"Entendo que você esteja triste. É normal se sentir assim quando algo não sai como esperado"*.

2. **Construindo uma "mochila de emoções" para auxiliar na autopercepção emocional:**

Identificação e descrição das emoções: Crie uma lista visual de diferentes emoções e coloque-a em um local visível, como um quadro, geladeira ou uma mochila decorada. Isso ajuda a criança a reconhecer e nomear suas emoções, incentivando a autopercepção emocional. Na internet, existem *emoticons* com imãs para se colocar na geladeira, com os diferentes tipos de emoção. Isso ajuda seu filho a registrar de forma lúdica como ele está se sentindo e como suas emoções podem flutuar durante o dia. Isso é muito importante porque todos nós temos um viés negativo, isso é, nosso dia pode fluir maravilhosamente bem, mas se um único evento negativo nos acontece, tendemos a achar que o dia foi péssimo. Do ponto de vista evolutivo, esse viés negativo serve para que prestemos mais atenção em coisas negativas, de forma a impedir que corramos perigo. No entanto, basear todo seu dia em um único evento negativo, quando tantas outras coisas boas aconteceram, não é saudável a longo prazo. Por isso, é muito interessante aprender a perceber, desde cedo, que nossas emoções flutuam. Quando seu humor se alterar durante o dia e ela tiver que trocar a emoção que estava lá antes, talvez ela perceba que passou toda a semana bem e que os momentos tristes são bem mais raros do que costumamos pensar.

Registro de emoções: Incentive seu filho a registrar suas emoções em um diário ou caderno. Isso permite que ele acompanhe suas emoções ao longo do tempo, identificando padrões e compreendendo melhor suas respostas emocionais.

Caixa de recursos emocionais: Crie uma caixa ou sacola contendo recursos para ajudar seu filho a lidar com suas emoções. Isso pode incluir desenhos, cartões de afirmações positivas, objetos sensoriais ou qualquer outra coisa que o ajude a se acalmar e lidar com suas emoções de forma saudável. No livro de exercícios, vamos explorar melhor essa e outras atividades.

3. **Práticas para a expressão saudável das emoções:**

Conversas emocionais regulares: Reserve momentos regulares para conversas sobre emoções com seu filho. Pergunte como ele está se sentindo, o que está acontecendo em sua vida emocional e ofereça apoio e orientação quando necessário.

Expressão criativa: Incentive seu filho a expressar suas emoções de maneiras criativas, como por meio de desenhos, pinturas, música ou escrita. Essas formas de expressão ajudam a processar e liberar emoções de forma saudável.

Práticas de autorregulação emocional: Ensine estratégias de autorregulação, como técnicas de respiração profunda, meditação ou exercícios físicos, que podem ajudar seu filho a acalmar-se e lidar com emoções intensas de forma construtiva.

A mochila de emoções é uma ferramenta valiosa para auxiliar crianças a reconhecer, expressar e lidar com suas emoções de maneira saudável. Ao ensinar seu filho a reconhecer e nomear suas emoções, construir uma mochila de recursos emocionais e promover práticas para a expressão saudável das emoções, você estará fornecendo a ele as habilidades necessárias para compreender e gerenciar suas emoções de forma construtiva. Ao capacitá-lo a carregar uma mochila emocional equilibrada, você estará contribuindo para o seu bem-estar emocional e promovendo relacionamentos saudáveis e resilientes.

13.11 Lidando com a Raiva

Apesar de já ter escrito esse assunto no capítulo 9, este tópico é específico para raiva e como ajudar com que as crianças lidem com esse sentimento. Compreender a raiva, fornecer técnicas para ajudar seu filho a lidar com ela de forma construtiva e ensinar estratégias de resolução de conflitos são pontos fundamentais.

1. **Compreendendo a raiva nas crianças:** A raiva é uma emoção natural e saudável que as crianças experimentam. No entanto, elas podem ter dificuldade em expressar essa emoção de maneira adequada. Compreender a raiva nas crianças é o primeiro passo para ajudá-las a lidar com ela. Alguns pontos importantes sobre a raiva nas crianças são:

Origem da raiva: A raiva pode surgir de diversas situações, como frustrações, sensação de injustiça, falta de controle ou dificuldades na comunicação. É importante reconhecer que a raiva não é um comportamento inadequado, mas sim uma resposta emocional.

Expressão da raiva: As crianças podem expressar sua raiva de diferentes maneiras, como chorando, gritando, batendo ou mostrando comportamentos agressivos. É essencial ensiná-las a lidar com essa emoção de forma construtiva.

Identificação das causas: Ajude seu filho a identificar as causas subjacentes da raiva. Isso pode envolver ensiná-lo a reconhecer os gatilhos e a compreender suas próprias necessidades e limites.

2. **Técnicas para ajudar seu filho a lidar com a raiva de forma construtiva:** Existem várias técnicas que podem ajudar seu filho a lidar com a raiva de forma construtiva. Aqui estão algumas sugestões:

2.1 **Respire fundo:** Ensine seu filho a fazer respirações profundas quando estiver sentindo raiva. Isso ajuda a acalmar o sistema nervoso e a promover a autorregulação emocional.

2.2 **Dê um tempo:** Incentive seu filho a tirar um tempo para si mesmo quando estiver sentindo raiva. Isso pode envolver ir para um local tranquilo e seguro para se acalmar e refletir sobre a situação.

2.3 **Encontre formas saudáveis de expressão:** Ajude seu filho a encontrar maneiras saudáveis de expressar sua raiva, como desenhar, escrever em um diário ou praticar exercícios físicos. Essas atividades permitem a liberação emocional de forma construtiva.

2.4 **Criar um "cantinho da calma"**: Criar um cantinho da calma pode ser uma estratégia eficaz para ajudar as crianças a lidar com suas emoções fortes e aprender a se autorregular. Este espaço é designado como um local seguro e acolhedor para a criança se acalmar quando estiver sentindo raiva, frustração, tristeza, ansiedade ou quaisquer outras emoções fortes. Aqui estão algumas orientações sobre como você pode criar um "cantinho da calma" para o seu filho:

Escolha um local adequado: Selecione um espaço tranquilo e acolhedor em sua casa que possa ser dedicado a este propósito. Pode ser um canto da sala de estar, do quarto da criança ou até mesmo um espaço na sala de jogos. Certifique-se de que o local é facilmente acessível para a criança e livre de perigos ou distrações.

Personalize o espaço: Deixe que a criança ajude a decorar e personalizar o cantinho da calma. Isso pode incluir a escolha de almofadas confortáveis, cobertores macios, brinquedos calmantes ou itens sensoriais. Deixe que a criança escolha cores tranquilizantes que ela associe à calma e ao relaxamento.

Inclua itens relaxantes: Adicione itens que podem ajudar a criança a se acalmar, como livros de histórias ou de colorir, brinquedos de apertar, uma garrafa de glitter (também conhecida como garrafa da calma), massinha, entre outros. Estes objetos podem ajudar a distrair a criança, canalizar sua energia e ajudar a acalmar suas emoções.

Estabeleça regras claras: Certifique-se de que a criança entenda que o cantinho da calma não é um local de punição, mas um lugar para se acalmar e relaxar. Explique que quando ela estiver se sentindo oprimida por suas emoções, ela pode ir para este lugar para se acalmar. Estabeleça limites de tempo se necessário, mas nunca use este espaço como uma forma de tempo de isolamento ou punição.

Promova a autoconsciência: Ensine à criança como reconhecer quando ela está começando a se sentir oprimida e a usar o cantinho da calma como uma ferramenta de autogerenciamento. Você pode incentivar a criança a respirar profundamente, a ler um livro, a abraçar um brinquedo macio ou a fazer qualquer outra atividade que a ajude a se acalmar.

<u>Seja um modelo</u>: Demonstre como usar o cantinho da calma quando você estiver se sentindo estressado ou frustrado. Isso não só mostrará à criança que todos nós temos emoções fortes e precisamos de tempo para nos acalmar, mas também ensinará como usar o espaço de forma eficaz.

Lembre-se, o objetivo do cantinho da calma é fornecer um espaço seguro e acolhedor para a criança explorar suas emoções e aprender a se acalmar de forma eficaz. Ele deve ser usado como uma ferramenta de ensino para a autorregulação emocional e não como um local de punição.

2.5 **Criar uma Roda de escolhas da raiva**: A roda de escolhas da raiva é uma ferramenta da Disciplina Positiva, que contém alternativas para que a criança possa escolher como expressar a raiva sem agredir outra pessoa, nem a ela mesmo. Ela é particularmente útil para ensinar as crianças a lidarem com sentimentos de raiva e frustração.

Muitas vezes, devido à imaturidade do córtex pré-frontal em crianças pequenas, elas não conseguem se autorregular. Isso as impede de pensar, ponderar e avaliar as consequências de reações ou ações agressivas. Assim, a raiva, muitas vezes, é manifestada através de gritos, choro, tapas ou chutes. Como seus cérebros ainda estão em desenvolvimento e elas não têm um repertório de estratégias para lidar adequadamente com essas emoções intensas, cabe aos pais auxiliá-las na corregulação emocional, acolhendo e validando seus sentimentos.

Em momentos de raiva, a amígdala sequestra o cérebro racional, e até mesmo crianças mais velhas e muitos adultos, que já têm a capacidade de regular suas próprias emoções, podem perder essa regulação. Quando a amígdala, o sistema de alarme do cérebro para perigo ou ameaças, sinaliza uma ameaça (mesmo que imaginária, como uma ameaça a necessidades emocionais, como necessidade de atenção, de reconhecimento, de validação, de pertencimento etc), o "portão pet" fecha o caminho entre o cérebro irracional para o córtex pré-frontal, e você não consegue raciocinar, deixando o cérebro emocional e irracional lidar sozinho com a raiva, sem controle e sem freios para a agressividade.

Nestas ocasiões, a reação será 'lutar ou fugir', resultando em correr e chorar em um canto, ou lutar – batendo, chutando, gritando, xingando e quebrando objetos. Por isso, é importante ensinar à criança estratégias de controle das reações emocionais, fornecendo-lhe alternativas para aumentar seu repertório de estratégias de como lidar com emoções fortes, antes que algum evento desencadeador da raiva aconteça.

E por que? Porque no momento da raiva ou qualquer outra emoção forte, o cérebro racional será capaz de tomar o controle do pensamento neste momento. Quando algum evento negativo evocar a reação de raiva, a criança já terá um repertório para ajudá-la a lidar com sua reação a esse evento. Na hora da raiva, momento em que seu cérebro estará tomado pela emoção, querendo reagir, ela pode até se esquecer que possui esse repertório, mas aí você pode lembrá-la: "Ei! Roda da raiva". Isso desviará a atenção do cérebro emocional reativo, redirecionando-a para o cérebro racional. O "portão pet" da amígdala terá que abrir o caminho para que a atenção suba do 'andar de baixo' (cérebro emocional reativo) para o 'andar de cima' (cérebro racional).

Neste tempo, em que ele desvia sua atenção da emoção forte para buscar, na Roda da Raiva, uma das estratégias para lidar com suas emoções, este pequeno tempo já permitirá que seu cérebro emocional comece a se acalmar. Além disso, irá promover a distração e redirecionamento da emoção forte, pois o córtex pré-frontal precisa fazer uma escolha entre as alternativas para lidar com a raiva. Isso, por si só, já está retirando o foco do cérebro reativo emocional. Ao ter que parar para pensar em qual das alternativas usar para aliviar a raiva, ele passa a ter uma certa sensação de controle da situação, reduzindo a sensação de impotência ou de desamparo. Só isso já diminuirá a intensidade da raiva, que é, nada mais, nada menos, que uma total falta de controle.

Resumindo, é neste cenário de total descontrole emocional, após um evento negativo que desencadeou uma reação emocional intensa, que a Roda de Escolhas para a Raiva entra em cena. Este exercício ajuda a redirecionar a raiva, ensinando a fazer escolhas alternativas para lidar com ela, além de fortalecer cada vez mais o controle e a regulação emocional das crianças. Este é um ótimo exercício, que irá capacitar a criança a se regular emocionalmente sozinha. No início, ela precisará da ajuda dos pais para montar a roda de escolhas da raiva.

A força dessa técnica, assim como a maioria das estratégias de Disciplina Positiva, reside na construção da roda em conjunto com a criança. Primeiro, o adulto irá explicar que ambos irão criar, em conjunto, uma roda de possibilidades com ações que a criança pode adotar quando estiver com raiva. Então ambos cortam um grande círculo na cartolina e dividem esse círculo com um lápis ou caneta, em 3 a 8 pedaços, como se fosse uma pizza.

O próximo passo é perguntar à criança: *"Quais ações você acha que poderia realizar ao invés de gritar, bater, quebrar coisas, etc... quando está com raiva?"* Depois de fazer a pergunta, o adulto dá tempo para a criança pensar e apresentar suas próprias ideias de ações alternativas ao seu comportamento habitual quando está com raiva.

É bastante possível que a criança não saiba o que responder inicialmente. Isso é normal, pois as crianças geralmente não sabem como lidar de maneira assertiva com suas emoções. Portanto, o adulto deve ajudar a criança a pensar em ideias adequadas à sua idade, condição e personalidade. Essas novas opções devem ser formas aceitáveis de lidar com a raiva.

Então, o adulto irá apresentar várias possibilidades para que a criança possa escolher aquela que ela acredita que a acalmaria nestes momentos. Crianças muito pequenas podem ter dificuldade em lidar com muitas alternativas, o que pode confundi-las. Assim, vou listar várias ideias e o adulto, pai, mãe, ou cuidador responsável, conhecedor da criança, poderá sugerir algumas que acredita que seriam eficazes.

O adulto também pode solicitar que a criança ofereça suas próprias ideias antes de sugerir as suas. Torne essa atividade um momento agradável e divertido, dando um pouco de controle à criança, ao permitir que ela mesmo faça suas escolhas. Ela deverá selecionar entre 3 a 8 alternativas para lidar com a raiva quando esta surgir.

Quando essa lista de ideias estiver pronta, é hora de colocá-las na roda. As opções (entre 3 e 8) podem ser ilustradas pela criança, ou até mesmo, podem ser fotos da própria criança realizando a ação. O adulto, então, imprime a foto e a criança a cola na roda. Para crianças de 2 a 4 anos, seria melhor usar fotos nas opções desejadas, pois nesta faixa etária ainda não associam desenhos com ações reais. Para crianças acima de 4 anos, é ideal que vocês criem juntos, usando desenhos, fotos ou colagens, sempre respeitando as contribuições da criança.

Ao oferecer à criança opções específicas de ações para lidar com a agressividade, frustração e raiva, estamos ensinando-a a liberar essa energia concentrada em seu corpo, por meio de uma atividade, fazendo com que ela se acalme rapidamente. Os benefícios dessa atividade ajudam as crianças a perceber o alívio dos sentimentos negativos, fazendo com que elas desejem repetir a mesma sequência quando se sentirem nervosas, angustiadas ou frustradas.

A roda de escolhas ficará mais ou menos assim:

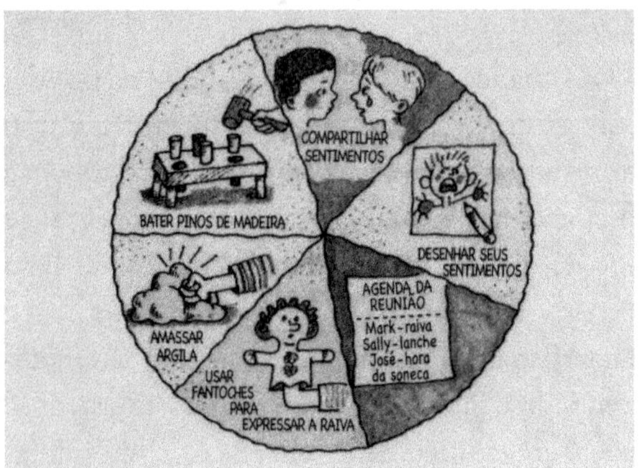

Fonte: Disciplina Positiva para Educar os Filhos (Jane Nelsen e Adrian Garcia)

Quando a roda estiver pronta, converse com seu filho para explicar que todas as emoções são válidas e importantes, pois cada uma tem um propósito. No entanto, é crucial aprender a expressá-las de uma forma saudável, ou seja, sem prejudicar os outros ou a si mesmo. Nessa conversa, o adulto também mencionará que quando perceber que a criança está começando a sentir raiva, irá incentivá-la a recorrer à roda de opções para escolher uma ação "antes de explodir". Quando a intensidade da emoção diminuir, ambos poderão discutir a situação em busca de soluções.

Cada família deve escolher as ferramentas que melhor se adaptam à sua dinâmica familiar, mas é importante lembrar que os adultos devem ser os primeiros a exemplificar as habilidades que querem ensinar aos seus filhos. Portanto, a roda de alternativas para lidar com a raiva deve ser, igualmente, uma ferramenta útil para nós, os adultos.

A seguir, a lista com algumas ideias:

- contar até 10.

- respirar.

- tomar um banho frio.

- ficar sozinho.

- abraçar alguém até se acalmar.

- conversar com alguém.

- beber água.

- respirar lentamente.

- ouvir uma música.

- meditar.

- fazer uma meditação guiada para se acalmar.

- escrever sobre os sentimentos (escrita curativa).

- fazer atividades que liberem adrenalina, como dançar, correr, pular, fazer polichinelo ou flexão de braço, socar uma almofada, bater no saco de boxe, apertar uma bolinha de espuma, amassar massinha de modelar, montar um lego, pintar ou desenhar, soprar bolhas de sabão, gritar dentro de um saco ou abafado por uma almofada, socar uma almofada, bater no João Teimoso, entre outras.

Obs.: Existem no mercado, para comprar, tapetes redondos com a roda de escolhas pronta, roletas para a criança girar o ponteiro e este escolher o que ele fará. Essas são opções válidas caso você não tenha nenhum tempo para se sentar com seu filho e fazer, vocês dois juntos, uma roda de escolhas personalizadas. No entanto, fazer com a criança uma própria roda personalizada ajudará na capacidade de decidir e fazer escolhas; a pensar quais alternativas são melhores para cada criança; ajudará na criatividade, ao desenhar, colorir ou buscar imagens em revistas, pois é uma atividade lúdica bem criativa; ajudará a promover uma melhor conexão entre pai/mãe-filho; ajudará a dar poder à criança, ao poder escolher e controlar suas próprias escolhas e ajudará no empoderamento da criança.

3. **Ensinando estratégias de resolução de conflitos:** Além de ajudar seu filho a lidar com a raiva, é fundamental ensinar estratégias de resolução de conflitos. Isso permitirá que ele aprenda a lidar com situações desafiadoras de maneira efetiva. Algumas estratégias de resolução de conflitos são:

3.1 **Comunicação assertiva:** Ensine seu filho a expressar seus sentimentos e necessidades de maneira clara e respeitosa. Isso envolve ouvir os outros, desenvolver empatia, utilizar uma comunicação não violenta, tanto verbal, quanto não verbal (posturas corporais) e encontrar soluções que sejam mutuamente satisfatórias.

3.2 **Negociação:** Ajude seu filho a desenvolver habilidades de negociação, incentivando-o a buscar soluções que atendam tanto às suas necessidades, quanto às dos outros envolvidos no conflito.

3.3 **Aprendizado com os erros**: Enfatize a importância de aprender com os erros e de encontrar soluções positivas para os conflitos. Incentive seu filho a refletir sobre as situações e a pensar em maneiras de evitar conflitos futuros.

Lidar com a raiva de forma construtiva e ensinar estratégias de resolução de conflitos ajudará seu filho a desenvolver habilidades importantes para toda a vida. Ao compreender a raiva, fornecer técnicas de lidar com ela e ensinar estratégias de resolução de conflitos, você estará capacitando seu filho a expressar suas emoções de maneira saudável e a resolver conflitos de forma positiva e construtiva.

13.12   Disciplina, limites e responsabilidade

A palavra "discípulo" vem do latim "*discipulus*", que significa "estudante" ou "aprendiz". Essa palavra é uma derivação de "*discere*", que significa "aprender". Portanto, um discípulo é, em sua essência, um aluno ou alguém que está em um processo contínuo de aprendizagem.

Já a palavra "disciplina" também vem do latim, "*disciplina*", que originalmente significa "instrução" ou "conhecimento". Na Roma antiga, disciplina referia-se ao ensinamento de um campo específico de conhecimento, bem como à orientação moral e comportamental que os estudantes recebiam. A palavra também evoluiu para significar um sistema de regras e comportamentos esperados, muitas vezes associados à punição por desvios dessas regras.

No entanto, ao longo do tempo, a conotação da disciplina mudou em muitas culturas para se concentrar mais nas punições e menos no ensino e aprendizagem. Isso pode ser resultado de uma série de fatores culturais e sociais. Por exemplo, durante a revolução industrial, a disciplina rígida era frequentemente vista como necessária para manter a ordem e a eficiência em fábricas e escolas. Essa abordagem, muitas vezes focada na punição, pode ter contribuído para a associação contemporânea da disciplina com a punição.

Portanto, a interpretação da disciplina como uma forma de punição é, na verdade, uma simplificação excessiva do conceito. Na verdade, a disciplina é, de fato, uma ferramenta de ensino, que envolve a orientação das crianças para entenderem as regras e as consequências, promovendo a responsabilidade e o autocontrole.

Quando aplicada corretamente, a disciplina ajuda a estabelecer limites e promove um ambiente seguro para as crianças aprenderem sobre consequências, autocontrole e responsabilidade. A disciplina não é sobre controle autoritário, mas sobre orientar a criança em seu desenvolvimento para que ela se torne um adulto responsável e consciente. Essa perspectiva é apoiada por várias correntes modernas de psicologia e pedagogia, que enfatizam a disciplina como uma forma de orientar e educar, em vez de simplesmente punir.

1. **Estratégias para Estabelecer Limites:** Os limites fornecem à criança uma compreensão de quais comportamentos são aceitáveis e quais não são. É fundamental que esses limites sejam claros e consistentes. Aqui estão algumas estratégias para estabelecer limites eficazes:

Comunique os limites de maneira clara e simples: Expresse as regras de uma maneira que a criança possa entender. Seja específico sobre o que é permitido e o que não é.

Seja consistente: As regras devem ser consistentes. Se algo é uma regra hoje, deve ser uma regra amanhã. A inconsistência pode causar confusão e incerteza na criança.

Mantenha as expectativas realistas: Estabeleça regras que são apropriadas para a idade e o desenvolvimento da criança. Expectativas irrealistas podem levar à frustração de ambos os lados.

Reforce os limites: Quando uma regra é quebrada, é importante reforçar o limite. Isso pode envolver conversar com a criança sobre a regra e as consequências de não segui-la.

2. **Exemplos de como você pode fazer isso:** Suponha que você queira estabelecer um limite relacionado ao tempo de tela (TV, videogames, tablets) para o seu filho. Aqui estão os passos que você pode seguir:

Explique claramente o limite: Diga ao seu filho que ele tem um limite diário de uma hora para usar dispositivos eletrônicos para entretenimento. Esclareça que isso inclui assistir televisão, jogar videogames ou usar um tablet para jogos ou vídeos.

Justifique o limite: Explique porque o limite está sendo definido. Por exemplo, você pode explicar que muito tempo de tela pode atrapalhar outras atividades importantes, como lição de casa, tempo de brincar ao ar livre, interação social e sono adequado.

Especifique as consequências: Seja claro sobre o que acontecerá se o limite for ultrapassado. Por exemplo, você pode dizer que se o limite de tempo de tela for excedido, o dispositivo será retirado pelo restante do dia ou não poderá ser usado no dia seguinte.

Seja consistente: Aplique o limite de maneira consistente. Isso significa que o limite de uma hora é respeitado todos os dias, e as consequências que você estabeleceu são implementadas sempre que o limite é ultrapassado. Mas cuide de marcar o tempo, porque a criança não tem noção do tempo, muito menos quando está fazendo algo que gosta. Se você perdeu o horário e não conseguiu controlá-lo, não aplique as consequências, a não ser que ele tenha idade para controlar o tempo e você o ensine como fazer isso (colocando celular, despertador etc.)

Modele o comportamento que você deseja ver: Limite o seu próprio tempo de tela quando estiver na presença de seu filho para modelar o comportamento que você espera dele.

Elogie o comportamento correto: Quando o seu filho cumprir o limite, reconheça e elogie seu bom comportamento. Isso pode incentivá-lo a continuar a cumprir o limite.

Lembrando que os limites devem ser apropriados para a idade da criança e revisados conforme ela cresce e suas necessidades mudam. Além disso, é importante que o adulto esteja disposto a **negociar alguns limites**, pois isso ensina à criança habilidades importantes de resolução de problemas e negociação. Vocês podem fazer um estatuto de regras da casa, estabelecendo quais limites são e quais não são negociáveis. Isso dá mais clareza para a criança.

3. **Promovendo Responsabilidade nas Crianças:** Ter responsabilidade envolve assumir a posse de suas ações e suas

consequências. Aqui estão algumas maneiras de promover essas habilidades:

Encoraje a resolução de problemas: Em vez de intervir imediatamente quando um problema surgir, encoraje a criança a pensar em possíveis soluções. Isso promove a tomada de decisões e a responsabilidade.

Modelagem de comportamento: Demonstre responsabilidade através do seu próprio comportamento. As crianças aprendem muito observando os adultos em suas vidas.

Dê feedback positivo: Quando você vê a criança se comportando de maneira efetivamente responsável, elogie-a. O **reforço positivo** é uma poderosa ferramenta de aprendizado.

A disciplina, quando entendida e implementada corretamente, pode ser uma poderosa ferramenta para ensinar às crianças as habilidades necessárias para se tornarem adultos responsáveis e bem ajustados. Ao estabelecer limites claros e consistentes e promover a responsabilidade, estamos ajudando nossos filhos a se tornarem adultos disciplinados e preparados para os desafios e as oportunidades da vida adulta.

13.13   Estimulando a Independência e Autonomia

Incentivar a independência em uma criança é essencial para seu desenvolvimento saudável. A independência não significa abandonar o cuidado ou a orientação, mas sim permitir que a criança assuma a responsabilidade progressivamente por suas ações, decisões e consequências.

Para promover a autonomia, você pode começar com pequenas tarefas do dia-a-dia, como arrumar a cama, arrumar os brinquedos, vestir-se sozinho e ajudar na preparação dos alimentos. Essas ações aumentam a confiança da criança em suas habilidades e incentivam a autossuficiência.

Incentive a tomada de decisões desde cedo. Pode começar com escolhas simples, como o que comer no café da manhã ou que roupa vestir. Isso ajuda a criança a entender que suas opiniões são valiosas e a incentiva a tomar decisões de forma consciente e responsável.

1. **Apoiando seu filho na conquista de marcos de desenvolvimento:**

Cada criança se desenvolve em seu próprio ritmo, e é importante respeitar e apoiar essa individualidade. No entanto, existem marcos de desenvolvimento gerais que a maioria das crianças alcança em determinadas idades. Isso pode incluir habilidades motoras, como caminhar e correr, habilidades cognitivas, como falar e ler, e habilidades sociais, como brincar com outras crianças.

Como pai ou mãe, você pode apoiar seu filho incentivando suas tentativas, celebrando suas conquistas e fornecendo orientação quando necessário. Ao mesmo tempo, é importante não pressionar ou apressar a criança. Cada marco alcançado é uma conquista que deve ser celebrada, independentemente de quando ocorrer.

2. Equilibrando a autonomia com a orientação e o cuidado parental:

Promover a independência não significa abandonar a orientação ou o cuidado parental. Na verdade, equilibrar esses dois elementos é fundamental para o desenvolvimento saudável da criança.

Enquanto seu filho está aprendendo a ser mais independente, é crucial estar lá para fornecer suporte, segurança e orientação. Isso pode significar permitir que seu filho tente resolver um problema por conta própria antes de intervir, mas estar disponível para ajudar se necessário.

Ao equilibrar a autonomia com o cuidado, você cria um ambiente seguro no qual seu filho pode explorar, aprender e crescer. Isso ajuda a desenvolver confiança, resiliência e a capacidade de se autorregular - todas habilidades essenciais para a vida.

Lembre-se, o objetivo da parentalidade não é controlar, mas sim capacitar. Ao fomentar a independência de seu filho e apoiá-lo na conquista de marcos de desenvolvimento, você está ajudando a prepará-lo para uma vida adulta saudável e bem-sucedida.

3. Estratégias práticas para fomentar a independência e a autonomia em diferentes faixas etárias:

⇨ **<u>Crianças pequenas</u> (2-3 anos):**

Rotinas diárias: Comece estabelecendo rotinas diárias simples, como escovar os dentes e arrumar os brinquedos. Isso ajuda a criança a entender a sequência de eventos e a ter uma sensação de controle sobre seu dia.

Tarefas simples: Permita que a criança participe de tarefas domésticas simples, como arrumar a mesa para o jantar ou alimentar o pet. Isso ensina responsabilidade e habilidades práticas.

Escolha controlada: Dê à criança algumas opções simples para escolher, como o que vestir ou o que comer no café da manhã. Isso permite que a criança sinta que possui alguma autonomia. No início, sempre dê somente duas opções, porque a criança pequena pode ficar perdida com mais de duas escolhas. Exemplo: Se está frio, você já escolhe duas roupas de frio e pergunta: *"Você prefere esta ou esta outra roupa?"*. Ou na hora do café: *"Você quer comer torradas ou ovo?"*.

⇨ **Pré-escola** (4-5 anos):

Tarefas mais complexas: Encoraje a criança a realizar tarefas mais complexas, como arrumar a mochila para a escola ou ajudar a fazer a cama.

Tomada de decisões: Promova a tomada de decisões, permitindo que a criança escolha entre várias opções de atividades, como qual livro ler antes de dormir.

Resolver problemas: Permita que a criança resolva pequenos problemas por conta própria, como descobrir como montar um brinquedo. Enquanto ela estiver montando, ou desenhando, ou seja lá o que estiver fazendo, resista à tentação de dar ideias do tipo *"Por que você não faz o sol redondo e amarelo em vez de quadrado e vermelho?"*. Em vez disso, deixe ela soltar sua imaginação e não pensar que tudo tem que ser preto no branco.

⇨ **Idade escolar** (6-9 anos):

Tarefas e responsabilidades: Continue aumentando as tarefas e responsabilidades de acordo com a capacidade da criança. Isso pode incluir cuidar de um animal de estimação ou ajudar com a preparação da comida.

Resolução de conflitos: Ensine a criança a resolver conflitos de maneira pacífica, por exemplo, se ela está tendo uma discussão com um irmão.

Autogerenciamento: Estimule a criança a desenvolver habilidades de autogerenciamento, como fazer a lição de casa sem ser lembrada. Lembre-se, pelo menos de tempos em tempos, de elogiar (verbalmente ou por mensagem de texto ou bilhetes), para **reforçar positivamente** o comportamento.

⇨ **<u>Pré-adolescentes e adolescentes</u>** **(10-18 anos):**

Tarefas mais complexas: Continue a adicionar responsabilidades, como fazer a própria lavanderia, cozinhar uma refeição simples, gerenciar um orçamento para suas despesas pessoais, marcar seu próprio médico ou dentista, ir sozinho (dependente da idade).

Decisões significativas: Permita que a criança tome decisões mais significativas, como escolher cursos de escola ou decidir sobre atividades extracurriculares. Coloque regras do tipo *"se começar, vai ter que fazer até acabar o semestre (ou ano)"*, para que eles aprendam a ter consistência no que decidirem fazer.

Resolução de problemas: Encoraje a criança a resolver problemas mais complexos por conta própria, mas esteja disponível para fornecer orientação e apoio quando necessário. Isso pode incluir navegar em situações sociais desafiadoras ou planejar e gerenciar o tempo de estudo para testes importantes.

4. Exemplo de como ensinar a resolução pacífica de conflitos:

Ensinar essas habilidades são vitais porque irá muni-los de habilidades valiosas ao longo de toda a vida. E outra coisa – eles estarão sendo treinados em um ambiente protegido, sua própria casa e tendo, você, como mediador. Aqui estão algumas estratégias úteis:

Antes de tudo, seja o modelo para elas. As crianças são observadoras aguçadas e aprendem imitando o comportamento dos adultos ao seu redor. Assim, ao lidar com discordâncias e conflitos de maneira calma, respeitosa e atenciosa, você mostra a elas como se comportar em situações semelhantes.

Em segundo lugar, ensine a elas o valor da <u>comunicação não-violenta</u>. Este é um método que enfatiza a expressão clara e respeitosa dos sentimentos e necessidades de cada um, <u>sem atribuir culpa ou crítica ao outro</u>.

Em paralelo, incentive a <u>prática da escuta ativa</u>. Isso significa ouvir o que o outro tem a dizer, <u>tentar entender o ponto de vista</u> dele, antes de formular uma resposta. Isso fomenta a <u>empatia</u> e a compreensão mútua, tornando as respostas mais construtivas.

Com base nisso, você pode orientar as crianças através do **processo de resolução de problemas**. Uma vez que ambas expressaram seus sentimentos e perspectivas, <u>ajude-as a propor soluções possíveis</u>, <u>avaliar os prós e contras </u>de cada uma, e <u>chegar a uma decisão conjunta</u>.

Uma abordagem adicional é a utilização do método da **"conversa de paz"**. Particularmente útil para crianças mais velhas, este método consiste em sentar-se tranquilamente quando um conflito surge, dando a cada uma a oportunidade de expressar-se sem interrupções. <u>A outra parte então repete o que entendeu</u>, para garantir que a mensagem foi compreendida corretamente, antes de compartilhar sua própria perspectiva. Juntas, elas trabalham em busca de uma solução que satisfaça ambas, enquanto você pode fazer parte como <u>mediador(a)</u>, para certificar-se que elas estão se comunicando de maneira eficaz e que uma está ouvindo e entendendo o que a outra está dizendo.

Por fim, é **fundamental que essas habilidades sejam praticadas e reforçadas** consistentemente. Sempre que as crianças resolverem conflitos de maneira pacífica, certifique-se de elogiá-las. Utilize esses momentos como oportunidades de aprendizado, destacando o que foi bem realizado e o que poderia ser aprimorado.

Tenha em mente que as crianças podem precisar de muita orientação e prática para desenvolver estas habilidades de resolução de conflitos. Seja paciente e as apoie neste processo, pois a habilidade de resolver conflitos pacificamente é uma ferramenta poderosa que vai beneficiá-las por toda a vida.

Lembre-se de que cada criança é única e pode atingir diferentes marcos em ritmos diferentes. Esteja aberto a adaptações e ajustes, conforme necessário, e sempre encoraje e recompense os esforços e conquistas de seu filho.

13.14 Resiliência e Janelas de Tolerância

O termo "janelas de tolerância" foi cunhado pela psicoterapeuta Dan Siegel. Ele descreve as janelas de tolerância como um estado emocional e fisiológico no qual uma pessoa consegue equilibrar suas emoções, atender às exigências do ambiente e enfrentar o estresse de maneira adaptativa e saudável, sem se sentir sobrecarregada. Quanto mais ampla a janela de tolerância de alguém, maior é sua habilidade para enfrentar desafios e superar adversidades.

A capacidade de ampliar a Janela de Tolerância ajuda as crianças a desenvolverem uma melhor regulação emocional. Isso significa que elas são capazes de identificar, entender e lidar com suas emoções de maneira saudável, em vez de serem dominadas por sentimentos intensos. Isso as torna mais resistentes ao estresse e às adversidades, e mais capazes de enfrentar desafios, sem entrar em um estado de luta, fuga ou congelamento, o que poderia levar a respostas inadequadas, reações impulsivas e comportamentos inadequados. Tudo isso afeta diretamente sua autonomia, deixando-as mais preparadas para lidar com desafios, sem depender excessivamente dos adultos.

Estratégias para Aumentar a Janela de Tolerância:

⇨ **<u>Bebês e Crianças Pequenas</u> (0 a 3 anos):**

Crie um ambiente seguro e estável: Um ambiente seguro e previsível é fundamental para o desenvolvimento emocional saudável. Forneça consistência, rotina e apego seguro para aumentar a sensação de segurança e a capacidade de regulação emocional.

Responda às necessidades básicas: Esteja atento e responsivo às necessidades do bebê ou da criança pequena, garantindo que suas necessidades físicas e emocionais sejam atendidas adequadamente.

Justificativa: Responder às necessidades físicas e emocionais dos bebês e criar um ambiente seguro e estável são alicerce para o desenvolvimento emocional saudável, para a regulação das emoções e a resiliência, fornecendo uma base sólida para a ampliação da Janela de Tolerância. Quando os cuidadores atendem às necessidades dos bebês, eles estabelecem uma base sólida de confiança e segurança. Isso permite que os bebês se sintam protegidos e confiantes em seu ambiente, reduzindo a ansiedade e o medo, o que, por sua vez, contribui para uma maior regulação emocional.

O ambiente seguro e estável proporciona previsibilidade e uma rotina constante que permite que os bebês antecipem o que acontecerá a seguir, reduzindo a incerteza e o estresse. Isso, juntamente com a resposta adequada ao estresse proporcionada pelos cuidadores, ensina os bebês a lidar com as emoções de forma saudável.

Além disso, um ambiente seguro é essencial para o desenvolvimento saudável do cérebro, evitando a exposição ao estresse tóxico. O vínculo seguro formado com os cuidadores permite que os bebês explorem o mundo com confiança, sabendo que têm um local seguro para retornar quando se sentem ameaçados.

Isso ajuda a construir uma autoestima e autoconfiança positivas, componentes essenciais para ampliar a Janela de Tolerância e tornar as crianças mais resistentes ao estresse e às adversidades ao longo da vida. Pais e cuidadores desempenham um papel essencial neste processo, oferecendo apoio emocional consistente e um ambiente amoroso e previsível para os filhos.

⇨ **<u>Crianças em Idade Pré-Escolar</u> (3 a 6 anos):**

Desenvolva habilidades de autorregulação: Incentive a criança a desenvolver habilidades de autorregulação emocional, como respiração profunda, identificação de emoções e práticas de relaxamento simples.

Promova o jogo e a imaginação: O jogo e a imaginação são poderosas ferramentas para aumentar a resiliência. Permita que a criança brinque, explore e desenvolva sua criatividade.

Justificativa: Enquanto o uso dos jogos e da imaginação oferecem um espaço seguro para a exploração emocional e o desenvolvimento da criatividade, as habilidades de autorregulação capacitam as crianças a compreender, expressar e lidar com suas emoções de forma saudável, além de aprender a gerenciar o estresse e a frustração de maneira eficaz. Através do jogo imaginativo, as crianças têm a chance de assumir papéis diferentes e experimentar situações desafiadoras de maneira fictícia, inclusive seus medos e preocupações, mas em um ambiente protegido e lúdico. Isso pode aumentar sua autoconfiança e autoestima, preparando-as para enfrentar situações reais de maneira mais confiante. Além disso, elas aprendem a pensar de forma flexível, a buscar soluções criativas para os problemas e a adaptar-se a diferentes cenários, o que é fundamental para a resiliência. Brincar com outras crianças em jogos de imaginação envolve também a interação social, ajudando-as a desenvolver habilidades de empatia, compreensão dos sentimentos dos outros e colaboração, que são habilidades importantes para construir relacionamentos saudáveis e apoiar os outros em momentos difíceis.

⇨ **Crianças em Idade Escolar** (6 a 12 anos):

Ensine habilidades de resolução de problemas: Ajude a criança a desenvolver habilidades de resolução de problemas, incentivando-a a encontrar soluções criativas para os desafios que enfrenta.

Estimule o envolvimento em atividades extracurriculares: Incentive a participação da criança em atividades extracurriculares, como esportes, artes ou grupos comunitários, para promover habilidades sociais, autoconfiança e resiliência.

Justificativa: Estas estratégias capacitam as crianças a desenvolver habilidades emocionais, sociais e cognitivas essenciais, promovendo resiliência para enfrentar os desafios da vida com confiança e adaptabilidade, ao mesmo tempo em que contribuem para seu bem-estar emocional e senso de conexão com os outros. Desenvolver habilidades de enfrentamento através da resolução de problemas capacita as crianças a abordar desafios de forma eficaz, promovendo uma sensação de competência e autoconfiança que é fundamental para a resiliência. Além disso, a participação em atividades extracurriculares oferece oportunidades valiosas para o aprimoramento de habilidades sociais, como trabalho em equipe e comunicação, fortalecendo as bases para relacionamentos saudáveis e o enfrentamento de situações sociais complexas. Estas atividades também ampliam a Janela de Tolerância, permitindo que as crianças enfrentem uma variedade de situações com maior equilíbrio emocional e recursos sociais. Além disso, o envolvimento em atividades extracurriculares promove o bem-estar emocional, proporcionando um escape saudável para o estresse escolar e ajudando as crianças a se sentirem parte de uma comunidade, fortalecendo sua identidade e senso de pertencimento.

⇨ **<u>Adolescentes</u> (13 a 18 anos):**

Promova a autonomia e a responsabilidade: Dê espaço para que o adolescente tome decisões e assuma responsabilidades, permitindo que ele desenvolva habilidades de enfrentamento e resiliência.

Estimule o autocuidado: Incentive o adolescente a praticar o autocuidado, como a gestão do estresse, a busca de atividades que promovam o bem-estar físico e emocional e a manutenção de relacionamentos saudáveis.

Justificativa: Estas estratégias fomentam o desenvolvimento da autonomia, permitindo que os adolescentes tomem decisões e assumam responsabilidades, o que é essencial para sua independência e confiança em suas habilidades. Isso, por sua vez, desempenha um papel fundamental no desenvolvimento da resiliência, pois os adolescentes precisam sentir que têm controle sobre suas vidas. Além disso, ao permitir que os adolescentes aprendam com suas experiências, essas estratégias promovem um aprendizado valioso por meio da experiência, fortalecendo suas habilidades de enfrentamento e tomada de decisões informadas. O sucesso na responsabilidade e autonomia contribui para o fortalecimento da autoestima, conferindo aos adolescentes mais confiança e capacidade para enfrentar desafios. Além disso, essas práticas direcionam o desenvolvimento de habilidades de resiliência, auxiliando os adolescentes a lidar com o estresse, superar obstáculos e se adaptar a mudanças com eficácia. O estímulo ao autocuidado, por sua vez, ensina aos adolescentes a importância de cuidar de sua saúde física e emocional, incluindo o manejo saudável do estresse, promoção do bem-estar e manutenção de relacionamentos saudáveis, aspectos cruciais para a resiliência. Além de aliviar o estresse e pressão associados à adolescência, essas estratégias preparam os adolescentes para a vida adulta, dotando-os das habilidades necessárias para enfrentar as responsabilidades e desafios que encontrarão ao se tornarem adultos. Em resumo, essas estratégias capacitam os adolescentes a desenvolver autonomia, responsabilidade e autocuidado, pilares essenciais para o crescimento da resiliência, ao mesmo tempo em que os ajudam a enfrentar com eficácia as complexas pressões da adolescência e a se preparar para uma vida adulta bem-sucedida.

Ao entender o conceito das janelas de tolerância e implementar estratégias específicas para aumentá-la em cada faixa etária, podemos promover a resiliência e o bem-estar emocional das crianças e dos jovens.

Ao cultivar a resiliência, estamos capacitando-os a enfrentar as adversidades, a desenvolver habilidades de enfrentamento eficazes e a construir um futuro emocionalmente saudável.

13.15 Ajudando as crianças a lidar com o medo

Antes de discutirmos estratégias específicas para ajudar as crianças a lidarem com o medo, é útil entendermos o desenvolvimento cerebral em diferentes faixas etárias.

Durante os primeiros três anos de vida, o cérebro das crianças está em um ritmo acelerado de desenvolvimento, formando conexões neurais e aprendendo a interpretar e responder ao mundo ao redor. Nessa fase, elas podem demonstrar medo de estranhos, de separação ou de ruídos altos, pois são novas em seu ambiente e ainda estão aprendendo a discernir o seguro do inseguro.

Na faixa etária dos 3 aos 6 anos, o córtex pré-frontal, responsável pelo raciocínio, planejamento e controle dos impulsos, está em pleno desenvolvimento. As crianças começam a usar sua imaginação para explorar o mundo, o que pode levar ao medo do escuro, de monstros imaginários ou de serem deixadas sozinhas.

Dos 6 aos 12 anos, as crianças desenvolvem um melhor entendimento do mundo real, mas ainda estão aprendendo a diferenciar a fantasia da realidade. Os medos tendem a se voltar para coisas reais, como desastres naturais, doenças ou situações sociais, como o medo de serem rejeitadas.

Na adolescência, a maturação do cérebro continua, com o córtex pré-frontal ainda em desenvolvimento. Os adolescentes podem ter medo de situações sociais, como falar em público, ou preocupações sobre o futuro e sua identidade.

Estratégias para lidar com o medo por faixa etária:

⇨ **De 0 a 3 anos:**

Nesta fase, as crianças precisam de conforto e segurança. Quando elas expressam medo, acolha-as, valide suas emoções e forneça conforto físico, como colo e abraços. Tente manter uma rotina consistente para dar às crianças um senso de estabilidade.

⇨ **De 3 a 6 anos:**

Aqui, é importante ajudar as crianças a desenvolverem uma linguagem para suas emoções. Encoraje-as a falar sobre seus medos. Use livros e histórias para discutir o medo e como lidar com ele. Faça uso de brincadeiras e desenhos para ajudá-las a expressar seus sentimentos. Quando elas sentirem, não tente minimizar o medo, dizendo *"Deixa de ser bobo. Monstros não existem."* Se ela estiver com medo, seu medo é válido. Acolha-a e valide suas emoções. Pergunte a ela o que você pode fazer para que o seu medo diminua ou para que você comprove que o medo é irreal. Forneça alternativas para minimizar o medo e dar-lhe segurança, como por exemplo, se ela está com medo do escuro, diga que irá deixar o abajur aceso e sua porta aberta. Você pode também perguntar se ela quer ajuda para enfrentar o medo, nem que seja sua companhia e, quando ela perceber que não há mais razão para o medo, ela pode tentar sozinha. Por exemplo, se uma criança pequena tem medo de palhaço ou de ir ao teatrinho infantil ou circo, devido aos barulhos e personagens, você pode sugerir que, caso ela tenha medo, vocês irão embora e tentarão de novo quando ela estiver maior. Mas não imponha se ela ainda não estiver pronta para superar aquele medo. A imposição pode traumatizá-la. Para isso, programe-se antes para que tudo possa dar certo. Por exemplo, não leve outra criança junto que não esteja disposta a ir embora caso seja necessário.

⇨ **De 6 a 12 anos:**

Nesta faixa etária, as crianças podem começar a usar estratégias de enfrentamento mais ativas. Ensine-as técnicas de relaxamento, como a respiração profunda e incentive-as a pensar em soluções para seus medos. Discuta os medos reais e imaginários e ajude-as a diferenciar entre os dois.

⇨ **Adolescência:**

Os adolescentes podem se beneficiar de um espaço seguro para expressar seus medos e preocupações. Promova conversas abertas, sem julgamentos e seja um ouvinte ativo. Além disso, pode ser útil ensiná-los sobre a neurociência do medo, para que entendam que o que estão sentindo é uma resposta normal e adaptativa.

Ao ajudar as crianças a lidarem com o medo, é importante lembrar que cada criança é única e pode não se encaixar perfeitamente nas diretrizes de desenvolvimento "típicas". O que é mais importante é estar presente, ouvir e propiciar um ambiente seguro e amoroso para que elas possam explorar e expressar seus sentimentos.

13.16   A importância da confiança na relação entre pais e filhos

A confiança é a pedra angular de todas as relações saudáveis e a relação entre pais e filhos não é exceção. Estabelecer uma base sólida de confiança, desde cedo, ajuda a criar um ambiente seguro e amoroso onde a criança pode prosperar. A confiança cultivada nesse relacionamento vital irá influenciar, não apenas a maneira como a criança se relaciona com os pais, mas também como ela se vê e se relaciona com as outras pessoas ao longo da vida.

1.   **Construindo a confiança mútua por meio da comunicação e do respeito:** Construir confiança não é um processo que acontece da noite para o dia; é um investimento contínuo que requer tempo, paciência, comunicação e respeito. Aqui estão algumas maneiras de construir esta confiança:

Comunicação aberta e honesta: Falar com seu filho sobre seus pensamentos e sentimentos e estar disponível para ouvir suas preocupações e ideias, sem julgamento, é um excelente ponto de partida. Falar abertamente permite que a criança saiba que suas opiniões e emoções são válidas e que você está disponível para ajudá-la a navegar pelas incertezas e desafios da vida.

Respeito: A confiança é alimentada pelo respeito mútuo. Respeitar os sentimentos, opiniões e independência de seu filho ajuda a construir uma relação de confiança. Isso também significa respeitar os limites e entender que a criança maior tem direito à sua própria privacidade, dependendo da idade e do nível de confiança que essa criança gera em seus pais.

Consistência: Seja consistente em suas ações e promessas. Cumpra suas promessas e esteja lá quando disser que estará. A consistência demonstra à criança que ela pode confiar em você, pois suas ações correspondem às suas palavras.

2. **Estratégias para construir confiança de acordo com a faixa etária do filho:**

⇨ **<u>Bebês (0-2 anos):</u>**

Nesta fase, as necessidades das crianças são principalmente físicas. A confiança é construída quando os cuidadores respondem prontamente às necessidades da criança, como alimentação, troca de fraldas e conforto emocional. Isso estabelece a base de que o mundo é um lugar seguro e que os cuidadores são confiáveis.

⇨ **<u>Crianças Pequenas (3-5 anos):</u>**

Nesta idade, as crianças começam a explorar mais o mundo ao seu redor. Elas começam a entender conceitos como promessas. Portanto, é importante manter sua palavra e seguir o que você disse que faria. Além disso, dar a elas um pouco de autonomia e permitir que elas façam escolhas apropriadas para a idade (como o que vestir ou com qual brinquedo brincar) pode ajudar a construir confiança.

⇨ **<u>Crianças em idade escolar (6-12 anos):</u>**

As crianças nesta faixa etária estão começando a formar relacionamentos fora da família. Elas precisam saber que podem confiar nos pais com seus segredos e preocupações. Mantenha canais abertos de comunicação, mostre interesse em suas vidas e seja confiável ao manter informações confidenciais, a menos que seja absolutamente necessário compartilhá-las.

⇨ **<u>Adolescentes (13-18 anos):</u>**

Os adolescentes estão no processo de se tornarem adultos jovens e a confiança nessa fase é crucial. Eles precisam saber que você estará lá para apoiá-los, mas também que você confia neles para tomar decisões corretas. Dê a eles espaço para aprender e crescer, mas esteja lá para orientá-los quando necessário. Respeite a individualidade do adolescente e reconheça suas conquistas.

3.   **Nutrindo a confiança em situações desafiadoras:** Nem sempre é fácil manter a confiança, especialmente em tempos difíceis ou desafiadores. No entanto, esses momentos podem ser uma oportunidade valiosa para nutrir a confiança e mostrar à criança que você estará lá para ela, não importa o que aconteça. É claro que essa abordagem só funcionará se você já tiver vindo nutrindo, desde a infância, o senso de responsabilidade no seu filho e perceber que ele é responsável e não influenciável por más companhias. Dessa forma, é possível ir libertando-o do seu controle, dando-lhe uma autonomia gradativa, à medida que ele for mantendo essa confiança.

Em momentos de adversidade, é vital manter a serenidade e o autocontrole. Demonstre compreensão pelas dificuldades que seu filho está enfrentando e esteja disponível para oferecer seu apoio. Entenda que é natural passar por períodos de dúvidas, incerteza e até experimentação de comportamentos que desafiam nossa compreensão, mas a comunicação franca é crucial nesses momentos. Essas atitudes reforçam para o seu filho que você é uma figura de confiança, mesmo nas situações mais complexas.

Certamente, se não houver espaço para que a criança ou o jovem cometa erros e aprenda com eles e, em vez disso, houver punição por qualquer falha, o vínculo de confiança com você poderá ser rompido. Isso pode levar a criança a evitar procurar sua ajuda quando estiver em dificuldades, o que pode conduzi-la a situações de maior risco.

Portanto, como pais, é fundamental acolher seu filho e demonstrar que a confiança pode ser restaurada se ele mostrar que aprendeu com seus erros. Caso contrário, ele pode buscar consolo na companhia de amigos que, mesmo bem-intencionados, podem levá-lo por caminhos indesejados, como o uso de álcool ou drogas para amenizar seus sentimentos, especialmente se ele não se sentiu acolhido em casa.

Em conclusão, a confiança é uma parte essencial da relação entre pais e filhos. Construir e manter essa confiança requer comunicação aberta, respeito mútuo e consistência. Mesmo em tempos desafiadores, há sempre oportunidades para nutrir e fortalecer essa confiança, formando a base para um relacionamento saudável e amoroso.

13.17 Desenvolvendo a habilidade da empatia

A empatia é uma habilidade essencial que promove a compreensão, o respeito e o cuidado pelos sentimentos dos outros. Por meio dela, as crianças conseguem perceber e respeitar as emoções de seus pares, favorecendo a construção de relações interpessoais mais sólidas e saudáveis. Portanto, é crucial incentivarmos esta habilidade desde cedo, para que nossas crianças se tornem adultos empáticos e conscientes.

O desenvolvimento da empatia começa em casa. Desde muito pequenas, as crianças aprendem a decifrar emoções ao observar como os pais reagem a diferentes situações. Por isso, é essencial que os pais demonstrem empatia em suas interações cotidianas, seja ao conversar sobre os sentimentos de um personagem de livro ou filme, ou sobre os sentimentos de um amigo na escola, estimulando as crianças a se colocarem no lugar do outro.

A compreensão emocional ajuda as crianças a desenvolverem um senso de cuidado pelos sentimentos dos outros. Este cuidado pode ser promovido através de atitudes simples, como ouvir atentamente quando alguém está falando sobre seus sentimentos, oferecer conforto quando alguém está triste, ou expressar alegria quando alguém está feliz.

A empatia é uma habilidade crítica porque nos permite compreender e compartilhar os sentimentos dos outros. É o que nos torna seres sociais, capazes de formar conexões profundas e significativas com os outros, promovendo a cooperação e a ajuda mútua, reduzindo conflitos e mal-entendidos. Ela é uma habilidade que se desenvolve com o tempo e com a prática. Portanto, seja paciente e consistente ao promover a empatia em seu lar. Com o tempo, seu filho aprenderá a valorizar e respeitar os sentimentos dos outros, contribuindo para um mundo mais compreensivo e amoroso.

Do ponto de vista da neurociência, a empatia está associada à ativação de certas áreas do cérebro, como o córtex cingulado anterior e a ínsula anterior, que estão envolvidos na compreensão dos sentimentos dos outros. Além disso, o sistema de neurônios-espelho, um grupo de neurônios que são ativados tanto quando realizamos uma ação, quanto quando observamos alguém realizar a mesma ação, também desempenha um papel crucial na empatia. Isso indica que nosso cérebro é naturalmente programado para ser empático.

Algumas pesquisas sugerem que a empatia pode ter benefícios para o bem-estar individual. Por exemplo, a empatia está associada à liberação de ocitocina, um hormônio que promove a sensação de conexão e bem-estar social. Além disso, a empatia também pode desencadear a liberação de endorfinas, que são neurotransmissores que nos fazem sentir bem.

No entanto, é importante notar que a empatia não é uma habilidade fixa. Ela pode ser cultivada e aprimorada com a prática. Portanto, promover a empatia desde a infância é uma maneira eficaz de preparar as crianças para se tornarem adultos empáticos e compassivos.

Estratégias para promover a empatia em crianças de diferentes idades:

⇨ <u>**Crianças Pequenas**</u> **(0-3 anos):**

Responda às Necessidades da Criança: Responder ao choro e necessidades de uma criança, especialmente nos primeiros meses e anos, ajuda a criança a sentir-se segura e amada. Isso estabelece a base para o desenvolvimento de relações empáticas.

Jogos de Faz de Conta: Brincar de faz de conta pode ajudar as crianças a se colocarem no lugar dos outros. Por exemplo, as crianças podem fingir ser médicos cuidando de um paciente doente ou podem fingir ser animais cuidando uns dos outros.

Leitura de Livros: Ler livros ou assistir a filmes ou desenhos, com personagens que demonstram empatia, pode ajudar a criança a entender o conceito.

⇨ <u>**Pré-Escola**</u> **(4-5 anos):**

Discussões Sobre Sentimentos: Conversar sobre sentimentos e ajudar a criança a nomear suas emoções pode ser uma estratégia eficaz para promover a empatia.

Modelo de Empatia: As crianças aprendem muito observando os adultos ao seu redor. Portanto, mostre empatia em suas interações diárias e discuta essas ações com seu filho.

⇨ <u>**Idade Escolar**</u> **(6-12 anos):**

Voluntariado e Ajuda aos Outros: Envolver as crianças em atividades de voluntariado ou em situações onde elas podem ajudar os outros pode ensiná-las sobre empatia.

Discussão Sobre Perspectivas: Conversar sobre diferentes perspectivas e pontos de vista pode ajudar as crianças a entender que as pessoas têm sentimentos e experiências diferentes.

⇨ **Adolescentes (13 anos em diante):**

Conversas Profundas: Os adolescentes são capazes de discussões mais profundas sobre sentimentos e emoções. Converse com eles sobre questões sociais e éticas e como elas afetam as pessoas envolvidas.

Mentoria ou Ensino: Encorajar os adolescentes a se tornarem mentores ou tutores para crianças mais jovens pode ajudá-los a desenvolver empatia.

O mais importante em todas as faixas etárias é o exemplo dado pelos pais ou cuidadores. As crianças aprendem a empatia observando e imitando os comportamentos dos adultos ao seu redor, portanto, seja aquilo que você quer ver em seu filho.

13.18   A Importância do Respeito

O respeito é uma base extremamente importante nas relações humanas saudáveis. É um conceito que se estende além do simples ato de ser educado e envolve uma profunda apreciação e consideração pelos direitos, autonomia, sentimentos e necessidades dos outros e de si mesmo.

Do ponto de vista emocional, o respeito está intimamente ligado à empatia e à capacidade de compreender e respeitar as perspectivas e sentimentos dos outros. Crianças que são ensinadas a respeitar os outros são frequentemente mais empáticas, mais compreensivas e mais capazes de construir relacionamentos saudáveis. Além disso, o respeito por si mesmo está intrinsecamente ligado à autoestima e ao amor-próprio, que são fundamentais para a saúde mental e emocional.

Neurocientificamente falando, a habilidade de respeito é fortemente influenciada pela capacidade de teoria da mente, que é o entendimento de que outras pessoas têm pensamentos, sentimentos e perspectivas diferentes das nossas. Essa capacidade começa a se desenvolver nos primeiros anos de vida e continua a evoluir e se tornar mais complexa à medida que as crianças crescem. Quando as crianças aprendem a respeitar os outros, elas estão, na verdade, exercitando e fortalecendo essa importante habilidade cognitiva.

Estratégias para Ensinar o Respeito:

Existem várias estratégias eficazes para ensinar o respeito aos filhos, e essas estratégias podem variar dependendo da idade da criança:

⇨ <u>**Crianças pequenas**</u> **(0-3 anos):**

Modelar comportamentos respeitosos: Nessa idade, as crianças aprendem principalmente pela observação. Ao tratar os outros com respeito e ao mostrar respeito pelo corpo, sentimentos e propriedades de seu filho, você estará ensinando-lhe como respeitar aos outros e a si mesmo.

Praticar a gratidão: Ensinar a criança a agradecer e expressar gratidão é uma forma simples de inculcar o respeito pelos outros.

⇨ <u>**Pré-escola**</u> **(4-5 anos):**

Ensinando a compartilhar e esperar a vez: Essas habilidades ajudam a criança a aprender a respeitar as necessidades e desejos dos outros.

Conversas sobre sentimentos: Ajudar a criança a entender como suas ações afetam os sentimentos dos outros pode promover o respeito pelos sentimentos alheios.

⇨ <u>**Idade escolar**</u> **(6-12 anos):**

Discussões sobre respeito: Conversar explicitamente sobre o que significa respeitar os outros e a si mesmo pode ser útil nessa idade.

Responsabilidades em casa: Dar à criança tarefas e responsabilidades pode ajudar a promover o respeito pelos outros e pelos espaços compartilhados.

⇨ <u>**Adolescentes**</u> **(13 anos em diante):**

Debates sobre questões sociais e éticas: Discutir questões como justiça social, igualdade e direitos humanos pode ajudar os adolescentes a desenvolver uma compreensão mais profunda do respeito.

Encorajando a autorreflexão: Ajudar os adolescentes a refletir sobre suas ações e como elas afetam os outros e a si mesmos pode promover o respeito próprio e pelos outros.

A fim de promover uma cultura de respeito em casa e na sociedade, é importante não apenas ensinar o respeito, mas também modelar esse comportamento de maneira consistente. Isso significa tratar todos ao seu redor com respeito, independentemente de idade, sexo, raça, cor, gênero, nacionalidade, classe social e nível educacional. Significa também agir com respeito em todas as situações, mesmo quando está frustrado ou com raiva. Ao fazer isso, você estará demonstrando a seu filho que o respeito não é apenas algo que se espera deles, mas também algo que se espera de todos os membros da sociedade.

13.19   Ensinando Valores Éticos e Morais para Seu Filho

A ética é um pilar essencial da formação de caráter de uma criança, pois fornece um quadro para tomar decisões informadas e moralmente corretas. Ensinando nossos filhos a serem éticos, estamos ajudando a formar cidadãos conscientes, responsáveis e respeitosos.

O ensino de valores éticos e morais deve ser uma parte integral da educação de nossos filhos. Tais valores incluem honestidade, justiça, responsabilidade, respeito e compaixão. Podemos ensinar esses valores através de conversas diretas, mas também de maneira indireta, por meio do nosso próprio comportamento e das histórias que contamos.

A moral e a ética são dois conceitos que, muitas vezes, são usados de forma intercambiável, mas eles têm distinções importantes. A **moral** se refere aos valores e regras estabelecidos por uma sociedade ou cultura, ou mesmo por uma pessoa individual, que orientam o comportamento dentro dessa sociedade, cultura ou pessoa. A moralidade é frequentemente derivada de uma combinação de fatores sociais, culturais e religiosos e pode variar significativamente entre diferentes sociedades e culturas. Por **exemplo**, em uma cultura, pode ser considerado imoral mentir, enquanto em outra, pode ser aceitável em certas circunstâncias. Além disso, o que uma pessoa considera moral ou imoral pode ser influenciado por suas crenças pessoais e experiências de vida.

A **ética**, por outro lado, é uma área da filosofia que estuda a moralidade e tenta desenvolver uma estrutura de princípios morais que podem ser aplicados universalmente. A ética envolve a análise crítica da moralidade e a busca por uma base racional para a conduta moral. É menos sobre quais ações são consideradas certas ou erradas e mais sobre como essas decisões são tomadas. Por **exemplo**, um profissional de saúde pode se deparar com um dilema ético se um paciente se recusar a receber um tratamento que poderia salvar sua vida. A ética médica, então, fornece uma estrutura para que o profissional de saúde possa tomar uma decisão informada e ética, equilibrando o respeito à autonomia do paciente e o desejo de fazer o que é melhor para o mesmo.

Então, enquanto a **moralidade** se refere a valores e normas que guiam o comportamento individual e social, a **ética** é o estudo filosófico desses princípios e como eles devem ser aplicados.

Para crianças pequenas, as lições éticas podem começar com ações simples, como compartilhar brinquedos ou dizer a verdade. Para crianças mais velhas e adolescentes, as discussões podem tornar-se mais complexas, abordando questões como desigualdades sociais, injustiças e o impacto de suas ações no mundo.

1. **Discussões sobre a Importância da Honestidade, Integridade e Responsabilidade:**

A honestidade, a integridade e a responsabilidade são componentes-chave da ética. São virtudes que servem de base para a construção do caráter e que ajudam a criança a desenvolver um forte senso de certo e errado.

A **honestidade** envolve a verdade em nossas palavras e ações. Ensinar às crianças a importância da honestidade envolve explicar porque mentir é errado e discutir os potenciais impactos de não ser verdadeiro.

A **integridade**, por outro lado, é a prática de ser honesto e mostrar um comportamento consistente baseado em princípios éticos e morais. Para ensinar integridade, devemos modelar esse comportamento em nosso próprio dia a dia, e também ter conversas abertas sobre o que significa "fazer a coisa certa", mesmo quando ninguém está olhando.

Responsabilidade refere-se a assumir a propriedade de nossas ações e compreender que nossas decisões têm consequências. Ensinar responsabilidade pode envolver dar às crianças tarefas apropriadas para a idade e ajudá-las a entender que as ações têm consequências, tanto positivas quanto negativas.

2. **Promovendo a Consciência Ética nas Decisões e Ações do Seu Filho:**

Para promover a consciência ética, devemos encorajar nossos filhos a pensar criticamente sobre suas decisões e ações. Isso pode ser feito através de perguntas que incentivem a reflexão, como "Como você acha que sua decisão afetará os outros?" ou "Como você se sentiria se estivesse do outro lado dessa situação?".

Também devemos ajudar nossos filhos a entender que todos cometem erros e que o importante é aprender com esses erros e fazer melhores escolhas no futuro. Isso não apenas promoverá um senso de responsabilidade e integridade, mas também ajudará a criar uma atmosfera em que as crianças se sintam confortáveis para falar sobre suas preocupações éticas e morais.

Ao incorporar essas práticas em nosso dia a dia, podemos criar um ambiente que promova o crescimento ético e moral, ajudando nossos filhos a se tornarem indivíduos conscientes e moralmente corretos.

Ensinar ética para crianças é um processo que varia de acordo com a faixa etária. Cada idade tem seu próprio conjunto de desafios e oportunidades que podem ser usados para ensinar sobre valores éticos e morais.

3. **Estratégias específicas para cada faixa etária:**

⇨ **<u>Crianças pequenas</u> (2-5 anos):**

Nessa idade, as crianças estão começando a entender a diferença entre certo e errado. É uma boa oportunidade para começar a ensinar sobre honestidade, justiça e respeito pelos outros.

Contar histórias: Histórias infantis e livros ilustrados são excelentes maneiras de ensinar ética. Escolha histórias que enfatizem a honestidade, a bondade e outras virtudes.

Modelagem: As crianças dessa idade aprendem muito através da observação. Mostre comportamentos éticos em suas ações do dia a dia.

⇨ **<u>Crianças em idade escolar</u> (6-12 anos):**

As crianças nesta faixa etária começam a ter uma compreensão mais profunda do que é ética e podem começar a aplicar conceitos éticos em situações mais complexas.

Discussões: Quando as crianças cometem erros, converse com elas sobre o que aconteceu, porque foi um problema e o que elas poderiam ter feito de diferente.

Ensinar empatia: Esta é uma idade crucial para ensinar empatia. Encoraje as crianças a se colocarem no lugar dos outros e a pensar sobre como suas ações afetam os outros.

⇨ **<u>Adolescentes</u> (13-18 anos):**

Os adolescentes são capazes de entender e discutir questões éticas mais complexas. Eles também estão formando seus próprios valores e crenças durante esse tempo.

Conversas abertas: Fale sobre notícias e eventos atuais que apresentam dilemas éticos. Isso ajuda os adolescentes a pensar criticamente sobre questões éticas complexas.

Responsabilidade: Incentive os adolescentes a assumirem responsabilidades, como cuidar de animais de estimação ou ajudar os irmãos mais novos. Isso ensina a responsabilidade pelos outros e o impacto de suas ações.

Ensinar ética é um processo contínuo e, muitas vezes, desafiador. No entanto, com paciência, amor e consistência, podemos ajudar nossas crianças a desenvolver um forte senso de ética que as guiará ao longo de suas vidas.

13.20   Construindo uma Cultura de Cooperação Familiar

A cooperação é uma habilidade social fundamental que, quando cultivada desde cedo, permite que as crianças trabalhem bem com os outros, ajuda a construir relacionamentos saudáveis e é um pilar para a harmonia na vida familiar.

Criar uma cultura de cooperação familiar começa com a modelagem de comportamentos colaborativos. Isso significa que os pais precisam demonstrar cooperação uns com os outros e com os filhos, dividindo as responsabilidades e tomando decisões em conjunto. É importante que as crianças vejam a cooperação em ação e entendam o seu valor.

Ainda na infância, as crianças podem começar a aprender sobre cooperação através do brincar. Brincar juntos, seja com jogos, brinquedos ou atividades criativas, oferece uma oportunidade para as crianças aprenderem a compartilhar, a esperar a sua vez e a trabalhar em conjunto para alcançar um objetivo comum.

1. **Estratégias para incentivar a cooperação e a colaboração em casa:**

Para **crianças mais novas**, começar com tarefas simples pode ser eficaz. Pequenas responsabilidades, como arrumar seus brinquedos ou ajudar a colocar a mesa, permitem que elas se sintam parte da rotina da casa e incentivam a ideia de que todos têm um papel na manutenção do lar.

Para **crianças um pouco mais velhas**, você pode introduzir tarefas mais complexas que requerem trabalho em equipe. Isso pode envolver cozinhar juntos, realizar um projeto de artesanato em família, ou mesmo planejar e executar uma limpeza da casa.

E para os **adolescentes**, é importante envolvê-los em decisões mais complexas que afetam toda a família. Isso não apenas promove a cooperação, mas também a autonomia e a responsabilidade.

2. **Estimulando o senso de responsabilidade e participação no dia a dia:**

Para cultivar o senso de responsabilidade e participação, é crucial que as crianças vejam as consequências de suas ações, tanto positivas quanto negativas. Quando uma criança participa de uma atividade cooperativa, como limpar a mesa depois do jantar, é importante reconhecer e apreciar sua contribuição. Da mesma forma, se uma criança não participa de uma tarefa, deve-se explicar de forma clara e calma como isso afeta o resto da família.

Fomentar um senso de responsabilidade e participação também significa ensinar que todos na família têm papéis importantes a desempenhar e que, quando todos cooperam e cumprem suas tarefas, a família como um todo se beneficia.

A cooperação é uma habilidade que cresce e se desenvolve com a prática. Ao incentivar e modelar a cooperação em casa, estamos equipando nossos filhos com uma habilidade vital que beneficiará todos os aspectos de suas vidas.

Aqui estão alguns exemplos simples que você pode usar para explicar a ética e a moralidade para seus filhos.

3. **Exemplo de Moralidade:**

Vamos dizer que, na sua casa, exista uma regra de que não se pode comer doces antes do jantar. Isso é um valor moral estabelecido pela sua família, que visa garantir a alimentação saudável das crianças. Se uma das crianças pega um doce escondido antes do jantar, isso seria considerado imoral de acordo com a moralidade da sua família.

4.   **Exemplo de Ética:**

Imagine que uma das crianças encontre uma carteira no parque, cheia de dinheiro. A criança sabe que a coisa "certa" a fazer, de acordo com os valores que ela aprendeu em casa (moralidade), seria devolver a carteira. Mas ela vê alguns amigos próximos que dizem que ela deve ficar com o dinheiro. Nesse ponto, a criança tem um dilema ético. Ela deve seguir seus valores pessoais e devolver a carteira, ou ela deve fazer o que seus amigos estão dizendo e ficar com o dinheiro?

Explicar a diferença entre ética e moralidade com exemplos concretos e relevantes para a vida das crianças pode ser uma ótima maneira de ensinar esses conceitos importantes. Lembre-se de que o objetivo não é apenas explicar os conceitos, mas também ajudar as crianças a entender a importância de se manterem fiéis aos seus próprios valores, mesmo quando confrontadas com dilemas éticos.

13.21   Desenvolvendo a Gratidão para uma mentalidade positiva

A gratidão é um sentimento de apreciação pelo que temos e pelas pessoas que tornam nossa vida melhor. É um componente chave na construção de uma mentalidade positiva e um elemento essencial para a felicidade e o bem-estar geral.

A gratidão permite que as crianças vejam o mundo de uma maneira mais positiva. Através da prática da gratidão, as crianças aprendem a valorizar o que têm, em vez de se concentrar no que lhes falta. Isso contribui para uma perspectiva mais otimista, ajudando a construir a resiliência emocional.

Existem várias maneiras práticas de promover a gratidão nas crianças. Para os mais jovens, você pode tornar a gratidão uma parte da rotina diária, pedindo-lhes para compartilhar algo pelo qual estão gratos a cada noite, na hora de dormir. As crianças mais velhas podem manter um diário de gratidão, onde anotam diariamente as coisas pelas quais são gratas.

Outra atividade é incentivar a expressão da gratidão através de cartões de agradecimento ou pequenos gestos de agradecimento.

A gratidão traz benefícios significativos para o bem-estar emocional das crianças. Ela ajuda a cultivar uma visão positiva de si mesmas e do mundo ao seu redor. As crianças que praticam a gratidão regularmente têm maior satisfação com a vida, experimentam menos sintomas de depressão e ansiedade, e têm melhor qualidade de sono.

Além disso, a gratidão fortalece as relações sociais, uma vez que as crianças que expressam gratidão são vistas como mais amigáveis e agradáveis. Elas desenvolvem uma maior capacidade de empatia, ao passo que aprendem a reconhecer e apreciar as boas ações dos outros.

A gratidão tem sido associada a uma série de benefícios para o bem-estar físico e mental, e pesquisas em neurociência tem começado a lançar luz sobre como isso pode ocorrer no nível biológico.

Estudos de neuroimagem revelam que o exercício da gratidão pode ter profundos efeitos sobre o cérebro, já que o sentimento de gratidão ativa as regiões do cérebro associadas ao prazer e à recompensa, liberando dopamina e serotonina, dois neurotransmissores cruciais responsáveis por nossas emoções. Eles são os produtos químicos do cérebro que fazem com que nos sintamos felizes. Eles aumentam nossas sensações de bem-estar e alegria.

Adicionalmente, a gratidão tem sido associada a uma maior atividade na região pré-frontal do cérebro, que é responsável por funções de alto nível como o pensamento e a tomada de decisões. Essa área também está envolvida na regulação das emoções e pode desempenhar um papel na sensação de gratidão. Além disso, também ajuda a reforçar as conexões neurais que favorecem pensamentos e comportamentos positivos, auxiliando no desenvolvimento de uma mentalidade positiva.

Por fim, a prática da gratidão pode também atuar sobre o sistema nervoso parassimpático, que é responsável por promover a calma e o relaxamento no corpo. Isso pode levar a benefícios adicionais para o bem-estar físico, como redução do estresse e melhora do sono.

Em resumo, a gratidão é uma ferramenta poderosa que pode melhorar a felicidade e o bem-estar das crianças, preparando-as para enfrentar os desafios da vida com uma mentalidade mais positiva. Assim, cultivar a gratidão desde a infância é um investimento valioso para o seu crescimento e desenvolvimento emocional.

Estratégias específicas para ensinar gratidão de acordo com cada faixa etária:

⇨ <u>**Crianças pequenas**</u> **(2-4 anos):**

Para crianças nessa faixa etária, é essencial demonstrar gratidão através de ações e palavras. Eles ainda estão aprendendo sobre emoções e palavras, então mostrar a eles como você expressa gratidão pode ser um exemplo poderoso.

Demonstre gratidão: As crianças aprendem com o exemplo. Portanto, mostre-lhes o que significa ser grato expressando sua gratidão pelas coisas em sua vida diariamente.

Incentive o agradecimento: Ensine-os a dizer "obrigado" quando receberem algo ou quando alguém os ajudar.

⇨ <u>**Crianças em idade pré-escolar**</u> **(5-6 anos):**

As crianças nesta faixa etária estão começando a entender conceitos mais complexos e podem começar a entender o que significa ser grato em um sentido mais amplo.

Fale sobre gratidão: Comece a ter conversas sobre o que significa ser grato e porque é importante.

Práticas diárias de gratidão: Implemente uma prática diária de compartilhar algo pelo qual cada pessoa é grata, como durante o jantar ou antes de dormir.

⇨ <u>**Crianças em idade escolar**</u> **(7-12 anos):**

As crianças nessa faixa etária podem começar a explorar a gratidão de maneiras mais profundas e significativas.

Diário de gratidão: Incentive-os a começar um diário de gratidão, onde podem escrever sobre as coisas pelas quais são gratas todos os dias.

Expressar gratidão aos outros: Incentive-os a expressar gratidão aos outros, seja através de cartas de agradecimento ou simplesmente dizendo a alguém porque estão gratos.

⇨ <u>**Adolescentes**</u> **(13-18 anos):**

Os adolescentes são capazes de explorar a gratidão em um nível ainda mais profundo e podem aplicar o conceito a diferentes áreas de suas vidas.

Meditação sobre gratidão: Apresente a ideia de meditação sobre gratidão, um tempo para se concentrar nos aspectos positivos de suas vidas.

Voluntariado: A participação em atividades de voluntariado pode ajudar os adolescentes a desenvolver um sentido de gratidão, ao proporcionar uma perspectiva sobre as lutas dos outros.

Lembre-se, o mais importante ao ensinar gratidão é ser um modelo de comportamento. As crianças aprenderão mais com o que você faz do que com o que você diz, portanto, tente incorporar a gratidão em sua própria vida e as crianças seguirão seu exemplo.

13.22 Abastecendo os "baldes" de atenção positiva

O conceito de "abastecer o balde" é um termo que vem do livro "*Have You Filled a Bucket Today: A Guide to Daily Happiness for Kids*" de Carol McCloud. Trata-se de uma metáfora para ajudar as crianças (e adultos) a visualizar e entender o impacto de suas ações e palavras sobre os outros.

De acordo com a ideia, todos nós carregamos um balde invisível que contém nossos sentimentos de valor e bem-estar. Quando nossos baldes estão cheios, nos sentimos felizes e quando estão vazios, nos sentimos tristes. Ações e palavras positivas podem "encher" nossos baldes, enquanto ações e palavras negativas podem "esvaziar" nossos baldes.

Abastecer os baldes de atenção positiva das crianças significa dar-lhes elogios, carinho, atenção, reconhecimento e valorização. Isso não apenas ajuda as crianças a se sentirem amadas e valorizadas, mas também as incentiva a se comportarem de maneira positiva, pois veem como suas ações positivas têm um impacto direto em seu bem-estar e no bem-estar dos outros. Isso promove um ciclo positivo de comportamento, pois as crianças que têm seus baldes cheios são mais propensas a agir de maneira a encher os baldes dos outros.

Em suma, a ideia de abastecer os baldes das crianças é uma maneira eficaz de promover a gentileza, a empatia e o comportamento positivo nas crianças. Essa é uma ferramenta importante para os pais e educadores, que podem usar essa metáfora para ensinar as crianças sobre o impacto de suas ações e palavras sobre os outros e sobre si mesmas.

Quando os baldes de atenção positiva de uma criança são preenchidos, isso desencadeia a liberação de neurotransmissores como a oxitocina, conhecida como o "hormônio do amor" e a dopamina, que está ligada à sensação de prazer e recompensa. Esses neurotransmissores não apenas melhoram o humor e o bem-estar geral da criança, mas também reforçam as conexões neurais associadas a comportamentos positivos e relações saudáveis, fortalecendo assim a capacidade da criança de desenvolver resiliência emocional e habilidades sociais eficazes.

Estratégias para Abastecer os Baldes em Diferentes Faixas Etárias:

⇨ **<u>Para crianças pequenas</u> (1-3 anos):**

Nessa idade, o carinho físico, como abraços e beijos, é uma excelente maneira de abastecer os baldes. O elogio verbal por pequenas realizações também é fundamental. Lembre-se de manter a linguagem simples e direta.

⇨ **<u>Para crianças em idade pré-escolar</u> (4-5 anos):**

Continuar com o carinho físico e elogios, mas também começar a introduzir atividades compartilhadas que a criança goste. Isso pode ser qualquer coisa, desde ler juntos, até brincar de jogos ou ajudar com pequenas tarefas domésticas.

⇨ **<u>Para crianças em idade escolar</u> (6-12 anos):**

As palavras de encorajamento e reconhecimento por esforços e melhorias são muito importantes. Incentive-os a assumir responsabilidades adequadas à idade, como arrumar a cama ou ajudar a preparar as refeições, para promover o sentimento de competência e independência.

⇨ **<u>Para adolescentes</u> (13 anos em diante):**

Nesse estágio, o respeito pela autonomia e privacidade do adolescente é crucial. Mostre interesse por suas atividades e opiniões. Promova discussões abertas e respeitosas. Elogie suas realizações e esforços, não apenas os resultados.

Lembrar-se de abastecer os baldes de atenção positiva de uma criança pode ser uma ferramenta incrivelmente útil para criar um ambiente doméstico positivo e promover o desenvolvimento saudável da criança.

13.23 Escuta Ativa e Empática

A comunicação emocional é uma parte essencial de qualquer relacionamento saudável. Quando nos envolvemos em conversas significativas com os outros, é importante não apenas expressar nossos próprios sentimentos e pensamentos, mas também praticar a escuta ativa e empática.

A escuta ativa é uma habilidade valiosa que nos permite compreender plenamente o que a outra pessoa está dizendo, tanto em termos de palavras quanto de emoções subjacentes. Ela envolve dedicar toda a nossa atenção à pessoa que está falando, demonstrando interesse genuíno por sua perspectiva e sendo receptivos às suas emoções. Ao praticar a escuta ativa, não apenas fortalecemos nossos relacionamentos, mas também proporcionamos um espaço seguro para os outros se expressarem.

Uma das estratégias fundamentais para praticar a escuta ativa é eliminar distrações. Em um mundo cada vez mais conectado, é fácil se deixar levar pelas notificações incessantes do celular ou pelos pensamentos dispersos. Ao desligar ou colocar o celular em modo silencioso, durante uma conversa, estamos demonstrando respeito pela pessoa com quem estamos interagindo e mostrando que valorizamos o tempo que estamos compartilhando.

Além disso, é essencial mostrar um verdadeiro interesse pela pessoa e pelo que ela está compartilhando. Isso pode ser feito por meio de pequenas ações, como manter contato visual, acenar com a cabeça para mostrar que estamos acompanhando o raciocínio, fazer perguntas pertinentes e oferecer feedback quando apropriado. Demonstrar empatia é uma parte importante da escuta ativa, pois permite que a outra pessoa se sinta compreendida e valorizada.

Outra estratégia eficaz é praticar a escuta reflexiva, que envolve repetir ou reformular o que a pessoa acabou de dizer para garantir que tenhamos entendido corretamente. Isso não apenas nos ajuda a esclarecer qualquer ambiguidade, mas também mostra à outra pessoa que estamos realmente envolvidos na conversa e nos importamos com sua perspectiva.

Ao praticar a escuta ativa e empática, estamos criando um ambiente de comunicação mais saudável e autêntico. As pessoas se sentirão mais confortáveis em compartilhar suas emoções e pensamentos conosco, e a conexão emocional será fortalecida. Além disso, a escuta ativa também nos permite expandir nosso próprio entendimento e aprendizado, pois podemos nos beneficiar das experiências e conhecimentos dos outros.

Em resumo, a escuta ativa e empática é uma habilidade fundamental para a comunicação emocional. Ao eliminar distrações e demonstrar interesse genuíno, podemos criar um espaço seguro para as pessoas se expressarem e fortalecer nossos relacionamentos. A escuta ativa não se trata apenas de ouvir as palavras, mas também de estar presente emocionalmente, compreender as emoções subjacentes e responder de forma sensível. Praticar essa habilidade valiosa pode transformar a qualidade de nossas interações interpessoais e promover uma comunicação mais significativa e autêntica.

13.24 Tempo de Qualidade

O tempo de qualidade é um aspecto essencial na construção de relacionamentos saudáveis e significativos com nossos filhos. É o momento em que dedicamos atenção total e positiva a eles, criando uma conexão profunda e fortalecendo os laços familiares.

A atenção positiva, mencionado no tópico anterior, é um dos elementos essenciais do tempo de qualidade. Significa estar totalmente presente, demonstrando interesse genuíno, valorizando as experiências e as emoções do seu filho. Envolve criar um ambiente acolhedor e amoroso, onde seu filho se sinta compreendido, valorizado e seguro para se expressar. A atenção positiva reforça a autoestima da criança e fortalece o vínculo emocional entre pais e filhos.

Ao planejar o tempo de qualidade com seus filhos, é importante levar em consideração as diferentes faixas etárias e seus interesses. Para crianças mais novas, como bebês e crianças em idade pré-escolar, o tempo de qualidade pode envolver atividades como brincar, cantar, ler histórias e explorar o mundo juntos. O importante é se envolver ativamente no momento presente, proporcionando um ambiente seguro e estimulante para o desenvolvimento do seu filho.

À medida que as crianças crescem e entram na fase escolar, o tempo de qualidade pode incluir atividades mais direcionadas, como ajudar nas tarefas escolares, praticar esportes, criar projetos artísticos ou simplesmente conversar sobre o dia a dia. O objetivo é encontrar atividades que interessem e estimulem seus filhos, permitindo que vocês compartilhem experiências e construam memórias significativas juntos.

Não existe regras quanto ao tempo mínimo estabelecido. O mais importante é a qualidade da interação e a dedicação de atenção plena durante esse período. Mesmo 15 a 30 minutos por dia podem fazer a diferença. No entanto, é recomendável reservar momentos mais longos sempre que possível, como um fim de semana especial ou uma atividade prolongada durante as férias, para aprofundar ainda mais a conexão com seus filhos.

Se você tiver mais de um filho, é importante equilibrar o tempo de qualidade individual com cada um e o tempo de qualidade em família. Isso pode ser feito através de uma combinação de atividades em grupo e momentos individuais. Você pode estabelecer um cronograma rotativo para que cada filho tenha sua vez de ter um tempo exclusivo com você, seja para conversar, brincar ou realizar uma atividade específica. Também é benéfico reservar momentos para toda a família, onde todos possam compartilhar experiências juntos, como fazer uma refeição, jogar jogos ou planejar uma saída divertida.

Além disso, é importante ter flexibilidade e adaptar suas estratégias de acordo com as necessidades individuais de cada filho. Lembre-se de que o tempo de qualidade não precisa ser perfeito ou planejado com antecedência. Às vezes, os momentos mais significativos podem surgir espontaneamente, como uma conversa durante uma caminhada ou um abraço reconfortante antes de dormir.

Em resumo, o tempo de qualidade com os filhos é uma oportunidade valiosa para fortalecer os laços emocionais e construir relacionamentos significativos. Ao dedicar atenção positiva, oferecer atividades adequadas à faixa etária e administrar o tempo com mais de um filho, você estará proporcionando um ambiente amoroso e nutridor para o crescimento e desenvolvimento saudável de seus filhos. Lembre-se de que o tempo de qualidade não se trata apenas de quantidade, mas principalmente de qualidade, com atenção plena e presença genuína.

13.25 Punição - Repensando a Abordagem na Educação Emocional

A punição tem sido um método comum de disciplina e controle de comportamento em muitos contextos educacionais. No entanto, à luz da abordagem da Disciplina Positiva, proposta por Jane Nelsen, é importante repensar o conceito de punição e explorar alternativas positivas para promover o aprendizado e a responsabilidade. Nesse tópico, veremos a importância de uma abordagem não punitiva na educação emocional, alternativas positivas à punição e estratégias para lidar com comportamentos desafiadores, levando em consideração a faixa etária das crianças.

A punição tradicional, como castigos físicos ou privação de privilégios, baseia-se no princípio de causar sofrimento como forma de ensinar uma lição ou controlar o comportamento. No entanto, essa abordagem tem sido questionada devido ao seu impacto negativo no desenvolvimento emocional e na relação entre pais e filhos.

Na educação emocional, é essencial considerar que a punição, muitas vezes, leva a sentimentos de ressentimento, raiva e retraimento nas crianças. Em vez de ensinar habilidades sociais e emocionais positivas, a punição pode criar respostas defensivas e inibição do pensamento crítico. Portanto, é fundamental buscar alternativas positivas à punição, que sejam mais eficazes no desenvolvimento de habilidades sociais, autorregulação emocional e responsabilidade.

Alternativas positivas à punição para promover o aprendizado e a responsabilidade:

Uma abordagem baseada na Disciplina Positiva oferece alternativas eficazes à punição. Em vez de focar na punição em si, a ênfase é colocada na resolução de problemas, na construção de habilidades sociais e na responsabilidade. Algumas alternativas positivas incluem:

Comunicação e conexão: Em vez de punir, é importante se comunicar abertamente com as crianças, expressando empatia e ouvindo ativamente suas perspectivas. Construir uma conexão sólida baseada no respeito mútuo é essencial para a resolução de conflitos e o aprendizado.

Ensino de habilidades: Ao invés de apenas punir um comportamento indesejado, é mais eficaz ensinar às crianças habilidades alternativas e comportamentos adequados. Isso pode ser feito por meio de modelagem, *coaching* e oferecendo oportunidades para a prática dessas habilidades.

Consequências lógicas: Em vez de punições arbitrárias, as consequências lógicas estão relacionadas ao comportamento e são naturalmente conectadas à situação. Por exemplo, se uma criança derramar propositalmente um copo de água, a consequência lógica seria ajudar a limpar a bagunça e explicar a importância de cuidar das coisas.

Estratégias para lidar com comportamentos desafiadores sem recorrer à punição, por faixa etária:

Cada faixa etária apresenta desafios únicos, mas as estratégias não punitivas podem ser adaptadas para atender às necessidades de cada criança. Vejamos algumas sugestões:

<u>Faixa etária pré-escolar</u> **(3-5 anos):**

- Estabeleça limites claros e reforce as expectativas positivas.

- Use o tempo limite como uma oportunidade para a criança se acalmar e refletir sobre suas ações.

- Incentive o uso de palavras para expressar emoções e ensine estratégias de autorregulação emocional.

<u>Faixa etária escolar</u> **(6-12 anos):**

- Tenha discussões colaborativas para resolver problemas, permitindo que a criança participe da busca de soluções.

- Use contratos comportamentais, onde as regras e as consequências são estabelecidas conjuntamente.

- Promova a responsabilidade incentivando a criança a reparar os danos causados e refletir sobre suas ações.

<u>Adolescência</u> **(13 anos ou mais):**

- Estabeleça um ambiente de diálogo aberto, ouvindo as perspectivas e opiniões do adolescente.

- Estimule a autonomia e a responsabilidade, permitindo que o adolescente tome decisões informadas e arque com as consequências.

- Estabeleça acordos e negociações com base no respeito mútuo.

Em resumo, repensar o conceito de punição na educação emocional é essencial para promover o desenvolvimento saudável das crianças. Alternativas positivas à punição, como a comunicação, o ensino de habilidades e as consequências lógicas, são mais eficazes para promover o aprendizado, a responsabilidade e a construção de relacionamentos positivos. Ao lidar com comportamentos desafiadores, adaptar as estratégias às diferentes faixas etárias é fundamental para atender às necessidades individuais das crianças e promover uma abordagem não punitiva.

13.26 Consequências - Utilizando Ferramentas de Aprendizado

As consequências desempenham um papel importante na educação emocional, pois ajudam as crianças a entender as relações de causa e efeito, a assumir responsabilidade por suas ações e a desenvolver habilidades de tomada de decisão. Nesse tópico, eu vou enfatizar o uso das consequências naturais e lógicas como ferramentas de aprendizado, assim como demonstrar como estabelecer consequências apropriadas para comportamentos indesejados e a importância de abordar as consequências de forma respeitosa e educativa.

As consequências naturais são as que ocorrem naturalmente como resultado direto das ações de uma pessoa. Por exemplo, se uma criança não colocar seu casaco em um dia frio, ela sentirá frio. As consequências naturais permitem que as crianças experimentem as consequências diretas de suas escolhas e comportamentos, facilitando a compreensão das relações de causa e efeito.

Já as consequências lógicas estão relacionadas ao comportamento, mas são estabelecidas pelos pais ou cuidadores, visando ao aprendizado e à responsabilidade. Por exemplo, se uma criança quebra um brinquedo por mau uso, uma consequência lógica seria a criança ajudar a consertá-lo ou contribuir com parte do dinheiro para substituí-lo. As consequências lógicas ajudam a desenvolver a conexão entre as ações e as consequências, além de promover a responsabilidade e a resolução de problemas.

1.   **Estabelecendo consequências apropriadas para comportamentos indesejados:**

Ao estabelecer consequências para comportamentos indesejados, é importante que sejam apropriadas, proporcionais e relevantes para a situação. Algumas diretrizes úteis incluem:

Consequências relacionadas: As consequências devem estar diretamente relacionadas ao comportamento em questão. Isso ajuda a criança a fazer a conexão entre suas ações e as consequências resultantes.

Proporcionalidade: As consequências devem ser proporcionais ao comportamento, ou seja, adequadas à gravidade da situação. Evite impor consequências excessivamente punitivas ou insignificantes, pois isso pode minar o processo de aprendizado.

Coerência: Estabeleça expectativas claras e consequências consistentes para comportamentos semelhantes. Isso ajuda a criar um ambiente previsível e facilita o entendimento das crianças sobre o que é esperado delas.

Foco no aprendizado: O objetivo das consequências é ensinar, não apenas punir. Certifique-se de que as consequências ofereçam à criança a oportunidade de aprender com seus erros e façam escolhas mais adequadas no futuro.

2. **Abordando as consequências de forma respeitosa e educativa:**

Ao abordar as consequências, é essencial fazê-lo de maneira respeitosa e educativa. Algumas sugestões para tornar esse processo mais efetivo incluem:

Comunicação clara: Explique às crianças o motivo das consequências e como elas estão relacionadas a seus comportamentos. Use uma linguagem adequada à idade para garantir que a mensagem seja compreendida.

Empatia e apoio emocional: Mostre empatia em relação às emoções da criança e ofereça suporte emocional durante o processo. Isso ajuda a construir um ambiente seguro e permite que a criança se sinta compreendida e apoiada.

Foco nas soluções: Em vez de se concentrar apenas no problema, oriente a criança a pensar em soluções alternativas e ajude-a a desenvolver habilidades de resolução de problemas. Isso encoraja a responsabilidade e a autossuficiência.

Oportunidades de reparação: Se apropriado, ofereça à criança a oportunidade de reparar os danos causados por seu comportamento. Isso ajuda a promover a responsabilidade e a aprendizagem sobre as consequências de suas ações.

Em resumo, as consequências podem ser ferramentas valiosas para o aprendizado e o desenvolvimento das crianças. Utilizando consequências naturais e lógicas, estabelecendo consequências apropriadas e abordando-as de forma respeitosa e educativa, podemos ajudar as crianças a compreenderem as relações de causa e efeito, assumirem a responsabilidade por suas ações e desenvolverem habilidades de tomada de decisão. Ao adotar uma abordagem orientada para o aprendizado, podemos promover o crescimento emocional e a construção de relacionamentos positivos com nossos filhos.

13.27 Foco em Soluções - Estimulando uma Mentalidade de Solução de Problemas

Na educação dos nossos filhos, é importante estimular uma mentalidade de solução de problemas para ajudá-los a lidar com os desafios que enfrentam. Em vez de se concentrar nos problemas em si, é valioso direcionar o foco para encontrar soluções construtivas. Neste item, vou discutir a importância de uma abordagem focada em soluções, ensinar habilidades de resolução de conflitos construtivos e encorajar nossos filhos a buscar alternativas e aprender com os desafios.

1. Estimulando uma mentalidade de solução de problemas:

Uma mentalidade de solução de problemas envolve a capacidade de identificar desafios como oportunidades para o crescimento e desenvolvimento. Em vez de se sentirem derrotados ou desencorajados diante dos problemas, nossos filhos aprendem a abordá-los com uma atitude positiva e orientada para a solução. Essa mentalidade encoraja a criatividade, a resiliência e a busca de alternativas.

Para estimular uma mentalidade de solução de problemas, é importante fornecer um ambiente seguro e de apoio, onde as crianças sintam-se à vontade para expressar suas preocupações e compartilhar suas ideias. Encoraje-as a ver os problemas como desafios a serem superados, destacando a importância do pensamento crítico, da flexibilidade e da persistência.

2. Ensinar habilidades de resolução de conflitos construtivos:

A resolução de conflitos é uma parte essencial da vida e ensinar nossos filhos habilidades nessa área é fundamental. Alguns princípios-chave para ensinar habilidades de resolução de conflitos construtivos incluem:

Comunicação eficaz: Ajude seus filhos a desenvolver habilidades de comunicação, como ouvir ativamente, expressar-se claramente e demonstrar empatia. Isso permite que eles se expressem de forma respeitosa e compreendam as perspectivas dos outros.

Identificação e expressão de emoções: Ensine seus filhos a reconhecer e expressar suas emoções de maneira saudável. Isso os capacita a expressar suas preocupações e necessidades de forma construtiva durante a resolução de conflitos.

Colaboração e negociação: Incentive seus filhos a buscar soluções em conjunto, envolvendo-os em processos colaborativos e promovendo a negociação. Isso desenvolve habilidades de trabalho em equipe, compromisso e respeito pelas opiniões dos outros.

Pensamento criativo: Estimule o pensamento criativo, encorajando seus filhos a explorar diferentes alternativas e a buscar soluções inovadoras. Isso os ajuda a desenvolver flexibilidade e a encontrar abordagens criativas para os problemas que enfrentam.

3. Encorajando seu filho a buscar alternativas e aprender com os desafios:

Ao enfrentar desafios, é essencial encorajar nossos filhos a buscar alternativas e aprender com as experiências. Algumas estratégias úteis incluem:

Encorajamento e apoio: Forneça encorajamento contínuo, valorizando o esforço e a persistência de seus filhos em encontrar soluções. Ofereça suporte emocional e orientação durante o processo.

Reflexão e aprendizado: Incentive seus filhos a refletir sobre os desafios enfrentados e as soluções encontradas. Ajude-os a identificar o que funcionou bem e o que poderia ser melhorado, promovendo a aprendizagem contínua e a autorreflexão.

Modelagem: Seja um exemplo positivo ao lidar com seus próprios desafios, mostrando uma atitude positiva e buscando soluções construtivas. Seus filhos aprenderão com seu exemplo e serão incentivados a adotar uma mentalidade de solução de problemas.

Apoio à autonomia: Conceda a seus filhos autonomia adequada para encontrar suas próprias soluções e assumir responsabilidade por suas ações. Isso fortalece sua confiança e habilidades de tomada de decisão.

Em resumo, ao estimular uma mentalidade de solução de problemas, ensinar habilidades de resolução de conflitos construtivos e encorajar nossos filhos a buscar alternativas e aprender com os desafios, estamos capacitando-os para enfrentar os desafios da vida com confiança e resiliência. Ao fornecer um ambiente de apoio e orientação, podemos ajudá-los a desenvolver habilidades essenciais para a resolução de problemas, construção de relacionamentos saudáveis e crescimento pessoal.

13.28 Aproveitando os Conflitos como Oportunidade de Aprendizado

Os conflitos são uma parte inevitável da vida e, embora possam ser desafiadores, também podem ser oportunidades de aprendizado e crescimento pessoal. No contexto da educação emocional, é importante compreender o valor dos conflitos e buscar maneiras de transformá-los em momentos de crescimento e conexão. Nesse item, vou demonstrar a importância de aproveitar os conflitos como oportunidades, identificar estratégias para transformá-los em momentos de crescimento e conexão, e mostrar a importância de modelar habilidades saudáveis de resolução de conflitos.

Embora os conflitos possam parecer perturbadores, eles apresentam oportunidades valiosas de aprendizado e crescimento. Ao enfrentar e resolver conflitos, as crianças têm a chance de desenvolver habilidades sociais, como comunicação, empatia, negociação e resolução de problemas. Os conflitos também permitem que as crianças expressem suas necessidades, desenvolvam autonomia e aprendam a lidar com emoções intensas.

Ao adotar uma perspectiva positiva sobre os conflitos, podemos ensinar às crianças que eles são oportunidades de aprendizado e desenvolvimento emocional. Isso ajuda a mudar a percepção dos conflitos, de algo negativo, para algo positivo, encorajando as crianças a abordá-los de maneira construtiva.

1. **Estratégias para transformar os conflitos em momentos de crescimento e conexão:**

Existem várias estratégias eficazes para transformar os conflitos em momentos de crescimento e conexão. Algumas delas incluem:

Comunicação aberta: Incentive as crianças a expressarem seus sentimentos e preocupações de maneira respeitosa. Estimule a escuta ativa e a compreensão das perspectivas dos outros envolvidos no conflito.

Resolução colaborativa de problemas: Promova a resolução de conflitos por meio de discussões colaborativas. Encoraje as crianças a identificar possíveis soluções, considerar diferentes pontos de vista e chegar a um consenso que atenda às necessidades de todos.

Empatia e compreensão: Ajude as crianças a desenvolver empatia, incentivando-as a considerar os sentimentos e as necessidades dos outros. Isso promove a compreensão mútua e facilita a busca de soluções que atendam às necessidades de todos os envolvidos.

Aprendizado e reflexão: Após a resolução do conflito, incentive as crianças a refletir sobre o que aprenderam com a situação. Discuta maneiras de evitar conflitos semelhantes no futuro e como aplicar as habilidades de resolução de conflitos em outras áreas da vida.

2. **Modelando habilidades saudáveis de resolução de conflitos:**

Uma das maneiras mais eficazes de ensinar habilidades saudáveis de resolução de conflitos é por meio da modelagem. As crianças aprendem observando o comportamento de seus pais e cuidadores. Portanto, é importante que os adultos envolvidos no processo de educação emocional demonstrem habilidades saudáveis de resolução de conflitos em suas próprias interações.

Alguns princípios-chave para modelar habilidades saudáveis de resolução de conflitos incluem:

Comunicação respeitosa: Mantenha uma comunicação respeitosa durante os conflitos, evitando ataques pessoais ou linguagem prejudicial.

Controle emocional: Demonstre a capacidade de controlar emoções intensas durante os conflitos, mostrando que é possível lidar com as emoções de maneira saudável.

Busca de soluções: Mostre uma abordagem colaborativa e orientada para soluções durante a resolução de conflitos, buscando alternativas e considerando as necessidades de todos os envolvidos.

Reflexão e aprendizado: Após a resolução do conflito, reflita sobre as estratégias utilizadas e o que pode ser melhorado. Isso enfatiza a importância de aprender com os conflitos e buscar melhorias contínuas.

Ao modelar habilidades saudáveis de resolução de conflitos, estamos fornecendo às crianças um exemplo positivo e encorajando-as a desenvolver essas habilidades em suas próprias interações.

Em resumo, aproveitar os conflitos como oportunidades de aprendizado é essencial na educação emocional. Ao compreender o valor dos conflitos, utilizar estratégias para transformá-los em momentos de crescimento e de conexão, e modelar habilidades saudáveis de resolução de conflitos, estamos capacitando as crianças a enfrentá-los de forma construtiva, desenvolverem habilidades sociais e emocionais, e construírem relacionamentos saudáveis e significativos ao longo da vida.

13.29 Lidando com os Erros de Forma Construtiva

Os erros fazem parte da jornada de aprendizado e crescimento de todos. Na educação emocional, é essencial ensinar nossos filhos a lidar com os erros de forma construtiva, cultivando uma mentalidade de crescimento e resiliência. Nesse tópico, vou te mostrar a importância de aprender com os erros, além de estratégias para transformá-los em oportunidades de aprendizado e como ensinar nossos filhos a lidar de forma construtiva com seus erros.

Lidar com os erros de forma construtiva é uma habilidade valiosa para o desenvolvimento emocional e pessoal. É importante ajudar nossos filhos a entender que os erros são uma parte natural do processo de aprendizado e não devem ser vistos como fracasso. Algumas estratégias para ensinar seu filho a lidar com os erros de forma construtiva incluem:

Aceitação e encorajamento: Demonstre aceitação e encorajamento quando seu filho cometer um erro. Transmita a mensagem de que os erros são oportunidades de aprendizado e que todos cometem erros em algum momento.

Comunicação aberta: Estabeleça um ambiente de comunicação aberta onde seu filho se sinta à vontade para compartilhar seus erros sem medo de julgamento. Encoraje-o a expressar suas emoções e pensamentos relacionados ao erro.

Reflexão e aprendizado: Ajude seu filho a refletir sobre o erro, explorando as causas e as consequências. Incentive-o a identificar o que pode ser aprendido com a experiência e como evitar cometer o mesmo erro no futuro.

1. **Cultivando uma mentalidade de crescimento e resiliência:**

Uma mentalidade de crescimento e resiliência é fundamental para lidar com os erros de forma construtiva. Ela envolve a crença de que as habilidades e capacidades podem ser desenvolvidas por meio do esforço e da dedicação. Além disso, a resiliência permite que seu filho se recupere de falhas e adversidades de forma saudável. Algumas estratégias para cultivar uma mentalidade de crescimento e resiliência incluem:

Elogio pelo esforço: Elogie o esforço de seu filho, em vez de se concentrar apenas nos resultados. Isso enfatiza a importância do processo de aprendizado e incentiva a persistência, mesmo diante dos erros.

Foco no progresso: Destaque e comemore o progresso de seu filho, reconhecendo suas melhorias ao longo do tempo. Isso ajuda a fortalecer sua confiança e motivação para continuar aprendendo, apesar dos erros.

Desafios como oportunidades: Enfatize que os desafios e os erros são oportunidades de crescimento pessoal e aprendizado. Incentive seu filho a enfrentar desafios e a abraçar a ideia de que os erros são oportunidades de aprender e se desenvolver.

2. **Estratégias para transformar os erros em oportunidades de aprendizado:**

Existem várias estratégias que você pode utilizar para ajudar seu filho a transformar os erros em oportunidades de aprendizado significativas:

Reforço positivo: Realce as lições aprendidas com os erros, enfatizando o que seu filho ganhou com a experiência. Isso encoraja uma abordagem positiva e construtiva para lidar com os erros.

Análise dos erros: Ajude seu filho a analisar o erro, explorando as circunstâncias e as ações que levaram a ele. Incentive-o a pensar em alternativas e estratégias diferentes que poderiam ter sido adotadas para evitar o erro.

Plano de ação: Auxilie seu filho a criar um plano de ação para evitar cometer o mesmo erro no futuro. Isso envolve a definição de metas realistas, identificação de passos concretos para alcançar essas metas e monitoramento do progresso ao longo do tempo.

Autocompaixão: Ensine seu filho a praticar a autocompaixão, lembrando-se de que errar é humano e que todos cometemos erros. Isso ajuda a desenvolver uma atitude gentil consigo mesmo diante dos erros, promovendo o perdão e a aceitação pessoal.

Em resumo, aprender com os erros é uma parte essencial do crescimento e do desenvolvimento emocional. Ao ensinar nossos filhos a lidar com os erros de forma construtiva, cultivar uma mentalidade de crescimento e resiliência, e utilizar estratégias para transformar os erros em oportunidades de aprendizado, estamos capacitando-os a abraçar os desafios, aprender com as experiências e se tornar pessoas mais resilientes e confiantes ao longo da vida.

13.30   Envolver-se x Enfurecer - Abordando Conflitos de Forma Construtiva

No livro "Disciplina sem Drama" de Daniel J. Siegel, o conceito de "envolver-se x enfurecer" aborda a importância de uma abordagem construtiva ao lidar com conflitos. Nesse item, vamos explorar essa ideia, fornecer *insights* sobre como envolver-se em vez de enfurecer durante situações desafiadoras com os filhos.

1.   O Conceito de "Envolver-se x Enfurecer":

O conceito de "envolver-se x enfurecer" destaca a diferença entre duas abordagens opostas ao lidar com conflitos com nossos filhos. Enquanto o envolvimento se baseia em uma conexão emocional, comunicação empática e resolução colaborativa, o enfurecimento envolve reações impulsivas, irritação e confrontação.

Ao envolver-se, buscamos entender as emoções e as necessidades do nosso filho, oferecendo apoio emocional e procurando soluções juntos. Por outro lado, ao enfurecer-nos, tendemos a reagir de forma punitiva, intensificando o conflito e minando a confiança e a conexão entre pais e filhos.

2. Estratégias para Envolver-se Construtivamente:

Praticar a escuta ativa e empática: Reserve um tempo para ouvir atentamente o que seu filho tem a dizer, demonstrando interesse genuíno. Faça perguntas abertas para entender melhor suas emoções e perspectivas, validando seus sentimentos.

Fomentar a comunicação aberta: Estabeleça um ambiente seguro e acolhedor para que seu filho se sinta à vontade para expressar suas preocupações e opiniões. Encoraje-o a compartilhar suas experiências e pontos de vista, respeitando suas contribuições.

Demonstrar empatia: Mostre ao seu filho que você entende e se preocupa com suas emoções, colocando-se em seu lugar. Isso cria um senso de conexão emocional e fortalece o relacionamento.

Procurar soluções colaborativas: Em vez de impor suas próprias soluções, convide seu filho a participar da busca por soluções. Incentive-o a compartilhar suas ideias e a trabalhar juntos para encontrar uma resposta adequada aos desafios.

3. O Que Evitar:

Evite ceder à raiva e à frustração, respondendo impulsivamente ao conflito. Algumas estratégias contraproducentes incluem:

Gritar e culpar: Evite elevar o tom de voz e usar linguagem ofensiva ou acusatória. Isso pode intensificar o conflito e prejudicar o relacionamento com seu filho.

Punir e ameaçar: Evite recorrer a punições severas ou ameaças para controlar o comportamento do seu filho. Isso pode gerar ressentimento e medo, prejudicando a confiança e o vínculo.

Ignorar ou minimizar as emoções do seu filho: É essencial validar e reconhecer as emoções do seu filho, mesmo que você não concorde com seu comportamento. Ignorar ou minimizar suas emoções pode levá-lo a se sentir incompreendido e desvalorizado.

Em resumo, ao envolver-se em vez de enfurecer-se durante situações conflituosas com nossos filhos, podemos promover um ambiente de compreensão mútua, conexão emocional e resolução colaborativa. Praticar a escuta ativa, fomentar a comunicação aberta, demonstrar empatia e procurar soluções juntos são estratégias eficazes para construir um relacionamento saudável e fortalecer a confiança entre pais e filhos. Ao evitar reações impulsivas e punitivas, a gente vai estar criando um ambiente propício para o crescimento emocional e o desenvolvimento de habilidades de resolução de conflitos.

13.31 Recompensas - Compreendendo o Funcionamento do Cérebro

As recompensas desempenham um papel significativo na motivação e no aprendizado das crianças. Compreender como o cérebro responde às recompensas é essencial para utilizar esse poderoso mecanismo de maneira eficaz. Nesse tópico, eu vou te mostrar como funciona o cérebro em relação às recompensas e vou mostrar exemplos dos tipos de recompensa mais adequados para cada faixa etária.

1. **Funcionamento do cérebro frente às recompensas:**

O cérebro é projetado para buscar recompensas, pois isso nos motiva a buscar experiências gratificantes e aprender com elas. Quando uma pessoa recebe uma recompensa, como um elogio, um brinquedo novo ou até mesmo um simples sorriso, o cérebro libera dopamina, um neurotransmissor associado à sensação de prazer. Esse sistema de recompensa no cérebro nos incentiva a repetir comportamentos que resultam em recompensas, pois associa essas ações a uma sensação positiva.

No entanto, é importante entender que nem todas as recompensas são iguais. Algumas podem ser mais eficazes do que outras em motivar e promover o aprendizado. Vamos explorar alguns tipos de recompensa adequados para cada faixa etária:

2. **Recompensas adequadas para cada faixa etária:**

⇨ <u>**Faixa etária pré-escolar**</u> **(3-5 anos):**

Elogios verbais: As palavras de encorajamento e reconhecimento são recompensas poderosas nessa idade. Elogiar o esforço, as conquistas e as qualidades positivas da criança promove sua autoestima e motivação intrínseca.

Recompensas tangíveis: Para essa faixa etária, pequenas recompensas tangíveis, como adesivos, podem ser eficazes para motivar certos comportamentos desejados. No entanto, é importante equilibrar as recompensas tangíveis com a valorização do esforço e do crescimento pessoal.

⇨ **Faixa etária escolar (6-12 anos):**

Elogios específicos: Elogiar o esforço, a criatividade e as habilidades específicas da criança ajuda a promover a motivação intrínseca e o desenvolvimento de uma identidade positiva. Reconhecer a melhoria contínua e a perseverança também são importantes.

Recompensas baseadas em interesse: Oferecer recompensas relacionadas aos interesses da criança, como um livro ou uma atividade especial, pode estimular a motivação intrínseca e o aprendizado.

Sistema de recompensa gradual: Utilizar sistemas de recompensa gradual, como um gráfico de recompensas, onde a criança recebe uma recompensa após acumular um certo número de pontos ou adesivos, pode ajudar a estabelecer metas e promover a responsabilidade.

⇨ **Adolescência (13 anos ou mais):**

Reconhecimento público: Nessa faixa etária, o reconhecimento público, como prêmios, certificados ou oportunidades de liderança, pode ser uma recompensa poderosa para o desenvolvimento da identidade e autoestima.

Oportunidades de escolha e autonomia: Permitir que os adolescentes tenham voz e poder de decisão em certos assuntos, como escolher atividades extracurriculares ou planejar uma viagem em família, pode ser uma recompensa significativa e promover o senso de responsabilidade.

Privilégios e liberdade progressiva: À medida que os adolescentes demonstram responsabilidade, é apropriado oferecer recompensas em forma de privilégios adicionais e liberdade progressiva, como horários flexíveis ou permissão para participar de eventos especiais.

Em resumo, as recompensas desempenham um papel importante na motivação e no aprendizado das crianças. Compreender o funcionamento do cérebro em relação às recompensas nos ajuda a utilizar esse mecanismo de forma eficaz. Ao adaptar as recompensas de acordo com a faixa etária, a gente consegue motivar nossos filhos, promover a motivação intrínseca e fortalecer sua autoestima. Lembre-se sempre de equilibrar as recompensas tangíveis com o reconhecimento do esforço e do crescimento pessoal, incentivando, assim, o desenvolvimento de uma mentalidade de aprendizado duradoura.

13.32 Compreendendo e Estimulando a Motivação

A motivação desempenha um papel fundamental no aprendizado e no desenvolvimento das crianças. Existem dois tipos principais de motivação: intrínseca e extrínseca. Nesse item, vamos discutir como esses tipos de motivação funcionam, as diferenças entre elas e o papel da neurociência nesse processo. Além disso, iremos ver estratégias para aumentar a motivação de acordo com cada faixa etária, juntamente com exemplos de abordagens contraproducentes.

1. **Motivação Intrínseca X Motivação Extrínseca:**

A **motivação intrínseca** é impulsionada por interesses internos, curiosidade e satisfação pessoal. Quando uma criança está intrinsecamente motivada, ela realiza atividades pelo prazer e pela satisfação que elas proporcionam. A motivação intrínseca é guiada por fatores internos, como o desejo de aprender, explorar e enfrentar desafios.

Por outro lado, a **motivação extrínseca** está relacionada a recompensas ou por punições externas. As crianças são motivadas a realizar determinadas ações, somente visando obter uma recompensa externa, como elogios, adesivos, presentes ou para evitar punições. A motivação extrínseca pode ser eficaz em curto prazo, mas não promove um verdadeiro engajamento ou aprendizado duradouro.

2. **Qual é a melhor forma de motivação e por quê?**

A motivação intrínseca é geralmente considerada a forma mais valiosa de motivação, pois está relacionada a um aprendizado mais significativo e duradouro. Quando as crianças estão intrinsecamente motivadas, elas se sentem empoderadas, desenvolvem um senso de propósito e autonomia e tendem a manter o interesse e a curiosidade em longo prazo.

A motivação intrínseca também está ligada a melhorias na memória, na atenção e no desempenho cognitivo. Pesquisas em neurociência mostram que a liberação de dopamina no cérebro, um neurotransmissor associado ao prazer e à motivação, é maior quando a motivação é intrínseca, o que leva a uma aprendizagem mais eficiente e significativa.

3. **Estratégias para aumentar a motivação de acordo com cada faixa etária:**

⇨ **Faixa etária pré-escolar (3-5 anos):**

Ofereça opções: Permita que a criança faça escolhas simples, como selecionar uma atividade entre duas opções pré-determinadas. Isso promove um senso de autonomia e motivação intrínseca.

Exploração criativa: Forneça materiais e recursos que incentivem a exploração criativa e o jogo livre. Isso estimula a curiosidade intrínseca e a motivação para aprender.

⇨ **Faixa etária escolar (6-12 anos):**

Desafios apropriados: Apresente tarefas desafiadoras e adequadas ao nível de habilidade da criança, permitindo que ela desenvolva um senso de competência e motivação intrínseca.

Relacione o conteúdo às experiências pessoais: Faça conexões entre o conteúdo escolar e as experiências pessoais da criança, tornando-o mais relevante e aumentando a motivação intrínseca.

⇨ **Adolescência (13 anos ou mais):**

Autonomia e propósito: Permita que os adolescentes tenham autonomia em suas escolhas e envolvimento em projetos alinhados com seus interesses e valores pessoais. Isso fomenta um senso de propósito e motivação intrínseca.

Estabelecimento de metas: Ajude os adolescentes a definirem metas claras e realistas, desafiando-os a buscar seus próprios objetivos. Isso promove a motivação intrínseca e o senso de conquista.

4. **O que não deve ser feito:**

Evite recompensas excessivas ou punições severas, pois elas podem minar a motivação intrínseca. Além disso, **evitar comparações excessivas e críticas negativas** é essencial para preservar a motivação intrínseca e a autoestima.

Em resumo, a motivação intrínseca é a forma mais valiosa de motivação, promovendo um aprendizado significativo e duradouro. A neurociência confirma que a motivação intrínseca está associada a melhorias cognitivas e à liberação de dopamina no cérebro. Ao utilizar estratégias apropriadas para cada faixa etária, podemos estimular a motivação intrínseca e promover um engajamento genuíno na aprendizagem. Evitar o uso excessivo de recompensas extrínsecas e punições severas é fundamental para preservar a motivação intrínseca e promover um ambiente de aprendizado saudável.

13.33 A Importância do Esporte para a Regulação Emocional

O esporte desempenha um papel crucial no desenvolvimento físico, cognitivo e emocional de crianças e jovens. Além de promover a saúde física, o envolvimento em atividades esportivas traz uma série de benefícios para o cérebro e a regulação emocional.

1. **Benefícios do Esporte para o Cérebro e a Regulação Emocional:**

Melhora do funcionamento cerebral: A prática esportiva está associada a um melhor funcionamento cognitivo, incluindo memória, atenção, raciocínio e tomada de decisões. A atividade física regular promove o fluxo sanguíneo para o cérebro, estimulando o crescimento de novas células cerebrais e conexões sinápticas.

Fortalecimento da função executiva: O esporte ajuda a fortalecer as funções executivas do cérebro, como o planejamento, o autocontrole, a flexibilidade mental e a resolução de problemas. Isso ocorre porque os esportes frequentemente exigem a tomada de decisões rápidas e o ajuste a situações em constante mudança.

Melhora da regulação emocional: A prática esportiva proporciona um ambiente para expressar emoções e aprender a lidar com desafios e frustrações. O exercício físico libera endorfinas e neurotransmissores, como a serotonina, que estão associados ao bem-estar emocional e ao alívio do estresse.

Desenvolvimento da autoestima e da confiança: Participar de esportes permite que as crianças e os jovens experimentem o senso de conquista e a melhoria contínua de habilidades, o que fortalece a autoestima e a confiança em si mesmos.

2. **Estratégias para incentivar o envolvimento esportivo em cada faixa etária:**

⇨ **Faixa etária pré-escolar (3-5 anos):**

Ofereça oportunidades para brincadeiras físicas e atividades esportivas simples, como correr, pular e chutar bolas leves. Incentive o desenvolvimento de habilidades motoras básicas e a exploração do corpo.

⇨ **Faixa etária escolar (6-12 anos):**

Apresente uma variedade de esportes e atividades físicas para que a criança experimente e encontre um ou mais de seu interesse. Incentive a participação em equipes esportivas da escola ou atividades extracurriculares.

⇨ **Adolescência (13 anos ou mais):**

Incentive a diversificação de esportes, permitindo que os adolescentes explorem diferentes modalidades e descubram seus interesses. Ofereça opções para se envolver em equipes esportivas escolares, clubes ou atividades recreativas.

3. **Vantagens do Esporte para a Saúde:**

Além dos benefícios cerebrais e emocionais, a prática esportiva também traz uma série de vantagens para a saúde física, incluindo:

- Fortalecimento do sistema cardiovascular e respiratório.

- Aumento da resistência e condicionamento físico.

- Desenvolvimento da coordenação motora e equilíbrio.

- Manutenção do peso corporal saudável.

- Fortalecimento dos ossos e músculos.

- Melhoria da qualidade do sono.

- Redução do risco de doenças crônicas, como diabetes e doenças cardíacas.

Em resumo, o esporte desempenha um papel fundamental no desenvolvimento global de crianças e jovens. Além dos benefícios físicos, a participação esportiva proporciona benefícios cerebrais, como melhora do funcionamento cognitivo e fortalecimento das funções executivas. Também auxilia na regulação emocional, no desenvolvimento da autoestima e na promoção do bem-estar emocional. Incentivar a prática esportiva em cada faixa etária e proporcionar uma variedade de opções esportivas contribuem para uma vida saudável e equilibrada.

13.34   Evite Mimar seu Filho

Mimar um filho pode parecer uma forma de demonstrar amor e carinho, mas é importante compreender os riscos associados ao excesso de mimos. Nesse item, iremos explorar os motivos pelos quais é recomendado evitar mimar seu filho em excesso e os impactos negativos que isso pode ter no seu desenvolvimento.

1.   **Os Riscos do Excesso de Mimos:**

Dependência emocional: Mimar excessivamente uma criança pode levar à dependência emocional, tornando-a menos capaz de lidar com desafios e frustrações. A falta de oportunidades para desenvolver habilidades de enfrentamento pode prejudicar sua resiliência e autoconfiança.

Falta de responsabilidade: Quando as crianças são superprotegidas e mimadas, podem ter dificuldades em assumir responsabilidades e enfrentar as consequências de suas ações. Isso pode levar a uma falta de autonomia e habilidades para lidar com a vida adulta.

Baixa tolerância à frustração: O excesso de mimos pode levar a uma baixa tolerância à frustração, pois a criança não aprende a lidar com a ideia de que nem sempre conseguirá o que quer. Isso pode resultar em comportamentos desafiadores e dificuldades para lidar com as frustrações da vida cotidiana.

Entendimento distorcido do valor do esforço: Mimar demais pode levar a criança a acreditar que as coisas devem ser dadas de forma fácil, sem a necessidade de esforço ou trabalho duro. Isso pode afetar sua motivação intrínseca, resultando em uma falta de perseverança e capacidade de alcançar metas de longo prazo.

2. Estratégias para Estabelecer Limites Saudáveis:

Defina limites claros: Estabeleça regras e expectativas consistentes para o comportamento e as responsabilidades da criança. Certifique-se de comunicar esses limites de forma clara e consistente.

Ensine responsabilidade: Incentive seu filho a assumir responsabilidades apropriadas para a idade, como arrumar seu quarto, ajudar nas tarefas domésticas ou gerenciar suas obrigações escolares. Isso promove a independência e a autonomia.

Estimule a resiliência: Permita que seu filho enfrente desafios e fracassos, oferecendo suporte emocional e incentivando-o a aprender com essas experiências. Isso ajudará a desenvolver resiliência e habilidades de enfrentamento.

Promova a gratidão e a generosidade: Ensine seu filho a valorizar o que tem e a praticar a generosidade com os outros. Isso ajuda a desenvolver empatia, gratidão e uma visão mais equilibrada das próprias necessidades e desejos.

Evite recompensas excessivas, presentes materiais constantes e superproteção excessiva. Ao invés disso, concentre-se em oferecer apoio emocional, incentivo e oportunidades para que seu filho aprenda, cresça e se torne um adulto responsável e independente.

Em resumo, é importante evitar o excesso de mimos em relação aos filhos, pois isso pode prejudicar seu desenvolvimento emocional, responsabilidade e habilidades de enfrentamento. Estabelecer limites saudáveis, ensinar responsabilidade e promover resiliência são estratégias eficazes para criar um ambiente equilibrado de crescimento e desenvolvimento. Ao oferecer apoio emocional e incentivo, em vez de excessos materiais, você estará ajudando seu filho a se tornar uma pessoa mais independente, confiante e preparada para enfrentar os desafios da vida.

13.35 Desenvolvendo a autoestima e o amor-próprio

Ter uma autoestima saudável e cultivar o amor-próprio são elementos fundamentais para o bem-estar emocional e o desenvolvimento saudável das crianças e jovens. Nesse tópico, eu vou abordar a importância de desenvolver a autoestima e o amor-próprio, citando os benefícios e indicando estratégias específicas para cada faixa etária.

1. Benefícios da Autoestima e do Amor-próprio:

Desenvolver uma autoestima positiva e um amor-próprio saudável trazem inúmeros benefícios para a vida das crianças e jovens, tais como:

Confiança e resiliência: Uma autoestima saudável fortalece a confiança em si mesmos, permitindo que enfrentem desafios com coragem e resiliência.

Relações saudáveis: O amor-próprio promove relacionamentos mais saudáveis, pois quando as crianças se valorizam e se respeitam, estabelecem padrões saudáveis nos seus relacionamentos com os outros.

Autonomia e assertividade: Com uma autoestima positiva, as crianças e jovens sentem-se mais confiantes em expressar suas opiniões, estabelecer limites e tomar decisões autônomas.

Bem-estar emocional: O amor-próprio está relacionado a um maior bem-estar emocional, com maior capacidade de lidar com o estresse, ansiedade e pressões sociais.

2. Estratégias para cada faixa etária:

⇨ **<u>Faixa etária pré-escolar</u> (3-5 anos):**

Elogios específicos: Elogie as conquistas e esforços da criança, enfatizando suas qualidades e habilidades únicas. Isso ajuda a construir uma autoimagem positiva.

Incentive a exploração e a autonomia: Ofereça oportunidades para que a criança explore e experimente coisas novas, estimulando sua independência e senso de realização.

⇨ **<u>Faixa etária escolar</u> (6-12 anos):**

Estabeleça metas alcançáveis: Ajude a criança a estabelecer metas realistas e alcançáveis, valorizando o progresso e a melhoria contínua. Isso desenvolve um senso de competência e satisfação pessoal.

Desenvolva habilidades sociais: Incentive a criança a desenvolver habilidades sociais, como fazer amigos, resolver conflitos e expressar suas opiniões. Isso fortalece sua confiança social.

⇨ **<u>Adolescência</u> (13 anos ou mais):**

Encoraje o desenvolvimento de talentos e paixões: Ajude os adolescentes a identificar e cultivar seus talentos e paixões, permitindo que eles se sintam valorizados e confiantes em suas habilidades.

Cultive um ambiente de apoio: Crie um ambiente de apoio emocional, onde os adolescentes se sintam seguros para expressar suas emoções e receber apoio sem julgamentos.

Promova a autocompaixão: Incentive os adolescentes a desenvolver autocompaixão, lembrando-se de serem gentis consigo mesmos, aceitando suas imperfeições e tratando-se com bondade.

Em todos os estágios, é importante modelar uma atitude positiva em relação a si mesmo, promovendo a aceitação pessoal e evitando críticas excessivas ou comparações com os outros.

Em resumo, desenvolver a autoestima e o amor-próprio é essencial para o bem-estar emocional e o desenvolvimento saudável das crianças e jovens. Ao utilizar estratégias específicas para cada faixa etária, como elogios específicos, incentivo à autonomia e estabelecimento de metas alcançáveis, podemos fortalecer a autoestima e promover um amor-próprio saudável. Ao cultivar essas características desde cedo, estamos fornecendo às crianças e jovens as bases necessárias para enfrentar os desafios da vida com confiança, resiliência e bem-estar emocional.

13.36 Uso de Telas na Infância e Adolescência

O uso de telas, como smartphones, tablets, computadores e televisões, tornou-se uma parte integral da vida moderna. No entanto, é fundamental entender os benefícios, os riscos e as estratégias para estabelecer limites saudáveis quando se trata do uso de telas por crianças e jovens. Nesse item, iremos discutir os prós e contras do uso de telas, recomendar os limites de tempo máximo indicados para cada faixa etária e apresentar estratégias para limitar o uso excessivo e prejudicial.

1. **Benefícios do Uso de Telas:**

Acesso à informação: O uso de telas permite que crianças e jovens tenham acesso rápido a informações e conhecimentos diversos, expandindo seu aprendizado e enriquecendo suas experiências.

Recursos educacionais: Existem inúmeras plataformas e aplicativos educacionais que podem apoiar o desenvolvimento acadêmico e o enriquecimento do aprendizado.

Conexão social: As telas oferecem uma oportunidade para que crianças e jovens se conectem com amigos, familiares e comunidades online, compartilhando interesses e experiências.

Estímulo criativo: O uso de telas pode estimular a criatividade por meio de jogos, aplicativos de arte e plataformas de criação de conteúdo.

2. Tempo Máximo Recomendado por Idade:

É importante estabelecer limites apropriados de tempo de tela para cada faixa etária, levando em consideração as recomendações da Academia Americana de Pediatria (AAP):

- ⇨ **Faixa etária pré-escolar (3-5 anos):** Até 1 hora por dia de conteúdo de alta qualidade, supervisionado por um adulto.
- ⇨ **Faixa etária escolar (6-12 anos):** Entre 1 a 2 horas por dia de conteúdo de alta qualidade, com supervisão e equilibrado com outras atividades.
- ⇨ **Adolescência (13 anos ou mais):** Limites específicos variam, mas é recomendado que os adolescentes priorizem atividades físicas, interações sociais face a face, sono adequado e tempo dedicado aos estudos.

3. Malefícios do Uso Excessivo de Telas:

Sedentarismo: O uso excessivo de telas pode levar ao sedentarismo, prejudicando a saúde física e aumentando o risco de problemas relacionados ao peso e à saúde cardiovascular.

Isolamento social: O uso excessivo de telas pode substituir interações sociais face a face, contribuindo para o isolamento social e dificuldades de desenvolvimento de habilidades sociais.

Distúrbios do sono: A exposição à luz azul emitida pelas telas pode interferir na qualidade do sono, resultando em dificuldades para adormecer e uma menor quantidade de sono reparador.

Impacto na saúde mental: O uso excessivo de telas tem sido associado a problemas de saúde mental, como ansiedade, depressão e baixa autoestima.

4. Estratégias para limitar o uso excessivo de telas:

Determine regras claras: Estabeleça regras claras sobre o uso de telas, como **não utilizar** dispositivos **durante as refeições, antes de dormir** ou **durante** momentos de **interação familiar.**

Estabeleça limites claros: Defina regras claras e expectativas sobre o tempo de tela permitido, estabelecendo **horários específicos** e **limites diários,** levando em consideração as recomendações de tempo de tela adequado para cada faixa etária e equilibrando o tempo de tela com outras atividades importantes, como estudo, atividades físicas e interações sociais.

Crie um ambiente livre de telas: Designe áreas livres de telas em casa, como o quarto, onde o uso de dispositivos eletrônicos não é permitido.

Estimule atividades alternativas: Incentive atividades físicas, leitura, jogos de tabuleiro, arte e outras formas de entretenimento que não envolvam telas.

Modele comportamento adequado: Os pais devem servir como modelos, limitando seu próprio uso de telas e dedicando tempo de qualidade com os filhos.

5. Como identificar se seu filho está viciado em telas:

Essa tarefa pode ser um desafio, mas existem alguns sinais indicativos que podem ajudar a identificar esse comportamento. Aqui estão algumas pistas que podem indicar um possível vício em telas:

Uso excessivo: Se seu filho está passando a maior parte do tempo livre em frente a telas, negligenciando outras atividades importantes, como estudos, interações sociais e *hobbies*, isso pode ser um indicativo de um possível vício.

Dificuldade em controlar o tempo de uso: Se seu filho tem dificuldade em controlar o tempo que passa em dispositivos eletrônicos, demonstrando resistência ou irritação quando é solicitado a interromper o uso, isso pode ser um sinal de dependência.

Preocupação constante com telas: Se seu filho está sempre pensando em telas, demonstrando ansiedade ou irritabilidade quando não está usando dispositivos eletrônicos, isso pode indicar um vínculo excessivo e uma possível dependência.

Declínio no desempenho escolar: Se o uso excessivo de telas está interferindo no desempenho escolar de seu filho, resultando em queda de notas, falta de concentração ou falta de interesse em atividades acadêmicas, é importante considerar a possibilidade de um vício em telas.

Isolamento social: Se seu filho está se isolando socialmente, preferindo interações virtuais em vez de interações face a face com amigos e familiares, isso pode ser um sinal de dependência em telas.

Mudanças de comportamento: Se você notar mudanças significativas no comportamento do seu filho, como irritabilidade, agitação, falta de motivação ou distúrbios do sono, isso pode estar relacionado a um uso excessivo de telas.

É importante lembrar que a presença desses sinais não é definitiva para diagnosticar um vício em telas, mas eles podem ser indicadores de que o uso de telas está se tornando problemático. Se você suspeita que seu filho está enfrentando um vício em telas, é recomendado buscar orientação profissional de um médico, psicólogo ou especialista em saúde mental infantil para uma avaliação mais precisa e apoio adequado.

No entanto, é importante ter em mente que nem todo uso de telas é prejudicial. É necessário encontrar um equilíbrio saudável entre o uso de telas e outras atividades importantes na vida de seu filho, promovendo um estilo de vida equilibrado e proporcionando oportunidades para o desenvolvimento emocional, social e físico.

6. Estratégias para crianças e jovens viciados em telas:

Para crianças e jovens já viciados em telas, é fundamental adotar estratégias claras para ajudá-los a largar o vício. Isso pode incluir **estabelecer metas diárias, definir recompensas** não relacionadas a telas e **incentivar a participação em atividades alternativas**. Uma abordagem eficaz pode envolver a implementação de um "*detox*" de telas, que consiste em um período de afastamento controlado e gradual do uso excessivo de dispositivos eletrônicos.

7. Estratégias para auxiliar nesse processo:

Estabelecer metas e limites realistas: Defina metas claras e limites realistas para o uso de telas, adaptados à situação específica da criança ou jovem. Por exemplo, estabeleça um tempo máximo diário permitido para o uso de telas e reduza gradualmente esse tempo ao longo do tempo.

Criar uma rotina equilibrada: Estabeleça uma rotina diária equilibrada, incluindo tempo para atividades físicas, hobbies, interações sociais face a face, leitura e outras atividades offline. Certifique-se de que a criança ou jovem esteja engajado em uma variedade de atividades que não envolvam telas.

Definir períodos de "desconexão": Introduza períodos regulares de "desconexão" de telas, como uma hora antes de dormir ou durante as refeições em família. Durante esses períodos, encoraje a interação social e outras atividades offline.

Estimular a criatividade e o engajamento: Incentive a criança ou jovem a explorar atividades criativas e envolventes que estimulem sua imaginação e habilidades. Isso pode incluir artes, música, esportes, jogos de tabuleiro, leitura, escrita ou qualquer outra atividade que capte seu interesse e atenção.

Fornecer alternativas saudáveis: Apresente alternativas saudáveis e atrativas para o uso de telas, como clubes ou grupos de interesse, aulas de música ou arte, esportes em equipe, atividades voluntárias ou outras formas de envolvimento comunitário.

Envolver a família e criar um ambiente de apoio: Envolva toda a família no processo de redução do uso de telas. Estabeleça regras claras para todos os membros da família e crie um ambiente de apoio, onde todos possam se apoiar mutuamente na diminuição do tempo de tela.

Buscar atividades ao ar livre: Incentive a prática de atividades ao ar livre, como caminhadas, piqueniques, jogos esportivos ou qualquer outra atividade que envolva o contato com a natureza e a exploração do ambiente.

O "*detox*" de telas é importante porque permite que a criança ou jovem experimente uma redução gradual do uso excessivo de dispositivos eletrônicos, dando espaço para explorar outras atividades e interesses. Essa pausa do mundo digital permite que eles se reconectem com o mundo ao seu redor, desenvolvam habilidades sociais, promovam a criatividade e desfrutem de uma maior sensação de bem-estar emocional.

Lembrando que cada caso é único, é importante adaptar as estratégias de acordo com as necessidades individuais da criança ou jovem, buscando sempre o apoio e o acompanhamento adequados de profissionais da área de saúde mental, se necessário.

Em resumo, embora o uso de telas possa trazer benefícios, é importante estabelecer limites saudáveis para evitar os riscos associados ao uso excessivo. Ao equilibrar o tempo de tela com outras atividades, estabelecer limites claros e promover alternativas saudáveis, podemos garantir que crianças e jovens aproveitem os benefícios das telas de maneira equilibrada e saudável, preservando seu bem-estar físico, mental e emocional.

14.   Conclusão

Ao longo desse livro, exploramos diversos aspectos da educação emocional, ressaltando a importância de iniciar esse processo desde cedo e reforçamos conceitos fundamentais em vários capítulos. A razão para isso é simples: esses conceitos são os alicerces para o desenvolvimento saudável das habilidades emocionais nas crianças.

Desde a regulação emocional até a importância da validação, estratégias de autorregulação, afeto, atenção positiva e tempo de qualidade com os pais, cada capítulo enfatizou aspectos cruciais para que as crianças aprendam a gerenciar suas emoções e se tornem adultos autônomos, responsáveis, competentes, seguros, empáticos, resilientes e motivados.

A importância de começar a educar emocionalmente as crianças desde cedo é inestimável. Durante os primeiros anos de vida, o cérebro está em um estágio crítico de desenvolvimento, onde as conexões neurais são formadas e moldadas com base nas experiências vivenciadas. É nesse momento que as bases para habilidades emocionais saudáveis são estabelecidas.

Ao fornecer um ambiente seguro e acolhedor, oferecendo afeto e atenção positiva, os pais têm a oportunidade de modelar e ensinar habilidades emocionais importantes para suas crianças. Isso inclui a capacidade de regular emoções, reconhecer e validar sentimentos, buscar estratégias de autorregulação e desenvolver empatia.

Através de interações genuínas, de tempo de qualidade dedicado e de relacionamentos de confiança, os pais têm o poder de ajudar suas crianças a desenvolverem uma base emocional sólida. Essa base fornecerá o suporte necessário para que enfrentem os desafios da vida com resiliência, autoconfiança e motivação.

É importante destacar que muitos dos capítulos deste livro repetem alguns conceitos porque estes são os verdadeiros pilares da educação emocional. A repetição reforça a importância desses aspectos, enfatizando que não há atalhos para o desenvolvimento emocional saudável. São necessários um compromisso contínuo, uma prática consistente e um ambiente de apoio para que as crianças possam internalizar essas habilidades e utilizá-las ao longo da vida.

Portanto, a educação emocional é uma jornada que começa desde a infância e continua ao longo da vida. Ao investir nesse processo, estamos capacitando as crianças a desenvolverem as habilidades necessárias para enfrentar os desafios emocionais, relacionais e profissionais que surgirão no futuro.

Que este livro sirva como um guia prático e inspirador para aqueles que desejam cultivar a educação emocional em suas crianças. Lembre-se de que as pequenas ações diárias fazem a diferença e que, ao fornecer uma base sólida de habilidades emocionais, estamos construindo um caminho para que as crianças se tornem adultos felizes, equilibrados e capazes de enfrentar o mundo com compreensão, respeito e amor próprio.

Bibliografia

AUNOLA, K.; STATTIN, H., NURMI, J.-E. Parenting styles and adolescents' achievement strategies. **Journal of Adolescence**, vol. 23, n. 2, p. 205–222, 2000. Disponível em: <https://doi.org/10.1006/jado.2000.0308>. Acesso em: 03 jul. 2023.

BAUMRIND, D. Child-care practices anteceding three patterns of preschool behavior. **Genetic Psychology Monographs**, vol. 75, n. 1, p. 43-88, 1967. Disponível em: < https://psycnet.apa.org/record/1967-05780-001>. Acesso em: 03 jul. 2023.

CLARKE-FIELDS, H. **Raising Good Humans**: A Mindful Guide to Breaking the Cycle of Reactive Parenting and Raising Kind, Confident Kids. New York: TarcherPerigee, 2019. 187 p. Kindle edition. Disponível em: www.amazon.com.br.

CLARKE, K.; COOPER, P.; CRESWELL, C. The Parental Overprotection Scale: Associations with child and parental anxiety. **Journal of Affective Disorders**, vol. 15, n. 2, 2013. Disponível em: < https://doi.org/10.1016/j.jad.2013.07.007>. Acesso em: 02 jul. 2023.

DARLING, N., STEINBERG, L. Parenting style as context: An integrative model. **Psychological Bulletin**, vol. 113, n. 3, p. 487-496, 1993. Disponível em: < https://doi.org/10.1037/0033-2909.113.3.487>. Acesso em: 02 jul. 2023.

FABER, A.; MAZLISH, E. **How to Talk So Kids Will Listen & Listen So Kids Will Talk**. New York: Scribner, 2012. 406 p. Kindle edition. Disponível em: www.amazon.com.br.

FELITTI, V. J.; ANDA, R. F.; NORDENBERG, D. *et al.* Relationship of childhood abuse and household dysfunction to many of the leading causes of death in adults: The Adverse Childhood Experiences (ACE) Study. **American journal of preventive medicine**, vol. 14, n. 4, p. 245-258, 1998. Disponível em: <https//www.doi: 10.1016/s0749-3797(98)00017-8>. Acesso em: 17 jul. 2023.

FREITAS, L. M. A.; ALVARENGA, P. Interação pai-criança e problemas externalizantes na infância. **Psico**: Porto Alegre, vol.47, n.4, p. 279-287, 2016. Disponível em: < http://dx.doi.org/10.15448/1980-8623.2016.4.23170>. Acesso em: 12 jul. 2023.

FORWARD, S. **Toxic Parents**: Overcoming Their Hurtful Legacy and Reclaiming Your Life. New York: Bantam, 2002. 336 p.

JOSHI, S. The Role of Parents in the Socialization of Children. **Social Science International**, vol. 19, n. 2, p. 34–38, 2003. Disponível em: < https://psycnet.apa.org/record/1993-09271-001>. Acesso em: 01 jul. 2023.

KANG, S. M. **Tecnologia na Infância**: Guia prático para criar filhos saudáveis em um mundo digital. São Paulo: Editora Paralela, 2016. 256 p.

KARP, H. **The Happiest Baby on the Block**: The New Way to Calm Crying and Help Your Newborn Baby Sleep Longer. New York: Bantam, 2015. 329 p. Kindle edition. Disponível em: www.amazon.com.br.

KARP, H. **The Happiest Toddler on the Block**: How to Eliminate Tantrums and Raise a Patient, Respectful, and Cooperative One- to Four-Year-Old. New York: Bantam, 2008. 352 p. Kindle edition. Disponível em: www.amazon.com.br.

KOHN, A. **Unconditional Parenting**: Moving from Rewards and Punishments to Love and Reason. 2006. 272 p. Kindle edition. Disponível em: www.amazon.com.br.

LANSBURY, J. **No Bad Kids**: Toddler Discipline Without Shame. Berkeley, CA: CreateSpace Independent Publishing Platform, 2014. 170 p.

LUZ, M. **O Milagre da Gratidão**: Desafio 90 dias. Barueri, SP: Novo Século Editora, 2018. 192 p.

McCLOUD, C. **Have You Filled a Bucket Today**: A Guide to Daily Happiness for Kids. Estados Unidos: Bucket Fillers, Inc., 2016. 32 p. Kindle edition. Disponível em: www.amazon.com.br.

NELSEN, J. **Disciplina positiva**: Como educar os filhos com firmeza e carinho. São Paulo: Editora Manole, 2016. 368 p.

OSTER, E. **Cribsheet**: A Data-Driven Guide to Better, More Relaxed Parenting, from Birth to Preschool. New York: Penguin Press, 2020. 352 p. Kindle edition. Disponível em: www.amazon.com.br.

PADESKY, C. A.; GREENBERGER, D. **A mente vencendo o humor**: como você pode usar seu cérebro para superar a tristeza, aumentar a confiança e recuperar a alegria. São Paulo: Editora Artmed, 2014. 264 p.

PERRY, B. D.; SZALAVITZ, M. **What Happened to You?** Conversations on Trauma, Resilience, and Healing. New York: Flatiron Books, 2021. 304 p.

PERRY, P. **The Book You Wish Your Parents Had Read** (And Your Children Will Be Glad That You Did). London: Penguin Life, 2019. 240 p. Kindle edition. Disponível em: www.amazon.com.br

ROSENBERG, M. **Comunicação Não-Violenta**: Técnicas para Aprimorar Relacionamentos Pessoais e Profissionais. São Paulo: Editora Ágora, 2021. 277 p. Kindle edition. Disponível em: www.amazon.com.br.

SIEGEL, D. J.; BRYSON, T. P. **O cérebro da criança**: 12 estratégias revolucionárias para nutrir a mente em desenvolvimento do seu filho. São Paulo: Editora Sextante, 2016. 344 p.

SIEGEL, D. J.; BRYSON, T. P. **Disciplina sem drama**: A conexão entre pais e filhos para uma educação sem conflitos. São Paulo: Editora Sextante, 2017. 304 p.

SOFER, O. J. **Say What You Mean**: A Mindful Approach to Nonviolent Communication. Boulder, CO: Shambhala Publications, 2018, 298 p. Kindle edition. Disponível em: www.amazon.com.br.

STEINBERG, L.; BLATT-EISENGART, I.; CAUFFMAN, E. Patterns of Competence and Adjustment Among Adolescents from Authoritative, Authoritarian, Indulgent, and Neglectful Homes: A Replication in a Sample of Serious Juvenile Offenders. **J Res Adolesc**, vol. 16, n. 1, p. 47-58, 2006.

Disponível em: <https://doi: 10.1111/j.1532-7795.2006.00119.x>. Acesso em: 03 jul. 2023.

STIXRUD, William R.; JOHNSON, Ned. **The Self-Driven Child**: The Science and Sense of Giving Your Kids More Control Over Their Lives. New York: Penguin Books, 2018. 378 p. Kindle edition. Disponível em: www.amazon.com.br.

TSABARY, Shefali. **The Conscious Parent:** Transforming Ourselves, Empowering Our Children. New York, 2010. 264p. Kindle edition. Disponível em: www.amazon.com.br.

THOMASGARD, M., METZ, W.P. Parental overprotection revisited. **Child Psychiatry and Human Development**, vol. 24, n. 2, p. 67–80, 1993. Disponível em: < https://doi.org/10.1007/BF02367260>. Acesso em: 01 jul. 2023.

TOTTENHAM, N.; HARE, T. A.; QUINN, B. T. *et al.* Prolonged institutional rearing is associated with atypically large amygdala volume and difficulties in emotion regulation. **Developmental science**, vol. 13, n. 1, p. 46-61, 2010. Disponível em: <https//www.doi: 10.1111/j.1467-7687.2009.00852.x>. Acesso em: 17 jul. 2023.

WINICOTT, D. W. **Bebês e suas mães**. São Paulo: Martins Fontes, 1983. 196 p.

WOJCICKI, Esther. **How to Raise Successful People**: Simple Lessons for Radical Results. Boston: Mariner Books, 2019. 336 p. Kindle edition. Disponível em: www.amazon.com.br.

WOLYNN, Mark. **It Didn't Start with You**: How Inherited Family Trauma Shapes Who We Are and How to End the Cycle. New York: Viking, 2016. 384 p.

www.ingramcontent.com/pod-product-compliance
Lightning Source LLC
LaVergne TN
LVHW010501200726
843506LV00013B/2489